RAVENSBURGER NATURFÜHRER

STEINE UND MINERALE

RAVENSBURGER NATURFÜHRER

STEINE
UND
MINERALE

Chris Pellant

Aus dem Englischen von
Leonie Jedicke

Fotografien von
Harry Taylor

Ravensburger Buchverlag

Ein Dorling Kindersley Buch

Originaltitel: Eyewitness Handbooks:
Rocks and Minerals

Fotos von Harry Taylor
(The Natural History Museum, London)

Übersetzung: Leonie Jedicke
Fachlektorat: Wolfgang Funke
Umschlaggestaltung: Ekkehard Drechsel BDG
unter Verwendung des Umschlags
der Originalausgabe
Gesamtherstellung: Kyodo Printing Co., Singapore
Printed in Singapore

4 97

ISBN 3-473-46080-X

Inhalt

Sammeln von Gesteinen und Mineralen

Gesteine und Minerale sind die grundlegenden Bestandteile der Erdkruste. Sie zu sammeln und zu studieren, kann ein lohnendes Hobby sein. Es kann Reisen zu unwegsamen Orten beinhalten, viel Zeit für Forschung und für das Katalogisieren und das Ausstellen der Fundstücke bedeuten. Wenn die Sammlung wächst, können Sie Material mit anderen Sammlern tauschen, oder Sie erwerben besonders seltene Stücke von Mineralienhändlern.

Eine Exkursion kann zu einer nur einen Kilometer entfernten Fundstelle stattfinden oder zur anderen Seite der Erdkugel führen. Gleichgültig, wo das Reiseziel liegt: Gesteinsaufschlüsse können an steilen Meeresküsten zu finden sein, an Straßen- oder Bahneinschnitten. Wenn Sie auf Privatgelände sammeln wollen, empfiehlt es sich, eine Genehmigung zu beantragen. Grundsätzlich sollten nur wenige Stücke entnommen, natürliche Aufschlüsse vorsichtig behandelt und niemals gewachsene Gesteinsoberflächen abgetragen werden. Sammler sollten auch Naturschützer sein.

Handstücke

Dort, wo vor Millionen von Jahren heiße Fluide, möglicherweise verbunden mit geschmolzenem Magma, nahe der Erdoberfläche Minerale abgelagert haben, können viele verschiedene Handstücke gefunden werden: Gesteine wie Granit und Kalkstein oder Minerale wie Fluorit.

Aufschluss an der Meeresküste
Gesteine und Minerale findet man am Strand unterhalb des Steilhangs. Die Halden von Bergwerken (oben) sind ergiebige Gebiete für die Mineraliensuche.

Granit

Granit ist häufig in stillgelegten Steinbrüchen zu finden

Crinoiden-Kalkstein

Kommt an Kalksteinklippen vor

Kristalliner Fluorit

Oft in alten Minenhalden zu finden

Geologische Karten

Geologische Karten zeigen die Oberflächenverteilung von Gesteinen, ihr Alter und ihre strukturellen Merkmale. Die farbig eingetragenen Flächen zeigen einzelne Gesteinsformationen. Geologische Karten enthalten auch Informationen über das Verhalten der Gesteine im Untergrund. Schräggestellte Pfeile liefern Hinweise auf die Struktur, sie zeigen zudem den Winkel der Schicht zur Horizontalen. Eine geologische Karte zu interpretieren ist eine Sache der Erfahrung und des gesunden Menschenverstands. Die Karte zeigt beispielsweise Mineralgänge neben einer metamorphen Kontaktzone. Geologische Karten erhält man in Kartenfachgeschäften und bei geologischen Landesämtern.

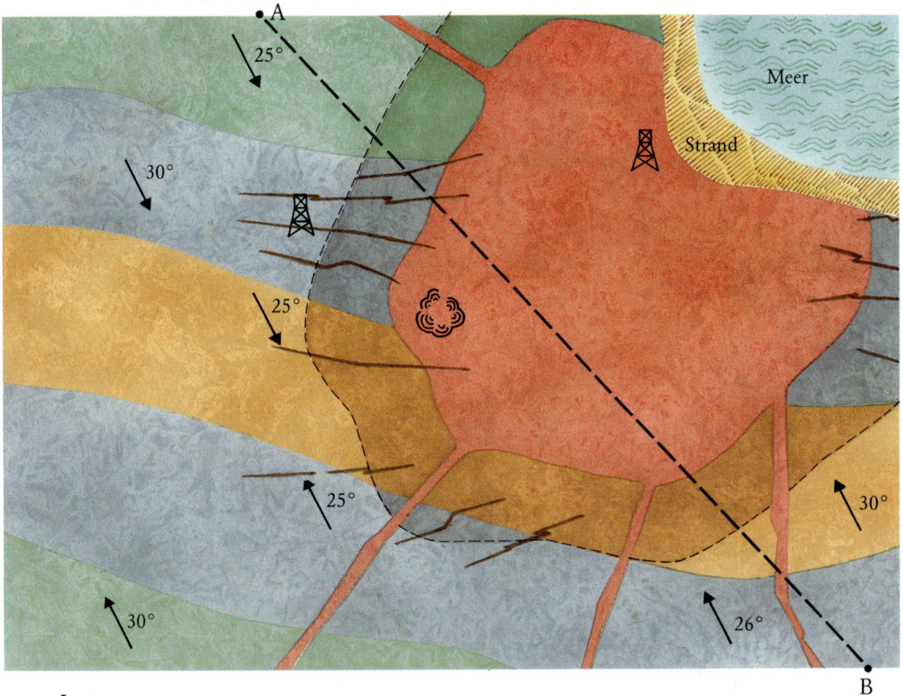

Legende

- Granit
- Tonstein
- Kalkstein
- Sandstein
- Mineralgänge
- Neigung der Schicht
- Bergwerk
- Steinbruch
- Hornfels
- Marmor
- Metaquarzit

} In metamorpher Aureole

0 km 5

Querschnitt

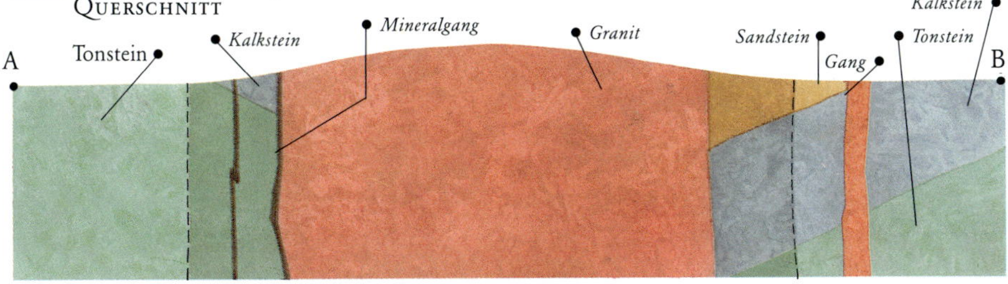

Ausstattung für die Arbeit im Gelände

Vor der Arbeit im Gelände sind einige Dinge zu beachten und über das Gebiet verfügbare Unterlagen wie Führer und detaillierte Karten durchzusehen. Geologische Karten sind ein wichtiger Faktor (s. Seite 7). Da die Farbmarkierungen wie Straßen und Steinbrüche verschleiern, sollte man auch eine Karte mit großem Maßstab mitnehmen. Für Gebiete mit wenigen topographischen Merkmalen sollte ein Kompaß benutzt werden. Wichtig ist die richtige Schutzkleidung. Wenn unter einer hohen Steilküste oder einer Steinbruchwand gearbeitet wird, ist ein Schutzhelm unentbehrlich. Eine Brille schützt die Augen vor umherfliegenden Gesteinssplittern bei der Benutzung eines Hammers, feste Handschuhe schützen die Hände. Ein Geologenhammer dient dem Zerkleinern bereits am Boden liegenden Gesteinsmaterials. Einige Stahlmeißel helfen, bestimmte Minerale herauszupräparieren oder Gesteinsblöcke zu zerteilen. Im Gelände sollten Notizen und Fotos, eventuell auch Videoaufnahmen gemacht werden. Ohne genaue Geländebeschreibung, sind Handstücke nur von geringem Wert.

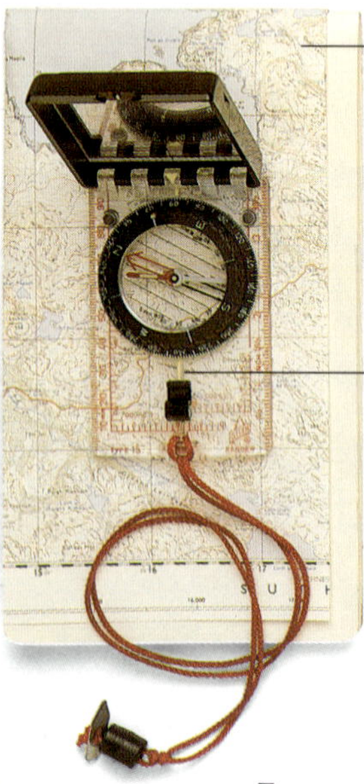

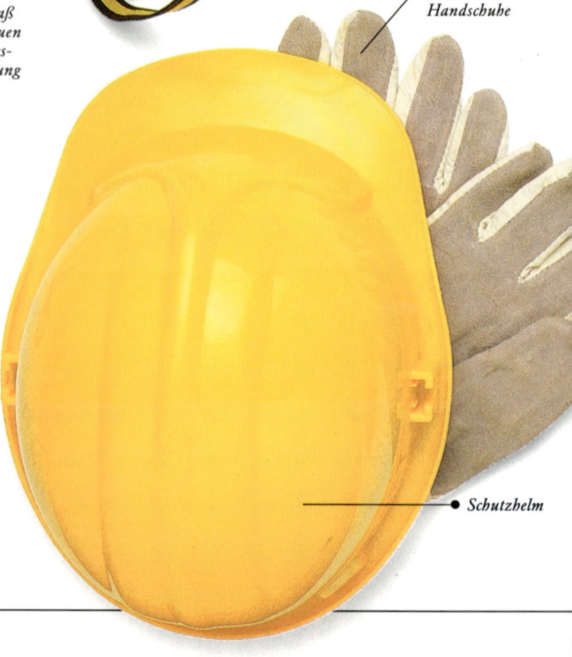

Lokalisieren des Fundorts
Kompaß und Karte helfen, den Standpunkt auch bei wenigen Orientierungspunkten zu bestimmen.

Geländesicherheit
Schutzhelm und Schutzbrille sowie feste Handschuhe sind die notwendige Sicherheitsausrüstung: Ein kleiner herunterfallender Stein kann bereits schwere Verletzungen verursachen.

Handstücke protokollieren

Ohne detaillierte Geländeinformationen sind Mineralien- oder Gesteinsproben von geringem Wert. Nicht erst zu Hause, wenn viele Dinge schon vergessen sind, sondern bereits im Gelände sollten Notizen und eine Skizze gemacht werden, dazu Fotos von der jeweiligen Schicht, der Gesteinsstruktur und dem geologischen Umfeld. Falls vorhanden, kann auch eine Videokamera benutzt werden.

Handlupe

Eine 10fach vergrößernde Handlupe erleichert die exakte Bestimmung von Gesteins- und Mineralienstücken.

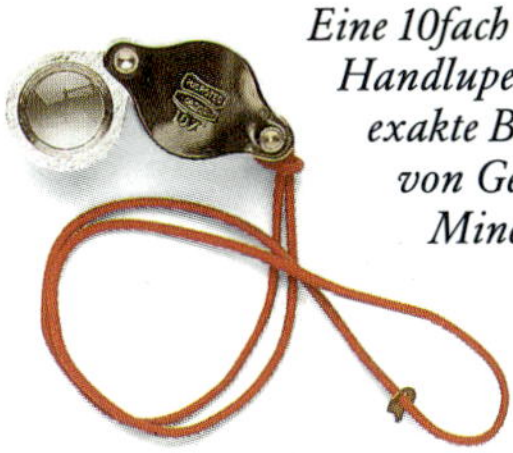

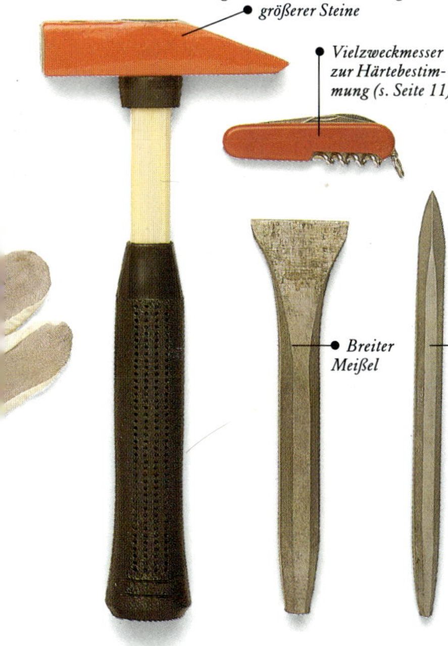

Herauspräparieren und Einpacken

Den Geologenhammer möglichst wenig benutzen. Nur große Steine, die bereits auf dem Boden liegen, zerschlagen. Den Hammer nicht zum Abgraben eines Aufschlusses benutzen. Wenig sammeln, Handstücke sorgfältig in Papier oder Luftpolsterfolie einpacken. Eindeutig und sorgfältig beschriften!

Ausrüstung für zu Hause

Sind die gesammelten Stücke erst einmal zu Hause angelangt, müssen sie zur genauen Bestimmung sorgfältig präpariert werden, um sie dann auszustellen oder zu lagern. Auf dieser Seite finden Sie das notwendige Bestimmungswerkzeug. Viele Handstücke müssen von Bodenmaterial oder anhängender Gesteinsmatrix gesäubert werden. Eine weiche Bürste entfernt lockere Erde oder Gesteinsschlamm. Sie sollten es vermeiden, mit spitzem und schwerem Werkzeug zu hämmern, es sei denn, frische Bruchflächen sind erwünscht. Beim Bürsten hält man das Stück in der Hand, da Schraubstock oder Metallklemmen Schäden verursachen können. Beim Präparieren harter Gesteine wie Granit oder Gneis kann auch eine gröbere Bürste oder fließendes Wasser keinen Schaden anrichten. Für empfindliche Minerale wie Calcitkristalle sollten Sie destilliertes Wasser und eine feine Bürste verwenden. Für wasserlösliche Minerale empfehlen sich andere Flüssigkeiten: Alkohol säubert Nitrate, Sulfate und Borate, verdünnte Salzsäure eignet sich für Silikate, löst aber Carbonate. Werden Silikate über Nacht in Säure gelegt, lösen sich Carbonatüberzüge auf.

Werkzeug zum Präparieren

Angetrockneten Schlamm entfernt man am besten mit scharfen Metallgeräten. Ein spitzes Werkzeug wie etwa eine Vorstechahle ist hilfreich zum Abstemmen von Material, kann aber Gestein zerstören. Anschließend können die spezifischen Merkmale des Fundstücks herausgearbeitet werden.

Feiner Staubpuster

Spatel

Spitzer Kratzer

Sehr spitzer Kratzer

Frisches Handstück auf Zellstofftuch

Vorstechahle

Pinzette

Bürsten

Bürsten verschiedener Größen – von einem weichen Zeichenpinsel bis zur Nagelbürste, je nach Zerbrechlichkeit des Handstücks – erleichtern die Reinigung. Ein weicher Zeichenpinsel entfernt winzige Sedimentkörner von Mineralen, während die Nagelbürste für harte Gesteine wie Gneis und Gabbro, die nicht beschädigt werden können, geeignet ist.

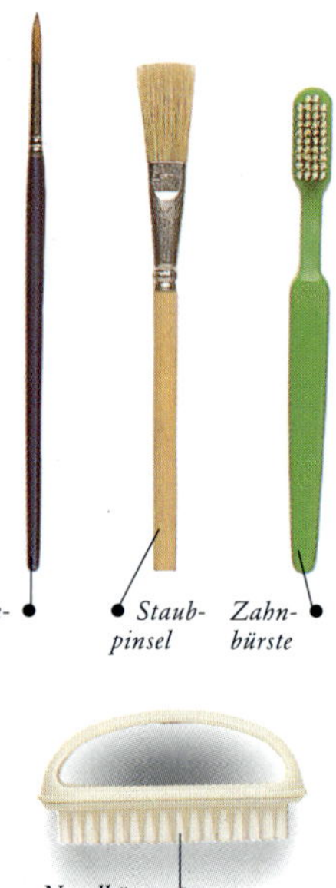

Zeichenpinsel

Staubpinsel

Zahnbürste

Nagelbürste

Reinigungsflüssigkeiten

Wenn möglich zur Reinigung destilliertes Wasser benutzen, da Leitungswasser einige Bestandteile enthält, die mit dem Mineral reagieren könnten. Die problemlos zu benutzende verdünnte Salzsäure löst die Carbonatmatrix.

Mineraltests

Chemische Schnelltests sind eine gute Bestimmungshilfe. Verdünnte Säuren reagieren mit bestimmten Mineralen stets gleich: beispielsweise schäumen Carbonate mit verdünnter Salzsäure auf. Beim Arbeiten mit Säuren sollten Sie stets Handschuhe tragen. Ein Mineral auf einem Holzkohlenstück wird der mit einem Lötrohr konzentrierten Bunsenbrenner-Flamme ausgesetzt. Die Flammenfärbung erlaubt eine Aussage über die chemische Zusammensetzung, ebenso ein mögliches Zusammenschmelzen des Materials oder es entsteht ein charakteristischer Geruch.

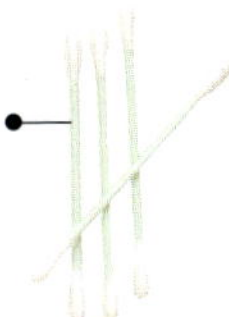

Bestimmungshilfen

Eine Strichtafel, Werkzeug zum Härtetest und eine Lupe sind wichtige Bestimmungsutensilien. Die Eigenschaften „Härte" und „Strich" sind auf den Seiten 25 und 26 erläutert.

Härtetest-utensilien

Die Härte eines Minerals kann bereits mit Alltagsdingen bestimmt werden – in dieser Reihenfolge: Münze, Messer, Glasstück oder Quarz.

Aufbau einer Sammlung

Das Sammeln von Gesteinen und Mineralen hat nur dann wissenschaftlichen Wert, wenn die Sammlung gut geordnet ist. Sind die Handstücke gesäubert, müssen sie zur Lagerung oder Ausstellung geordnet sowie beschriftet und katalogisiert werden. Sollen die schöneren Exemplare und die weniger empfindlichen zu Hause ausgestellt werden, dann sind sie am besten in einem Schrank mit Glastüren aufgehoben – ansonsten würde Staub in die Hohlräume dringen.

Empfindliche Stücke sollten Sie in separaten Schachteln, die wenig größer als die Sammelstücke sind, aufbewahren und diese in eine Vitrine stellen. Unter jedem Handstück sollte eine Karte liegen, auf der der Mineralname, Fundort und Datum sowie die Katalognummer verzeichnet sind.

Katalogisieren Sie jedes Stück, entweder auf Karteikarte oder per Computer.

Die Katalognummern sollten dabei mit den jeweiligen Nummern auf den Karten übereinstimmen. Ebenso können im Katalog detailliertere Informationen als auf dem Träger verzeichnet werden. Kartenverweise, lokale Geologie wie andere Minerale und Gesteine am Fundort, Gesteinsgefüge, Stratigraphie und Geländemerkmale – wie Mineralgänge und umgebende Gesteine – sollten Sie routinemäßig notieren, am besten in einem Zahlenschlüssel, der auf Stichworte in diesem Buch verweist.

Notizblock und Kugelschreiber

Notizen und Aufzeichnung

Geländenotizen auf Karteikarten oder Disketten übertragen. Ein Tropfen Korrekturflüssigkeit auf dem Handstück kann mit der Katalognummer beschrieben werden.

Stelle für Numerierung

Korrekturflüssigkeit

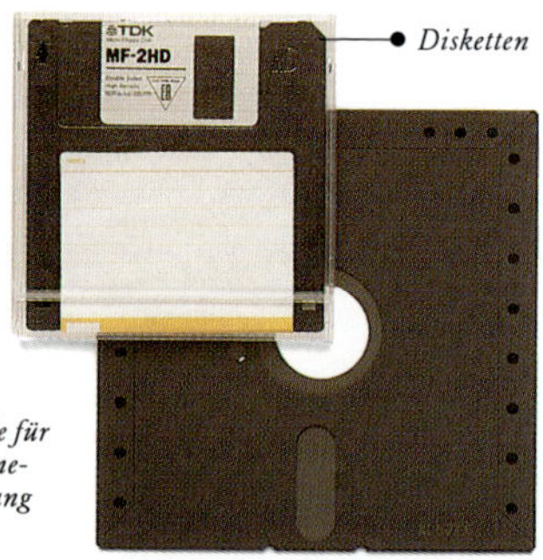

Disketten

Computer-Aufzeichnung

Der bequemste Weg, Daten zu sammeln.

Karteikarten

Kartei

Karteikarten sind preiswert, zuverlässig und schnell zu benutzen. Handstücke alphabetisch eintragen. Außerdem bleibt Platz für andere Notizen und Geländeskizzen.

Karteikasten

Übersichtliche Schublade

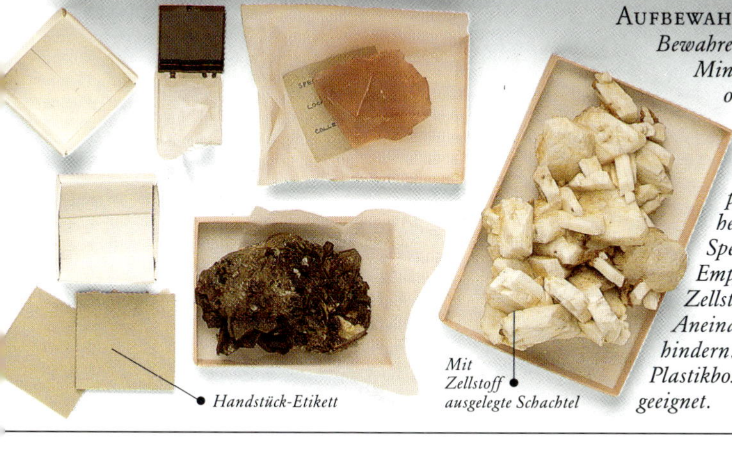

Handstück-Etikett

Mit Zellstoff ausgelegte Schachtel

AUFBEWAHRUNG DER STÜCKE

Bewahren Sie Gesteine und Minerale in Schachteln oder in einer Schublade auf. Schachteln können Sie für jedes Handstück in der passenden Größe selbst herstellen oder bei einem Spezialversand kaufen. Empfindlichere Stücke mit Zellstoff verpacken, um das Aneinanderreiben zu verhindern. Kleine, transparente Plastikboxen sind ebenfalls geeignet.

Wie dieses Buch zu benutzen ist

Dieses Buch ist in zwei Teile untergliedert: Minerale und Gesteine. Die Minerale (Seite 46 – 179) sind in die acht chemischen Hauptgruppen aufgeteilt (Erklärung s. Seite 20 – 21). Zunächst erscheinen die Minerale mit dem einfachsten Aufbau, gefolgt von denen mit komplexerer Zusammensetzung. Jede einzelne Gruppe wird kurz vorgestellt, wobei die grundlegenden Merkmale beschrieben werden. Die Stichworte geben detaillierte Informationen zu den einzelnen Mineralen der Gruppe. Das unten abgebildete Beispiel zeigt, wie ein Stichwort aufgebaut ist. Die Gesteine (Seite 180 – 249) sind in die drei Hauptgruppen gegliedert (s. Seite 30 – 31). Typische Eintragungen sind auf der nächsten Seite zu finden.

Minerale

Zugehörige chemische Gruppe

Chemische Formel des Minerals

Härte nach der Mohs-Skala

Gruppe Silikate	Zusammensetzung $Be_3Al_2Si_6O_{18}$	Härte 7 – 8

Standardname des Minerals

Beryll

Haupttext mit den Erkennungsmerkmalen des Minerals

Beryll liegt in prismatischen Kristallen vor, die manchmal in kleinen Pyramiden enden. Die Kristalle sind häufig parallel zur Länge gestreift und können beachtliche Größe erreichen: bekannt sind Kristalle mit bis zu 5,5 m Länge. Beryll bildet auch massigen, kompakten und säuligen Habitus. Die Farbe variiert stark und bedingt unterschiedlich benannte Varietäten. Beryll kann farblos, weiß, grün (Smaragd), gelb (Heliodor), rosa (Morganit), rot und blau (Aquamarin) sein. Der Strich ist weiß. Beryll ist durchsichtig bis durchscheinend mit Glasglanz.

- Bildung In Pegmatiten, Graniten und regionalmetamorphen Gesteinen.
- Test Beryll ist nur schwer schmelzbar, kleine Bruchstücke bilden gerundete Kanten.

Wie sich das Mineral bildet

Chemische Tests, um die Bestimmung zu bestätigen

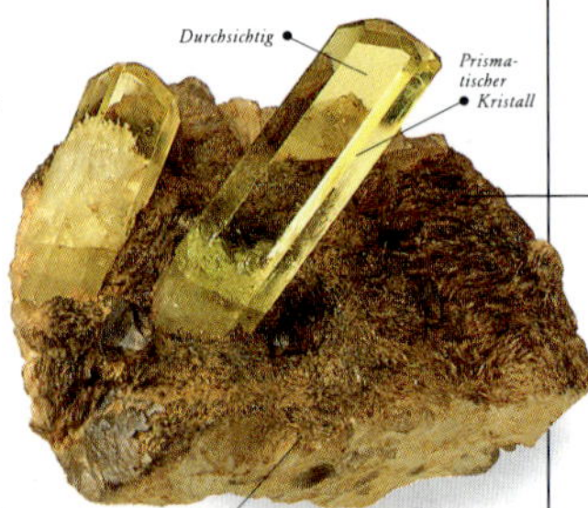

Beryll

Exemplar in Größe eines Handstücks

Smaragd

Heliodor

Als Bestimmungshilfe sind andere Varietäten des Minerals gezeigt

Aquamarin

Bemerkungen zu den wesentlichen Bestimmungsmerkmalen

Morganit

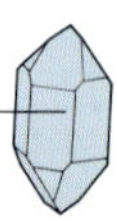

Trigonal/ Hexagonal

Name und anschaulicher Umriß des Kristallsystems

SG 2,6 – 2,9	Spaltbarkeit Unvollkommen	Bruch Uneben bis muschelig

Spezifisches Gewicht

Wie das Mineral entlang von Spaltflächen bricht

Wie das Mineral an unregelmäßigen Flächen bricht

Magmatische Gesteine

Klassifikation des Gesteins — *Material, aus dem sich das Gestein bildete* — *Korngröße* — *Kristallform: idiomorph bedeutet gut ausgebildet, xenomorph schlecht ausgebildet*

Gruppe	Herkunft	Korngröße	Kristallform
Magmatisch	Extrusiv	Fein	Xenomorph, idiomorph

Spilit

Dieses basische Gestein mit einem Siliziumdioxidgehalt um 40 % kommt in Kissenlaven vor. Ein bestimmendes Merkmal von Spilit ist, daß der Plagioklas Albit (natriumreich) ist. Der Pyroxengehalt ist oft zu Chlorit alteriert, obwohl manchmal Augit zurückbleibt.

- Gefüge Ein feinkörniges Gestein mit gefüllten Gashohlräumen. Manchmal sind Mandeln in der Gesteinsmatrix erkennbar.
- Herkunft In Unterwasser-Lavaströmen und Kissenlaven, die am Ozeanboden gebildet werden.

Klassifikation	Vorkommen	Farbe
Basisch	Vulkan	Dunkel

Mineralgehalt des Gesteins

Beschreibung des Korngefüges

Bildungsbedingungen

Gestein in Handstück-Größe: groß genug, um Details zur Bestimmung zu erkennen

Chemische Eigenschaften: sauer, intermediär, basisch, ultrabasisch

Magmatische Umgebung, in der sich das Gestein gebildet hat

Beschreibung der Farbe: hell, mittel, dunkel

Metamorphe Gesteine

Gruppe	Herkunft	Korngröße	Klassifikation
Metamorph	Kontaktaureole	Fein	Kontakt

Typ der Metamorphose

Chiastolith-Hornfels

Als graues oder bräunliches Gestein enthält dieser Hornfels neben Quarz und Glimmer auch Andalusit und Cordierit. Bei den dünnblättrigen Kristallen, die in der Matrix liegen, handelt es sich um Chiastolith, eine Varietät des Andalusit.

- Gefüge Dieses Gestein besteht aus feinkörnigen Kristallen gleicher Größe. Manchmal bilden sich Porphyroblasten aus Andalusit, die mit feinen, dunkelkörnigen Einschlüssen als Chiastolith bezeichnet werden und im Schnitt kreuzförmig sind.
- Herkunft Nahe magmatischen Intrusionen, die die Hitze zur Metamorphose liefern.

Druck	Temperatur	Textur
Niedrig	Mittel bis hoch	Kristallin

Ausmaß des Druckes bei der Gesteinsbildung

Abschätzung der Temperaturbedingungen während der Metamorphose

Allgemeine Unterteilung der Struktur

Sedimentäre Gesteine

Gruppe	Herkunft	Korngröße
Sedimentär	Kontinental	Amorph

Bernstein

Bernstein ist ein fossiles Harz von Nadelbäumen, er ist weich und hat Harz- oder Glasglanz. Er variiert von durchsichtig bis durchscheinend. Insekten und kleine Wirbeltiere, die im Harz eingeschlossen wurden, sind heute im Bernstein als Fossilien erhalten. Bernstein wird zur Schmuckherstellung verwendet.

- Gefüge Bernstein hat einen muscheligen Bruch.
- Herkunft Gebildet aus dem Harz von Nadelbäumen; wird in sedimentären Lagerstätten gefunden.

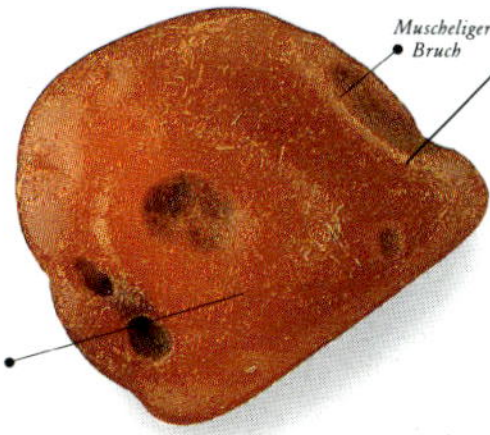

Klassifikation	Fossilien	Kornform
Biogen	Wirbeltiere, Wirbellose	Keine

Handstück wie aus dem Gelände – aber sorgfältig gereinigt, um die Eigenschaften hervorzuheben

Gesteinstyp, nach Herkunft der Bestandteile

Allgemeine Hinweise auf enthaltene Fossilien

Beschreibung der Kornform

Mineral oder Gestein?

Gesteine sind Aggregate von Mineralen – normalerweise von mehreren, manchmal nur von ein oder zwei. Entsprechend sind Minerale entweder gediegene Elemente oder Elementverbindungen. Gold, Silber und Kupfer sind metallische Elemente. Feldspate, Pyroxene, Amphibole und Glimmer sind gesteinsbildende Silikate – Verbindungen von Metallen mit Si-O-Tetraedern.

Was ist ein Mineral?

Von einigen Ausnahmen abgesehen (Wasser, Quecksilber, Opal) sind Minerale feste, anorganische Elemente oder Elementverbindungen. Sie haben eine definierte Atomstruktur und eine chemische Zusammensetzung, die innerhalb fester Grenzen variiert. Jeder Quarzkristall, gleichgültig ob in einem Sandsteingang oder in vulkanischer Lava kristallisiert, besitzt die gleichen chemischen und physikalischen Eigenschaften.

Blasen mit Kohlendioxid

Calcit schäumt stets mit kalter, verdünnter Salzsäure

Physikalische Eigenschaften

Alle Exemplare desselben Minerals haben die gleiche Atomstruktur.

Calcit spaltet in Rhomben – ein Beweis für die gleichmäßige physikalische Struktur

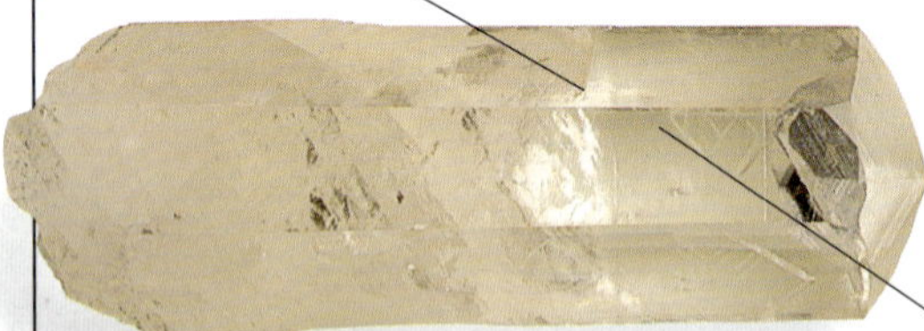

Spaltbarkeitsfläche

Chemische Eigenschaften

Jedes Mineral hat eine definierte Zusammensetzung, die innerhalb fester Grenzen variiert.

Gespaltene Calcit-Rhomben

Natürliches Vorkommen

Minerale kristallisieren häufig aus Fluiden in Zusammenhang mit vulkanischen Laven (links). Krusten von Mineralen bilden sich auch rund um Vulkankrater, an denen Fluide austreten.

Was ist ein Gestein?

Gesteine sind die wesentlichen Bestandteile unseres Planeten. Sie werden je nach Entstehungsgeschichte des Gesteins in drei Hauptgruppen eingeteilt: magmatisch, metamorph und sedimentär (s. Seite 30–31). Gesteine sind Aggregate vieler verschiedener Mineralkörner, die zusammengeschmolzen, zementiert oder aneinander gebunden sind.

Gestein: ein Mineralaggregat

Granit wird im wesentlichen aus drei Mineralen aufgebaut: Quarz, Glimmer und Feldspat. Infolge der Kristallisation bei der Abkühlung des Magmas durchdringen sich die Kristalle gegenseitig. Quarz ist grau und glasig, Feldspat hell und oft in prismatischen Kristallen vorliegend, und Glimmer ist glitzernd und dunkel oder silbrig.

Quarz
Ein gewöhnliches Mineral in Granit, hellgefärbt und hart.

Feldspat
Zwei Feldspat-Typen kommen in Granit vor. Im Gestein sind häufig gut gebildete Kristalle zu finden.

Glimmer
Als kleine, glitzernde Kristalle in Granit kann Glimmer sowohl als dunkler Biotit als auch als heller Muskovit vorkommen.

Mikroskopische Betrachtung

Die Abbildung zeigt Granit in 30facher Vergrößerung. Die gesteinsbildenden Minerale greifen deutlich ineinander.

Mineralbildung

Die Erdkruste wird aus Gesteinen gebildet, die wiederum Aggregate von Mineralen sind. Die schönsten Mineralexemplare kommen normalerweise in hydrothermalen Gängen vor. Dieses sind Brüche in der Erdkruste, durch die heiße Minerallösungen zirkulieren. Sie enthalten Elemente, aus denen sich viele Minerale bilden. Minerale in magmatischen Gesteinen bilden sich direkt aus dem abkühlenden Magma (geschmolzenes Gestein nahe der Erdoberfläche) oder Lava (an der Erdoberfläche ausgeflossenes geschmolzenes Gestein). Einige Minerale entstehen in metamorphen Gesteinen, und zwar wenn ein Gestein neu kristallisiert. In sedimentären Gesteinen, wie Kalksteinen, Evaporiten und Eisenstein, kristallisieren Minerale aus Lösungen niedriger Temperatur nahe der Erdoberfläche.

Mineralgänge

Mineralgänge sind plattenförmige Zonen von Mineralen, die oft bereits existierende Gesteinsstrukturen schneiden. Ursprünglich kann dort eine Störung stattgefunden haben, an der Gesteine gebrochen und gegeneinander bewegt worden sind, oder die Minerale füllten eine Fuge ohne Gesteinsbewegung. Ein Gang kann völlig mit Mineralen gefüllt sein, oder es kristallisierte nur um zerbrochenes Gesteinsmaterial herum aus (Brekzie).

Kassiterit

Typisches Mineral in hydrothermalen Gängen

Häufiges Gangmineral, das sich aus heißen Lösungen in der Erdkruste bildet

Milchquarz

Quarzgang

Eine Ader von weißem Milchquarz (links) durchschneidet dunkle Tonsteine (ganz links). Ursprünglich in größeren Tiefen gebildet, liegt er nun durch Verwitterung und Erosion frei.

Magmatische Gesteine

Minerale entwickeln sich in magmatischen Gesteinen (s. Seite 39), wenn geschmolzenes Magma sich verfestigt. Die dichtesten Minerale, Eisen-Magnesium-Silikate wie Olivin und Pyroxen, bilden sich bei den höchsten Temperaturen, während weniger dichte Minerale wie Feldspat und Quarz später in der Abkühlungsfolge vorkommen. Minerale aus geschmolzenem Gestein wachsen oft ungehindert und weisen daher in der Regel schöne Kristallformen auf.

Granitaufschluss

Ein Aufschluß des magmatischen Gesteins Granit mit großen Feldspatkristallen in der Gesteinsgrundmasse (oben).

Orthoklas

Silikatmineral, häufig in magmatischen Gesteinen zu finden

Granat

Almandin, ein Granat, der häufig in metamorphen Gesteinen zu finden ist

Metamorphe Gesteine

Eine Reihe von Mineralen, einschließlich Granat, Glimmer und Kyanit, bilden sich in metamorphen Gesteinen. Temperatur und Druck sorgen in einem bestehenden Gestein für die Neubildung von Mineralen. Auch im Gestein zirkulierende Fluide können neue Elemente zuführen.

Muskovit

Glänzendes Mineral in vielen metamorphen Gesteinen, besonders in Schiefern

Anstehen von Schiefer

Schiefer bilden sich, wenn infolge großen Drucks tief in der Erdkruste Gesteine gefaltet werden (links).

MINERALZUSAMMENSETZUNG

MINERALE SIND ungebundene Elemente oder Elementverbindungen. Die chemische Zusammensetzung wird in einer Strukturformel beschrieben. Die Formel für beispielsweise Fluorit ist CaF_2. Das bedeutet, daß Calciumatome (Ca) mit Fluoratomen (F) verknüpft sind. Die tiefergestellte Nummer ($_2$) zeigt, daß doppelt so viele Fluor- wie Calciumatome vorhanden sind. Bezogen auf die Zusammensetzung und Kristallstruktur sind die Minerale in Gruppen eingeteilt.

GEDIEGENE ELEMENTE

Dieses sind ungebundene Elemente. Die relativ kleine Gruppe besteht aus etwa 50 Gliedern, einige (Gold, Silber) sind von kommerziellem Wert.

SILBER

HALIDE

Alle Minerale dieser Gruppe enthalten ein Halogen: Fluor, Chlor, Brom oder Jod. Atome dieser Elemente bilden mit Metallatomen Minerale wie Halit (Natrium und Chlor) oder Fluorit (Calcium und Fluor). Diese kleine Gruppe enthält ungefähr 100 Minerale.

HALIT

SCHWEFEL

HÄMATIT

OXIDE UND HYDROXIDE

Diese Gruppe enthält mehr als 250 Minerale. Oxide sind Verbindungen von ein oder zwei Metallen mit Sauerstoff. Metalle in Verbindung mit Wasser oder Hydroxyl bilden die Hydroxide.

PYRIT

SULFIDE

Eine gemeinsame Gruppe von über 300 Mineralen bilden die Sulfide, chemische Verbindungen von Schwefel mit Metallen oder Halbmetallen. Pyrit und Realgar sind Beispiele dieser Gruppe.

REALGAR

OPAL

CALCIT

CARBONATE

Die Gruppe von 200 Carbonat-Mineralen enthält Verbindungen von Metallen mit dem Carbonat-Ion $(CO_3)^{2-}$. Calcit, das bekannteste Carbonat, bildet sich bei der Verbindung von Calcium mit dem Carbonat-Ion.

SULFATE

Dieses sind Verbindungen von einem oder mehreren Metallelementen mit dem Sulfat-Ion $(SO_4)^{2-}$.

GIPS

PYROMORPHIT

PHOSPHATE

Eine leuchtend farbige Gruppe von Mineralen bilden die Phosphate, Verbindungen von einem oder mehr Metallatomen mit dem Phosphat-Ion $(PO_4)^{3-}$. Zu dieser Gruppe zählt man Arsenate und Vanadate.

SILIKATE

Als bedeutende und häufige Gruppe mit über 500 Mineralen sind die Silikate Verbindungen von Metallelementen mit einzelnen oder verbundenen Si-O- (Silizium-Sauerstoff-) Tetraedern. Silikate werden in sechs Strukturklassen eingeteilt.

HORNBLENDE

GROSSULAR

CHEMISCHE ELEMENTE

Symbol	Name	Symbol	Name
Ac	Actinium	Mn	Mangan
Ag	Silber	Mo	Molybdän
Al	Aluminium	N	Stickstoff
Am	Americium	Na	Natrium
Ar	Argon	Nb	Niob
As	Arsen	Nd	Neodym
At	Astat	Ne	Neon
Au	Gold	Ni	Nickel
B	Bor	No	Nobelium
Ba	Barium	Np	Neptunium
Be	Beryllium	O	Sauerstoff
Bi	Bismut	Os	Osmium
Bk	Berkelium	P	Phosphor
Br	Brom	Pa	Protactinium
C	Kohlenstoff	Pb	Blei
Ca	Calcium	Pd	Palladium
Cd	Cadmium	Pm	Promethium
Ce	Cer	Po	Polonium
Cf	Californium	Pr	Praseodym
Cl	Chlor	Pt	Platin
Cm	Curium	Pu	Plutonium
Co	Cobalt	Ra	Radium
Cr	Chrom	Rb	Rubidium
Cs	Cäsium	Re	Rhenium
Cu	Kupfer	Rh	Rhodium
Dy	Dysprosium	Rn	Radon
Er	Erbium	S	Schwefel
Es	Einsteinium	Sb	Antimon
F	Fluor	Sc	Scandium
Fe	Eisen	Se	Selen
Fm	Fermium	Si	Silizium
Fr	Francium	Sm	Samarium
Ga	Gallium	Sn	Zinn
Gd	Gadolinium	Sr	Strontium
Ge	Germanium	Ta	Tantal
H	Wasserstoff	Tb	Terbium
He	Helium	Tc	Technetium
Hf	Hafnium	Th	Thorium
Hg	Quecksilber	Ti	Titan
I	Iod	Tl	Thallium
In	Indium	Tm	Thullium
Ir	Iridium	U	Uran
K	Kalium	V	Vanadium
Kr	Krypton	W	Wolfram
La	Lanthan	Xe	Xenon
Li	Lithium	Y	Yttrium
Lu	Lutetium	Yb	Ytterbium
Lw	Lawrencium	Zn	Zink
Md	Mendelevium	Zr	Zirkonium
Mg	Magnesium		

Typische Mineralmerkmale

Minerale zeigen eine Anzahl von Eigenschaften, die zur Bestimmung genutzt werden. Zunächst sollten Farbe (s. Seite 26), Glanz (Seite 27) und Habitus (Seite 23) betrachtet werden. Danach wird die Härte (Seite 25), das spezifische Gewicht (Seite 25) und der Strich (Seite 26) getestet. Bruch und Spaltbarkeit (Seite 24) sind meist offensichtlich, ansonsten muß das Mineral aufgebrochen werden.

Kristallsysteme

Die geometrischen Formen, in denen Minerale kristallisieren, sind bezogen auf ihre Symmetrie in sechs Hauptgruppen – den Kristallsystemen – eingeteilt. In jedem dieser Systeme sind viele verschiedene Formen möglich, aber alle lassen sich auf die Symmetrie des Kristallsystems beziehen. Nach dem Studium des Mineralhabitus läßt sich möglicherweise auf das zugehörige Kristallsystem schließen. Die kleinen blauen Diagramme bei jedem Mineral stellen das jeweilige Kristallsystem dar.

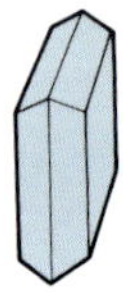

Monoklin
Eines der häufigsten Systeme, mit geringerer Symmetrie als das kubische.

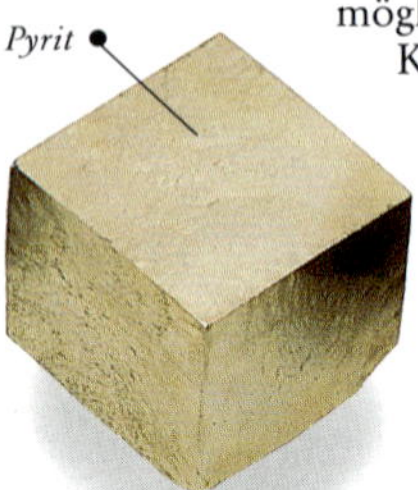

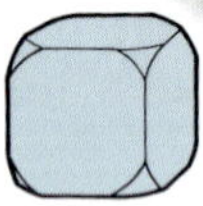

Kubisch
Hauptsächlich würfelförmige Kristalle, obwohl in diese Kategorie auch oktaedrische (8seitige) oder dodekaedrische (12seitige) Kristalle gehören.

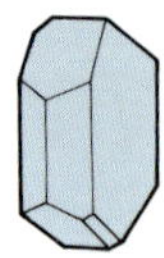

Triklin
Das am wenigsten symmetrische Kristallsystem.

Tetragonal
Eine Form, die normalerweise stärker gestreckt ist als ein Würfel.

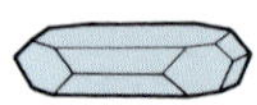

Orthorhombisch
Prismen und abgeflachte Tafelformen sind typische Merkmale dieses Systems.

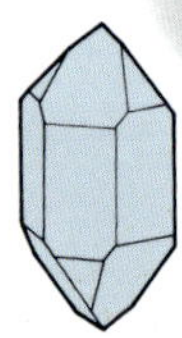

Hexagonal / trigonal
Diese beiden Systeme werden hier zusammengefaßt, da ihre Symmetrie ähnlich ist.

HABITUS

Der Habitus ist die charakteristische Erscheinungsform eines Kristalls, die durch seine vorherrschende Form bestimmt wird. Einige Begriffe zur Bestimmung des Kristallhabitus sind im Folgenden definiert.

DENDRITISCH
Pflanzenähnliche Form.

BLÄTTRIG
Sieht wie eine Messerklinge aus.

PRISMATISCH
Zeigt einen einheitlichen Querschnitt.

NADELFÖRMIG
Dünne, nadelförmige Massen.

PRISMATISCH
Scharf begrenzte Prismen.

MASSIG
Keine definierte Form erkennbar.

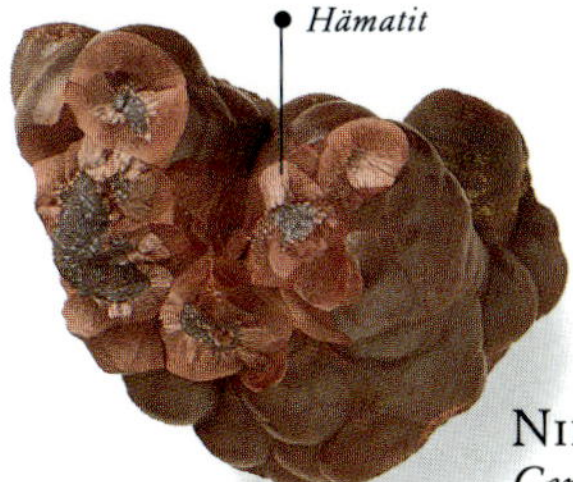

NIERENFÖRMIG
Gerundete, nierenförmige Massen.

ZWILLINGSBILDUNG

Zwillingskristalle werden zwei oder mehrere nicht parallel symmetrisch ineinandergewachsene Kristalle derselben Art genannt. Zwillingsbildung findet in Kontakt oder Durchdringung statt. Mehrfache und polysynthetische Zwillinge schließen mehr als zwei einzelne Kristalle ein.

KONTAKTZWILLINGE
Strahlige Masse von Berührungszwillingen.

DURCHDRINGUNGSZWILLINGE
Zwei Teile von Kristallen sind ineinandergewachsen.

Spaltbarkeit

Spaltbarkeit bezeichnet die Art und Weise, in der ein Mineral entlang gut definierter Schwächeebenen bricht. Häufig befinden sich diese Flächen zwischen Atomlagen oder anderen Zonen mit schwacher atomarer Bindung. Spaltbarkeitsflächen sind nicht so perfekt glatt wie Kristallflächen, obwohl sie sehr gleichmäßig sind und auch Licht reflektieren. Die Spaltbarkeit wird als sehr vollkommen, vollkommen, unvollkommen und keine Spaltbarkeit bezeichnet.

Vollkommene basale Spaltbarkeit

Vollkommene rhombische Spaltbarkeit

Vollkommene kubische Spaltbarkeit

Vollkommene prismatische Spaltbarkeit

Bruch

Wird ein Mineral mit einem Geologenhammer zerschlagen, entstehen rauhe und unebene Oberflächen, die als Bruch bezeichnet werden. (Spaltbarkeitsflächen sind üblicherweise glatt und lassen sich in exakt derselben Form reproduzieren, wenn der Hammerschlag wiederholt wird.) Die meisten Minerale zeigen Brüche und Spaltbarkeiten, einige brechen jedoch nur. Übliche Bruchbezeichnungen sind uneben, muschelig, hakig und splittrig.

Unebener Bruch

Muschelig

Härte

Eine nützliche Hilfe zur Mineralbestimmung ist der Härtetest. Die Härte eines Minerals ist der Widerstand, den es dem Ritzen entgegensetzt. Die Härteskala von 1 (Talk) bis 10 (Diamant) wurde von Friedrich Mohs erstellt. Minerale mit höherer Mohshärte ritzen solche mit geringerer. Calcit ritzt also Gips, nicht aber Fluorit. Die Härte der Minerale kann auch mit alltäglichen Dingen geprüft werden: Ein Mineral, welches von einer Münze geritzt wird, hat geringere Härte als 3 1/2.

Fingernagel: 2 1/2

Münzen: 3 1/2

Messerklinge: 5 1/2

Glas: 6

Quarz: 7

Skala der Mohshärte

Talk: 1 · Gips: 2 · Calcit: 3 · Fluorit: 4 · Apatit: 5 · Orthoklas: 6 · Quarz: 7 · Topas: 8 · Korund: 9 · Diamant: 10

Spezifisches Gewicht (SG)

Der Vergleich des Gewichts eines Minerals mit dem gleichen Volumen Wasser ergibt das spezifische Gewicht oder die Dichte. Eine Dichte von 2,5 sagt, daß ein Mineral zweieinhalbmal schwerer als Wasser ist. Das Quarzstück (rechts) ist größer als der Galenit, wiegt aber weniger aufgrund der geringeren Dichte.

Quarz SG: 2,65

Galenit: SG: 7,5

Farbe

Die Farbe eines Minerals, im natürlichen Licht betrachtet, ist ein hilfreiches Bestimmungsmerkmal. So nützlich die Farbe bei der Identifizierung für charakteristisch gefärbte Minerale auch sein kann, so sehr kann man sich täuschen, wenn man sich einzig und allein auf die Farbe verläßt. Viele Minerale – wie Quarz – kommen in verschieden gefärbten Varietäten vor, während eine große Anzahl weiß oder farblos ist.

ROSA

Rosenquarz

Milchquarz

WEISS BIS GRAUWEISS

Citrin

GELB BIS GELBLICHBRAUN

FARBLOS-GRAU

Gesteinskristall

Rauchquarz

BRAUNSCHWARZ

Amethyst

PURPURVIOLETT

Strich

Die Farbe des Mineralpulvers wird als Strich bezeichnet. Wird das Mineral über die Oberfläche einer unglasierten Porzellantafel gerieben, erhält man die Strichfarbe. Soll ein sehr hartes Mineral getestet werden, kann man ein Stückchen mit dem Hammer zerschlagen oder es gegen eine harte Oberfläche reiben. Die Strichfarbe ist besser zur Diagnose geeignet als die Mineralfärbung selbst, da sie weitaus verläßlicher ist.

Krokoit

GELB

Chalcopyrit

SCHWARZ

Auripigment

GOLDGELB

Cinnabarit

ROT

Hämatit

ROTBRAUN

Molybdenit

GRAU

Transparenz

Die Transparenz macht Aussagen über die Art, in der Licht durch das Mineral fällt. Dies hängt in erster Linie von der unterschiedlichen Art der Bindung der Atome ab. Kann man Objekte durch das Mineral betrachten, wird es als durchsichtig bezeichnet. Fällt Licht hindurch und das Objekt ist nicht deutlich zu sehen, gilt das Mineral als durchscheinend. Wenn Licht auch dann nicht durch das Mineral dringt, wenn es sehr dünn geschliffen ist, bezeichnet man es als opak.

Durchsichtig

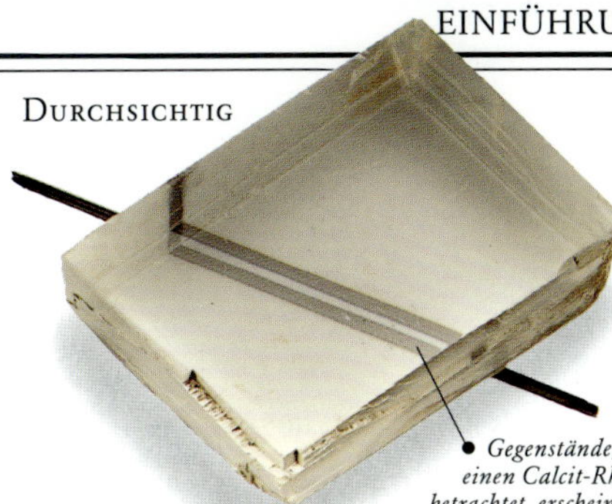

Gegenstände, durch einen Calcit-Rhomboeder betrachtet, erscheinen infolge der Doppelbrechung zweifach

Opak

Gold läßt kein Licht passieren

Durchscheinend

Aquamarin ist lichtdurchlässig

Glanz

Der Glanz beschreibt, wie Licht auf der Mineraloberfläche reflektiert wird. In Abhängigkeit von der Natur der Oberfläche und der Absorption variieren Typ und Intensität des Glanzes. Gut erkennbar erklären sich die Bezeichnungen von selbst. Sie lauten stumpf, Metallglanz, Perlglanz, Glasglanz, Fettglanz und Seidenglanz.

Glasglanz

Glasähnliche Oberfläche auf Quarzkristallen

Schmieriger Glanz auf der Steinsalzoberfläche

Fettglanz

Seidenglanz

Seidige Oberfläche auf Gips

Metallischer Glanz auf der Oberfläche von Galenit

Metallglanz

Stumpf, metallisch

Stumpfer und metallischer Glanz auf Hämatit

Mineralbestimmung

Um die Mineralbestimmung zu erleichtern, sind in den folgenden Tabellen Minerale nach ihrer Härte und mit verläßlichen Eigenschaften aufgelistet.

halbm. – halbmuschelig; kub. – kubisch; musch. – muschelig; okt. – oktaedrisch; pin. – pinakoidal; prism. – prismatisch; rhom. – rhomboedrisch; split. – splittrig; un. – uneben; unvollk. – unvollkommen; vollk. – vollkommen; 0 – durchschnittlich; -- sehr leicht; + schwer; ++ sehr schwer; > größer gleich; < kleiner gleich

Mineral	SG	Spaltbarkeit	Bruch
Härte $< 2\frac{1}{2}$			
Akanthit	++	keine	uneben
Annabergit	+	s. vollkommen	uneben
Artinit	0	s. vollkommen	uneben
Aurichalcit	+	s. vollkommen	uneben
Auripigment	+	s. vollkommen	uneben
Autunit	+	s. vollk. basal	uneben
Bismuth	++	s. vollk. basal	uneben
Bismuthinit	++	s. vollkommen	uneben
Borax	--	s. vollkommen	muschelig
Brucit	0	s. vollkommen	uneben
Carnallit	--	keine	muschelig
Carnotit	+	s. vollk. basal	uneben
Chalkanthit	0	unvollkommen	muschelig
Chlorargyrit	++	keine	un.-halbm.
Chrysotil	0	keine	uneben
Cinnabarit	++	s. vollk. prism.	musch.-un.
Covellin	+	s. vollk. basal	uneben
Cyanotrichit	0	keine	uneben
Epsomit	--	s. vollkommen	muschelig
Erythrin	+	s. vollkommen	uneben
Galenit	++	s. vollk. kub.	halbmusch.
Gips	0	s. vollkommen	splittrig
Glaukonit	0	s. vollk. basal	uneben
Graphit	0	s. vollk. basal	uneben
Halit	0	s. vollk. kub.	un.-musch.
Hydrozinkit	+	s. vollkommen	uneben
Jamesonit	++	vollkom. basal	un.-musch.
Kaolinit	0	s. vollk. basal	uneben
Klinochlor	0	s. vollkommen	uneben
Kryolith	0	keine	uneben
Linarit	++	s. vollkommen	muschelig
Molybdenit	+	s. vollk. basal	uneben
Muskovit	0	s. vollk. basal	uneben
Nitratin	0	s. vollk. rhomb.	muschelig
Phlogopit	0	s. vollk. basal	uneben
Proustit	++	vollk. rhom.	musch.-un.
Pyrargyrit	++	vollk. rhom.	musch.-un.
Pyrophyllit	0	s. vollkommen	uneben
Realgar	+	gut	muschelig
Schwefel	0	unvollk. basal	un.-musch.
Sepiolith	0	nicht bestimmt	uneben
Stephanit	++	unvollkommen	un.-halbm.
Stibnit	+	s. vollkommen	un.-halbm.
Sylvianit	++	s. vollkommen	uneben
Sylvin	--	s. vollk. kub.	uneben
Talk	0	s. vollkommen	uneben
Torbernit	+	s. vollk. basal	uneben
Tyuyamunit	+	s. vollk. basal	uneben
Ulexit	--	s. vollkommen	uneben
Vermiculit	0	s. vollkommen	uneben
Vivianit	0	s. vollkommen	uneben
Wad	+	keine	uneben
Wolframit	++	s. vollkommen	uneben
Härte $< 3\frac{1}{2}$			
Adamin	+	gut	halbm.-un.
Anglesit	++	gut basal	muschelig
Anhydrit	0	s. vollkommen	un.-splittrig
Antigorit	0	s. vollk. basal	musch.-split.
Antimon	++	s. vollk. basal	uneben
Astrophyllit	+	s. vollkommen	uneben
Atakamit	+	s. vollkommen	muschelig

Mineral	SG	Spaltbarkeit	Bruch
Baryt	+	s. vollkommen	uneben
Bauxit	0	keine	uneben
Biotit	0/+	s. vollk. basal	uneben
Boleit	++	s. vollkommen	uneben
Bornit	++	s. unvollk.	un.-musch.
Boulangerit	++	gut	uneben
Bournonit	++	unvollkommen	halbm.-un.
Calcit	0	s. vollkommen	halbmuschelig
Cerussit	++	vollk. prism.	muschelig
Chalkosin	++	unvollkommen	muschelig
Chamosit	+	nicht bestimmt	uneben
Cölestin	+	s. vollkommen	uneben
Copiapit	0	s. vollkommen	uneben
Descloizit	++	keine	un.-musch.
Enargit	+	s. vollkommen	uneben
Gibbsit	0/+	s. vollkommen	uneben
Glauberit	0	s. vollkommen	muschelig
Gold	++	keine	hakig
Greenockit	+	vollkommen	muschelig
Jarosit	0/+	vollkommen	uneben
Klinoklas	+	s. vollkommen	uneben
Krokoit	++	vollk. prism.	musch.-un.
Kupfer	++	keine	hakig
Leadhillit	++	s. vollk. basal	muschelig
Lepidolith	0/+	s. vollk. basal	uneben
Millerit	++	s. vollk. rhom.	uneben
Olivenit	+	unvollkommen	un.-musch.
Polybasit	++	unvollk. basal	uneben
Polyhalit	0	s. vollkommen	uneben
Silber	++	keine	hakig
Strontianit	+	s. vollk. prism.	uneben
Thenardit	0	s. vollkommen	uneben
Trona	0	s. vollkommen	uneben
Vanadinit	++	keine	musch.-un.
Volborthit	+	s. vollk. basal	uneben
Witherit	+	vollkommen	uneben
Wulfenit	++	vollk. pyramidal	halbmusch.
Härte $< 5\frac{1}{2}$			
Alunit	0	vollk. basal	muschelig
Analcim	0	sehr unvollk.	halbmusch.
Ankerit	0	s. vollk. rhom.	halbmusch.
Apatit	+	unvollkommen	musch.-un.
Apophyllit	0	s. vollkommen	uneben
Aragonit	0	vollk. pin.	halbmusch.
Azurit	+	s. vollkommen	muschelig
Bayldonit	++	keine	uneben
Brochantit	+	s. vollkommen	musch.-un.
Chabasit	0	unvollkommen	uneben
Chalkopyrit	+	unvollkommen	un.-musch.
Chromit	+	keine	uneben
Cobaltin	++	s. vollkommen	uneben
Colemanit	0	s. vollkommen	un.-musch.
Chrysokoll	0/+	keine	un.-musch.
Cuprit	++	schwach okt.	musch.-un.
Datolith	0	keine	un.-musch.
Dioptas	+	s. vollkommen	un.-musch.
Dolomit	0	s. vollk. rhom.	halbmusch.
Eudialyt	0	unvollkommen	uneben
Fluorit	+	sehr vollk. okt.	muschelig
Glaukodot	++	s. vollkommen	uneben
Goethit	+	s. vollkommen	uneben
Gyrolith	0	s. vollkommen	uneben

Mineral	SG	Spaltbarkeit	Bruch
Harmotom	0	vollkommen	un.-halbm.
Hauerit	+	s. vollkommen	halbm.-un.
Hausmannit	+	gut	uneben
Hemimorphit	+	s. vollkommen	un.-musch.
Herderit	0/+	schwach	halbmusch.
Heulandit	0	s. vollkommen	uneben
Kyanit	+/++	s. vollkommen	uneben
Laumontit	0	s. vollkommen	uneben
Lazurit	0	unvollkommen	uneben
Lepidokrokit	+	s. vollkommen	uneben
Limonit	+	keine	uneben
Magnesit	+	s. vollk. rhom.	musch.-un.
Malachit	+	s. vollkommen	halbm.-un.
Manganit	+	s. vollkommen	uneben
Mesolith	0	s. vollkommen	uneben
Mimetit	++	keine	halbm.-un.
Monazit	+/++	vollkommen	musch.-un.
Natrolith	0	s. vollkommen	uneben
Nickelin	++	keine	uneben
Nosean	0	unvollkommen	un.-musch.
Pektolith	0	s. vollkommen	uneben
Pentlandit	+	keine	muschelig
Perovskit	+	unvollkommen	halbm.-un.
Phillipsit	0	vollkommen	uneben
Pyrochlor	+	vollkommen	halbm.-un.
Pyromorphit	++	s. schw. prism.	un.-halbm.
Pyrrhotin	+	keine	halbm.-un.
Rhodochrosit	+	s. vollk. rhom.	uneben
Riebeckit	+	s. vollkommen	uneben
Scheelit	++	vollkommen	halbm.-un.
Siderit	+	s. vollk. rhom.	uneben
Skolezit	0	s. vollkommen	uneben
Skorodit	+	unvollkommen	halbmusch.
Smithsonit	+	s. vollk. rhom.	halbm.-un.
Sphalerit	+	s. vollkommen	muschelig
Sphen	+	vollkommen	muschelig
Stilbit	0	s. vollkommen	uneben
Tennantit	+	keine	un.-halbm.
Tetraedrit	+/++	keine	un.-halbm.
Thomsonit	0	s. vollkommen	un.-halbm.
Wavellit	0	s. vollkommen	halbm.-un.
Willemit	+	basal	uneben
Wolframit	++	s. vollkommen	uneben
Wollastonit	0/+	s. vollkommen	splittrig
Xenotim	+/++	s. vollk. prism.	uneben
Zinkit	++	s. vollkommen	muschelig
Härte < 6			
Aegirin	+	gut	uneben
Akermanit	0	vollkommen	un.-musch.
Aktinolith	+	gut	un.-halbm.
Amblygonit	+	s. vollkommen	uneben
Anatas	+	s. vollk. basal	halbmusch.
Anthophyllit	0/+	s. vollkommen	uneben
Arfvedsonit	+	s. vollkommen	uneben
Arsenopyrit	++	unvollkommen	uneben
Augit	+	gut	un.-musch.
Brookit	+	schwach	halbm.-un.
Cancrinit	0	s. vollkommen	uneben
Chloanthit	++	vollkommen	uneben
Enstatit	+	gut	uneben
Gehlenit	+	vollkommen	un.-musch.
Glaukophan	+	s. vollkommen	un.-musch.
Grunerit	+	gut	uneben
Hämatit	++	keine	un.-musch.
Hauyn	0	unvollkommen	un.-musch.
Hedenbergit	+	gut	un.-musch.
Hornblende	+	s. vollkommen	uneben
Humit	+	schwach	uneben
Hypersthen	+	gut	uneben
Ilmenit	+	keine	musch.-un.
Ilvait	+	vollkommen	uneben

Mineral	SG	Spaltbarkeit	Bruch
Lazulith	+	unvollk. prism.	un.-split.
Leucit	0	sehr schwach	muschelig
Milarit	0	keine	musch.-un.
Nephelin	0	unvollkommen	muschelig
Neptunit	+	s. vollkommen	muschelig
Richterit	0/+	s. vollkommen	uneben
Romanechit	++	nicht bestimmt	uneben
Samarskit	++	unvollkommen	muschelig
Skapolith	0	vollkommen	un.-musch.
Skutterudit	++	vollkommen	uneben
Smaltit	++	vollkommen	uneben
Sodalith	0	schwach	un.-musch.
Tremolit	0/+	gut	un.-halbm.
Türkis	0	gut	muschelig
Härte < 7			
Albit	0	vollkommen	uneben
Andesin	0	s. vollkommen	un.-musch.
Anorthit	0	s. vollkommen	musch.-un.
Anorthoklas	0	s. vollkommen	uneben
Axinit	+	gut	un.-musch.
Bytownit	0	s. vollkommen	un.-musch.
Cassiterit	++	schwach	halbm.-un.
Chloritoid	+	s. vollkommen	uneben
Chondrodit	+	schwach	uneben
Klinozoisit	+	s. vollkommen	uneben
Columbit	++	vollkommen	halbm.-un.
Diaspor	+	s. vollkommen	muschelig
Diopsid	+	gut	uneben
Epidot	+	s. vollkommen	uneben
Franklinit	++	keine	un.-halbm.
Gadolinit	+	keine	muschelig
Jadeit	+	gut	splittrig
Labradorit	0	s. vollkommen	un.-musch.
Magnetit	++	keine	halbm.-un.
Markasit	+	vollkommen	uneben
Mikroklin	0	s. vollkommen	uneben
Oligoklas	0	s. vollkommen	un.-musch.
Opal	0	keine	muschelig
Orthoklas	0	s. vollkommen	un.-musch.
Petalith	0	s. vollkommen	halbmusch.
Prehnit	0	vollkommen	uneben
Pyrit	+	unvollkommen	musch.-un.
Pyrolusit	++	s. vollkommen	uneben
Quarz	0	keine	musch.-un.
Rhodonit	+	s. vollkommen	musch.-un.
Rutil	+	vollkommen	musch.-un.
Sanidin	0	s. vollkommen	musch.-un.
Stibiconit	+/++	nicht bestimmt	uneben
Turmalin	+	sehr unvollk.	un.-musch.
Vesuvian	+	unvollkommen	un.-musch.
Zoisit	+	s. vollkommen	un.-musch.
Härte > 7			
Andalusit	+	vollk. prism.	un.-halbm.
Beryll	0	unvollkommen	un.-musch.
Chalcedon	0	keine	muschelig
Chrysoberyll	+	vollk. prism.	musch.-un.
Cordierit	0	vollkommen	muschelig
Korund	+	keine	musch.-un.
Diamant	+	sehr vollk. okt.	muschelig
Dumortierit	+	gut	uneben
Euklas	+	s. vollkommen	muschelig
Granat	+	keine	un.-musch.
Olivin	+	unvollkommen	muschelig
Phenakit	0	vollkommen	muschelig
Rubin	+	keine	musch.-un.
Sillimanit	+	s. vollkommen	uneben
Spinell	+	keine	musch.-un.
Spodumen	+	s. vollkommen	uneben
Staurolith	+	vollkommen	un.-halbm.
Topas	+	s. vollkommen	halbm.-un.
Zirkon	+	unvollkommen	un.-musch.

Gesteinsbildung

Gesteine bilden sich in Kreisläufen. Geschmolzenes Magma in der Erdkruste steigt langsam zur Erdoberfläche auf. Es entstehen große Massen, die Plutone (1); kleine Gänge, die Dykes (2); oder Vulkane und Lavaströme. Bei der Abkühlung bilden sich magmatische Gesteine wie Granite. Durch Erdbewegungen

Kreislauf der Gesteine
Gesteinsbildende Prozesse erstrecken sich über Millionen von Jahren.

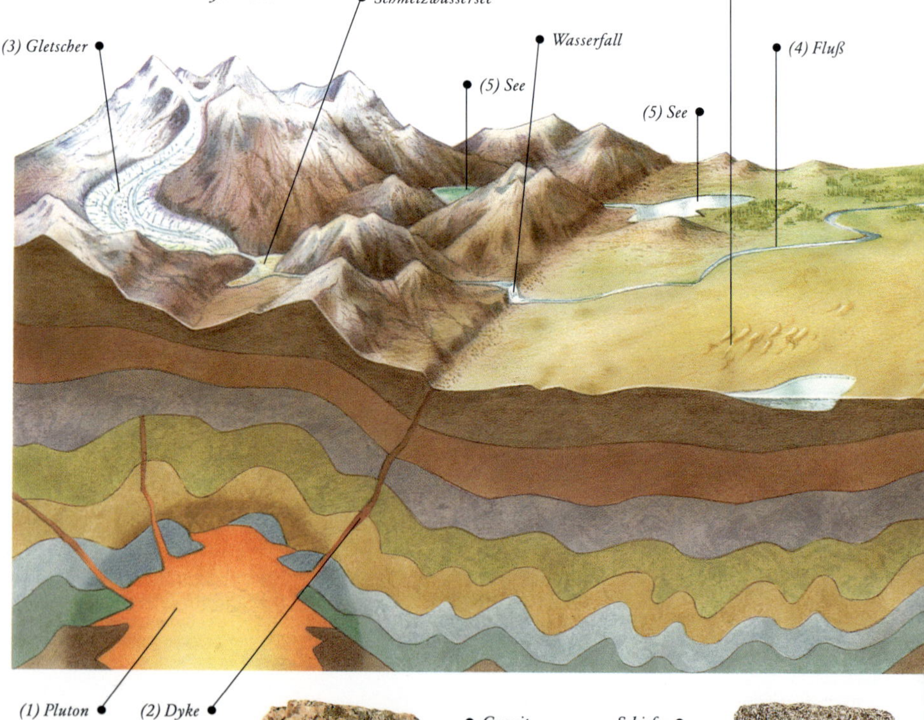

Magmatisch
Geschmolzenes Magma bahnt sich den Weg durch andere Gesteine. Bei Abkühlung kann es Granit bilden (links).

Metamorph
Hitze und Druck bei der Gebirgsbildung wandelt sedimentäre und magmatische in metamorphe Gesteine.

gelangen Gesteine zur Erdoberfläche und werden durch Erosion und Verwitterung freigelegt. Verwitterung durch Eis, Wasser und Wind zersetzt Gesteine in Bruchstücke, die durch Gletscher (3), Wasser (4) und Wind transportiert werden. In Seen (5), Deltas (6), Dünen (7) und am Meeresgrund wird das Material abgelagert und bildet dort sedimentäre Gesteine wie Ton- oder Sandsteine. Große Sedimentmengen werden am Kontinentalschelf (9) abgelagert, aber teilweise durch große Schlammströme auch durch ozeanische Canyons (10) bis zum Meeresboden transportiert. Werden im Zuge von Gebirgsbildungsprozessen sedimentäre oder magmatische Gesteine hohen Temperaturen und Druck ausgesetzt, entstehen metamorphe Gesteine wie Schiefer und Gneis. Weiteres Steigen von Temperatur und Druck können das Gestein schmelzen, und der Zyklus beginnt erneut.

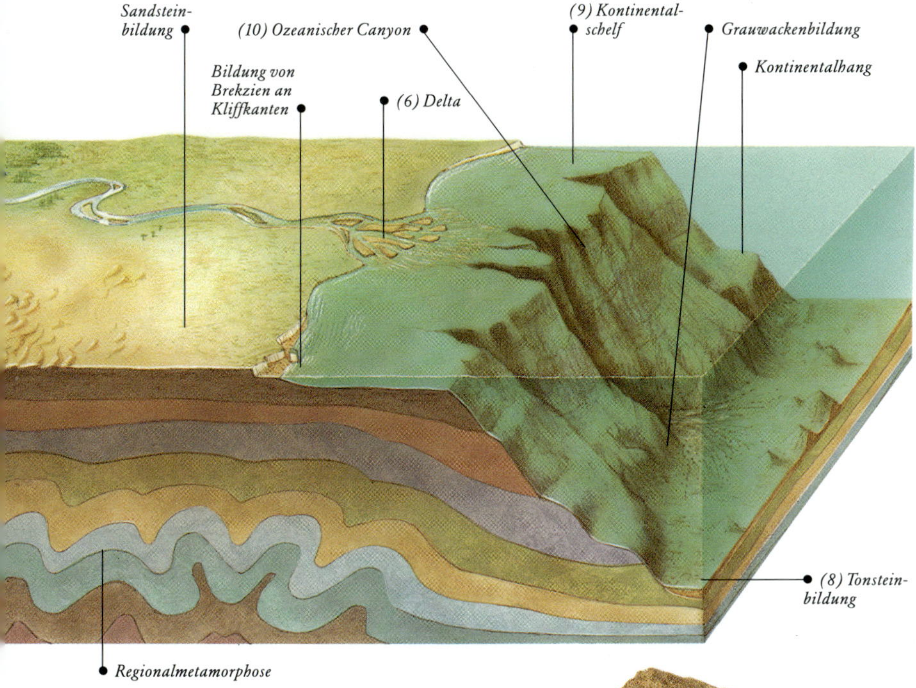

SEDIMENTÄR

Sandstein besteht unter anderem aus Quarzpartikeln aus Gesteinen, die im Meer oder im Flußbett abgelagert wurden. Nach Überlagerung und Verfestigung kann er aufgefaltet werden.

Merkmale magmatischer Gesteine

Magmatische Gesteine kristallisieren aus geschmolzenem Magma oder Lava. Die Anfangszusammensetzung des Magmas, die Art und Weise, wie es zur Erdoberfläche gelangt, und die Abkühlungsrate entscheiden über Zusammensetzung und Charakteristika. Dazu gehören Korngröße, Kristallform, Mineralgehalt und Gesamtfarbe.

Grobkörniger Gabbro, ein plutonisch-magmatisches Gestein mit großen Kristallen

Herkunft

Die Herkunft des Gesteins unterscheidet man als intrusiv (das Magma kristallisierte unterhalb der Erdoberfläche) und extrusiv (die Lava kristallisierte an der Erdoberfläche).

Augit, ein Eisen-Magnesium-Mineral

Vorkommen

Es beschreibt die Form der abgekühlen Masse. Ein Pluton beispielsweise ist eine große, tiefe Intrusion, die mehrere Kilometer im Durchmesser betragen kann. Ein Dyke ist eine schmale, diskordante Gesteinsschicht; ein Lagergang ist eine konkordante Schicht.

Intrusiver basischer Dyke
Ein Dolerit-Dyke ist ein magmatisches Gestein, das in sedimentäre Schiefer eindrang.

Mineralgehalt

Gesteine sind Mineralaggregate. Feldspat (rechts), Glimmer, Quarz und Eisen-Magnesium-Minerale (oben) bauen den Großteil der magmatischen Gesteine auf. Die Zusammensetzung beschreibt den Einfluß der Minerale auf die Gesteinschemie.

Labradorit, ein Feldspat

Korngrösse

Die Korngröße zeigt an, ob ein Gestein plutonisch (grobkörnig) oder vulkanisch (feinkörnig) ist. Grobkörnige magmatische Gesteine wie Gabbro haben Kristalle mit mehr als 5 mm im Durchmesser. Mittelkörnige Gesteine wie Dolerit zeigen Kristalle von 0,5 bis 5 mm, feinkörnige wie Basalt solche, die kleiner als 0,5 mm sind.

1

Körner erkennen

Die einzelnen Körner des Gabbros (1) sind mit bloßem Auge zu erkennen; um die verschiedenen Körner des Dolerits (2) zu betrachten, benötigt man eine Lupe, für den feinkörnigen Basalt (3) ist ein Mikroskop nötig.

2

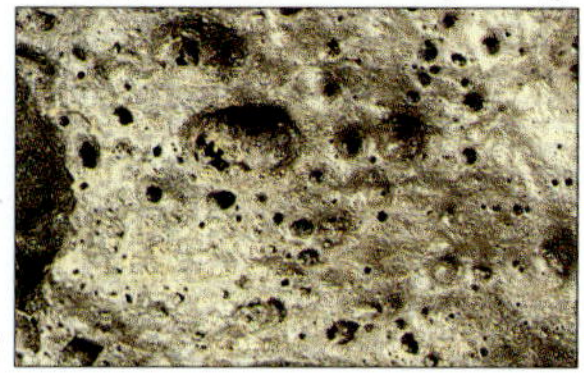

3

Kristallform

Langsames Abkühlen läßt den Mineralen Zeit, gleichmäßig geformte (idiomorphe) Kristalle zu bilden. Schnelles Abkühlen erlaubt nur das Wachstum schlecht ausgebildeter (xenomorpher) Kristalle.

Gefüge

Das Gefüge bezieht sich auf die Anordnung der Kristalle im Gestein und deren relativer Größe zueinander.

Idiomorphe Kristalle

Stark vergrößerter Dünnschliff eines Dolerits (links) mit gut ausgebildeten Kristallen.

Farbe

Da die Farbe den Mineralgehalt widerspiegelt, ist sie ein guter Indikator der Gesteinschemie. Helle Farben lassen auf saure Gesteine mit mehr als 65 % Siliziumdioxid schließen. Basische Gesteine sind dunkel, mit geringem Siliziumgehalt und einem hohen Anteil dunkler Eisen-Magnesium-Minerale. Ein Beispiel hierfür ist Augit.

Helle Farbe

Rhyolit, eine saure Lava, hat mehr als 65 % Silizium und mehr als 10 % Quarz.

Mittlere Farbe

Andesit, ein intermediäres Gestein mit 55 – 65 % Gesamtsiliziumgehalt.

Zusammensetzung

Magmatische Gesteine werden in Abhängigkeit ihrer chemischen Zusammensetzung in Gruppen unterteilt: saure Gesteine mit einem Gehalt von mehr als 65 % Siliziumdioxid (einschließlich über 10 % modaler Quarz); intermediäre Gesteine mit 55 – 65 % Siliziumdioxid; basische Gesteine mit 45 – 55 % (weniger als 10 % modaler Quarz); ultrabasische Gesteine mit weniger als 45 % Gehalt an Siliziumdioxid.

Dunkle Farbe

Basalt, ein basisches Gestein mit 45 – 55 % Siliziumdioxid.

Metamorphe Gesteine

Metamorphe Gesteine unterscheiden sich erheblich in Struktur und Zusammensetzung von ihren magmatischen, sedimentären oder schwach metamorphen Ausgangsgesteinen. Gebildet werden sie unter Einfluß von hohem Druck und hoher Temperatur (am größten bei Gebirgsbildung).

Regionalmetamorphose

Wenn ein Gestein in einer Gebirgsbildungsregion durch Druck und Hitze verändert wird, entsteht ein regionalmetamorphes Gestein. Das Metamorphosegebiet kann über Tausende von Quadratkilometern reichen. Die folgenden Abbildungen demonstrieren, wie sich das Gestein bei zunehmendem Druck und Temperatur verändert.

Metamorphe Landschaft
Gneis, ein durch hochgradige Regionalmetamorphose alteriertes Gestein, bildet eine bizarre Landschaft.

Tonstein

1. Keinem Druck ausgesetzt
Fossilführender Tonstein, ein feinkörniges Sedimentgestein, reich an Ton und Quarz, mit Brachiopodenschalen, von Metamorphose unbeeinträchtigt.

Tonschiefer

2. Geringem Druck ausgesetzt
Wenn fossilführende Tonsteine unter geringen Druck geraten, werden die Fossilien zerstört. Das resultierende Gestein ist ein Tonschiefer.

Schiefer

3. Mittlerem Druck ausgesetzt
Tonschiefer, ebenso wie viele andere Gesteine, bilden unter mittleren Druck- und Temperaturbedingungen mittelkörnigen Schiefer.

Gneis

4. Hohem Druck ausgesetzt
Bei höchsten Druck- und Temperaturbedingungen, und wenn zusätzlich aktive Fluide im Gestein zirkulieren, entsteht ein großkörniges Gestein, der sogenannte Gneis. Jedes Gestein kann bei diesen Bedingungen alteriert werden.

Kontaktmetamorphose

Gesteine in einer metamorphen Aureole – dem Gebiet rund um eine magmatische Intrusion oder nahe eines Lavastroms – können allein durch die direkte Hitzeeinwirkung verändert sein. Sie werden als kontaktmetamorphe Gesteine bezeichnet. Die Hitze kann die Minerale des Originalgesteins so verändern, daß es gröber kristallin ist und empfindliche Strukturen wie Fossilien zerstört werden. Das Ausmaß der metamorphen Aureole wird durch die Temperatur des Magmas und die Größe der Intrusion bestimmt.

Sandstein

Lose zusammengehaltene Körner

Magma-Intrusion
Eine Masse dunkelfarbigen Dolerits (an der Basis der Steilküste) intrudierte und erhitzte Schichten von Schwarzschiefer, die dadurch zu hellem Hornfels metamorphosierten.

Hitze allein
Wenn Sandstein (oben) – ein poröses Sedimentgestein – erhitzt wird, entsteht Metaquarzit (rechts), ein massiges Kristallingestein, das sich aus einem ineinandergreifenden Mosaik von Quarzkristallen aufbaut.

Ineinandergreifende Quarzkristalle

Metaquarzit

Dynamische Metamorphose

Wenn in der Erdkruste großräumige Bewegungen stattfinden, besonders entlang von Störungslinien, spricht man von einer dynamischen Metamorphose. Große Gesteinsmassen werden dabei auf andere aufgeschoben. Wo diese Massen aufeinandertreffen, entsteht Mylonit, ein zerquetschtes und zermahlenes metamorphes Gestein.

Mylonit

Durch Kräfte der Schubbewegung stark alteriertes und verzerrtes Gestein

Bewegung von Gesteinsmassen
Eine flachwinklige Störung auf halber Höhe des Kliffs.

Merkmale metamorpher Gesteine

Metamorphe Gesteine zeigen typische Merkmale. Die in ihnen enthaltenen Minerale kommen normalerweise als größere Kristalle vor. Entstand das Gestein unter dem Einfluß von Druck und Temperatur, können die Kristalle orientiert gewachsen sein. Ihre Größe spiegelt den Grad von Hitze und Druck wider, dem das Gestein ausgesetzt war. Das Studium der Kristalle kann also Auskunft über Herkunft und Entstehung des metamorphen Gesteins geben.

Blättriger Gneis zeigt Bänder von dunklem Biotit

Gefüge

Das Gefüge gibt Auskünfte darüber, wie die Kristalle im Gestein orientiert sind. Kontaktmetamorphe Gesteine haben ein kristallines Gefüge: Die Minerale sind üblicherweise zufällig angeordnet. Regionalmetamorphe Gesteine sind eher schiefrig: Der Druck sorgt für die Einregelung bestimmter Minerale.

Schiefrig

Kyanitschiefer zeigt ein schiefriges Gefüge, aber die Einregelung ist weniger offensichtlich als im Gneis

Kristallin

Masse von zufällig angeordneten Kristallen in einem blaugeäderten Marmor

Korngrösse

Die Korngröße macht Aussagen über Druck- und Temperaturbedingungen, denen das Gestein ausgesetzt war. Generell gilt: Je höher Druck und Temperatur waren, desto gröber sind die Körner. Tonschiefer, der bei geringem Druck gebildet wird, ist also feinkörnig, Schiefer unter mittleren Druck- und Temperaturbedingungen ist mittelkörnig, und Gneise bei hochmetamorpher Entstehung sind grobkörnig.

Grobkörnig

Gneis

Schiefer

Mittelkörnig

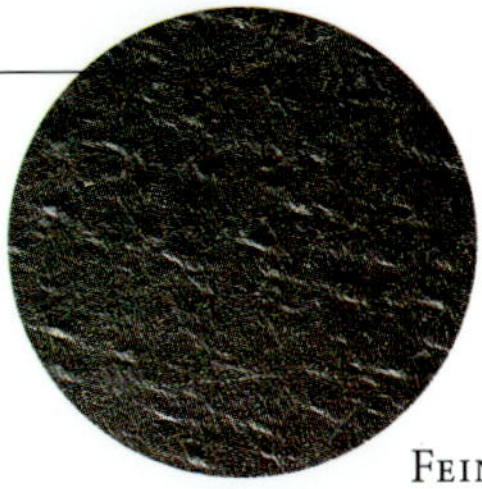

Schwarzschiefer

Feinkörnig

Druck und Temperatur

Mittel- bis hochgradige Metamorphose findet bei Temperaturen von mindestens 259° C (in einigen Gesteinen auch darunter) statt. Die maximale Temperatur liegt bei 800° C. Bei höheren Temperaturen beginnt das Gestein zu schmelzen, und es entsteht Magma. Die Drücke reichen von 2 000 bis 10 000 Kilobar und mehr.

Quarz

Glimmer

Mineralgehalt

Das Vorkommen bestimmter Minerale in metamorphen Gesteinen hilft, den Entstehungsprozeß nachzuvollziehen. Granat und Kyanit kommen in Gneisen und Schiefern vor, Pyrit erscheint auf den Schieferungsflächen von Tonschiefern. Minerale wie Brucit kommen vorwiegend in Marmor vor.

Gneis

Unter dem Mikroskop lassen sich Quarz und Glimmer (links) unterscheiden.

Milchquarz

In Metaquarziten und Gneisen vorkommend

Orthoklas

In Gneisen und Schiefern zu finden

In Gneisen und Schiefern zu finden

Muskovit

MERKMALE SEDIMENTÄRER GESTEINE

SEDIMENTÄRE GESTEINE, in Schichten abgelagert, können bereits im Gelände von magmatischen und metamorphen unterschieden werden. Ein Handstück bricht normalerweise an den Schichtflächen. Ein anderes Schlüsselmerkmal kann der Fossilgehalt sein – Fossilien finden sich niemals in magmatischen Kristallingesteinen und seltener in metamorphen Gesteinen. Die Herkunft der Bestandteile des Sedimentgesteins bestimmt sein Erscheinungsbild und läßt auf dessen Entstehung schließen.

Quarzkonglomerat

HERKUNFT

Sedimentgesteine bilden sich an oder nahe der Erdoberfläche, wo Gesteinspartikel von Wind, Wasser oder Eis transportiert und abgelagert werden: im Flußbett, im See oder im Bereich eines Meeres: Strand, Delta und Meeresboden.

SEDIMENTSCHICHTEN

Die Kieselsteine und der Sand der Strände bilden eines Tages ein Sedimentgestein.

FOSSILIENGEHALT

In Sedimentgesteinen können Fossilien enthalten sein. Es sind die Überreste von Tieren und Pflanzen, die in Sedimentschichten erhalten blieben. Die Art der Fossilien gibt Hinweise auf das Bildungsmilieu der Gesteine: Ein marines Fossil läßt vermuten, daß das Gestein als Sediment im Meer entstand. Besonders Kalksteine sind reich an Fossilien.

Brachiopoden in schaligem Kalkstein

Korngrösse

Obwohl die Klassifikation von Korngrößen in Sedimenten sehr komplex ist, werden die Bezeichnungen grob-, mittel- und feinkörnig benutzt. Die Größe der Körner variiert von dicken Brocken bis zu Tonmineralen. Grobkörnige Gesteine enthalten Fragmente, die gut mit bloßem Auge zu erkennen sind (Konglomerate, Brekzien und Sandsteine). Feinkörnige Gesteine sind Ton- und Schluffsteine sowie Mergel.

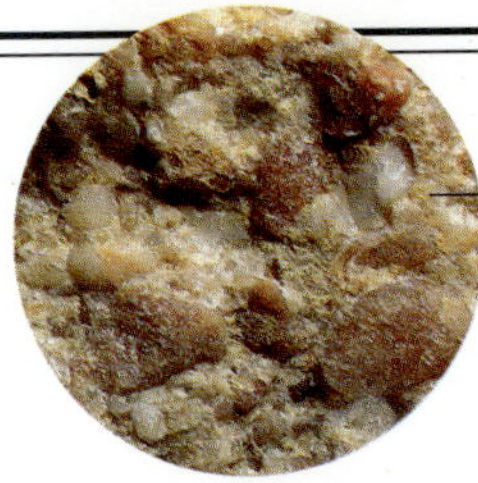

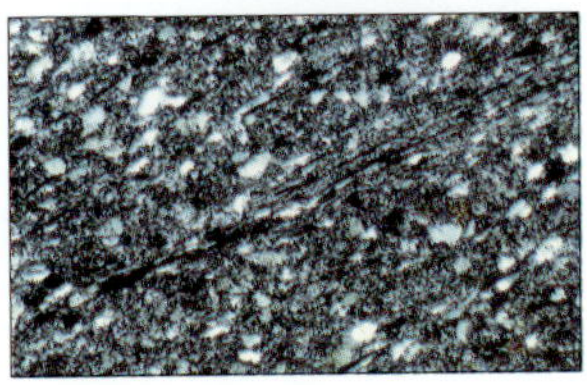

Vergrösserte Körner *Stark vergrößerte Gesteinsstücke lassen die Kornform erkennen.*

Sie können von gerundet (links) bis kantig (oben rechts) variieren.

Kornform

Der Transportmechanismus der Gesteinspartikel des Sediments entscheidet über die Kornform. Winderosion verursacht runde Sandpartikel, aber kantige Kiesel. Erosion durch Wasser hinterläßt kantige Sandkörner, aber glatte, runde Kieselsteine.

Klassifikation

Die Klassifikation gibt Aufschluß über die Herkunft der Gesteine. Detritische Gesteine enthalten Bruchstücke des vorhergehenden Gesteins; biogen bezeichnet Gesteine, die aus Schalen oder anderen Fossilfragmenten aufgebaut sind; chemisch meint Gesteine, deren Minerale durch chemische Ausfällung entstanden sind.

Gesteins-Bestimmungsschlüssel

Dieser Schlüssel soll bei der Bestimmung von Gesteinen helfen. In Stufe 1 wird entschieden, ob das Gestein magmatisch, metamorph oder sedimentär ist. In Stufe 2 bestimmen Sie die Korngröße – der Schlüssel weist in die richtige Kategorie: ein Auge steht für grobkörnig, eine Lupe für mittelkörnig, ein Mikroskop für feinkörnig. Im letzten Schritt (auf Seite 42 – 45) werden andere Gesteinseigenschaften hinzugezogen (Farbe, Gefüge und Mineralgehalt), um schließlich zum zugehörigen Gesteins-Stichwort in diesem Buch zu führen.

Stufe 1

Magmatisch?

Wenn es sich um ein magmatisches Gestein handelt, wird es ein kristallines Gefüge haben; es besteht also aus einem ineinandergreifenden Mosaik von Kristallen. Die Kristalle sind zufällig orientiert oder bilden bestimmte Hauptrichtungen. Es fehlen Strukturen wie Schichtebenen (sedimentäre Gesteine) und Schieferung (metamorphe Gesteine). Einige Laven können voller Gasblasenhohlräumen sein. Fossilien sind nicht erkennbar.

Metamorph?

Handelt es sich um metamorphes Gestein, kann es einem von zwei Typen angehören. Ein regionalmetamorphes Gestein hat ein charakteristisches Gefüge oder eine Schieferung. Diese kann wellig sein, aber nicht so flach wie eine Schichtebene von Sedimentgesteinen. Kontaktmetamorphe Gesteine sind von mehr zufälligem Gefüge.

Sedimentär?

Wenn die Probe ein Sedimentgestein ist, sind meist deutliche Schichten erkennbar. Die Körner können nur lose zusammengehalten sein, so daß sie mit dem Finger abreibbar sind. In vielen Sedimenten ist Quarz das dominierende Mineral, in Kalksteinen hingegen Calcit. Das Vorhandensein von Fossilien kann die Unterscheidung von magmatischen und metamorphen Gesteinen erleichtern.

Stufe 2

Wenn die Entstehungsweise des Gesteins geklärt ist, kann in der nächsten Stufe die Korngröße bestimmt werden. Sie bezieht sich auf die Größe der Körner im Gesteinskörper, nicht auf einzelne große Kristalle.

Mit dem blossen Auge erkennbar

Lupe notwendig

Mikroskop notwendig

Magmatisch

Grobkörnig

Mittelkörnig

Feinkörnig

Metamorph

Grobkörnig

Mittelkörnig

Feinkörnig

Sedimentär

Grobkörnig

Mittelkörnig

Feinkörnig

STUFE 3

Nachdem nun entschieden wurde, ob das Gestein magmatisch, sedimentär oder metamorph ist und die Korngröße bestimmt wurde, wird bei einem magmatischen Gestein zunächst die Farbe betrachtet. Saure Gesteine, reich an Silizium, sind hell gefärbt. Basische und ultrabasische

MAGMATISCH — GROBKÖRNIG

HELLGEFÄRBT

Rosa Granit **180**, *Weißer Granit* **180**, *Porphyrischer Granit* **181**, *Graphischer Granit* **181**, *Adamellit* **182**, *Pegmatit* **182**, *Weißer Granodiorit* **187**, *Syenit* **188**, *Anorthosit* **191**

MITTELGEFÄRBT

Hornblende-Granit **181**, *Granodiorit* **187**, *Diorit* **187**, *Syenit* **188**, *Nephelin-Syenit* **188**, *Agglomerat* **204**

DUNKELGEFÄRBT

Gabbro **189**, *Larvikit* **189**, *Olivin-Gabbro* **190**, *Bojit* **191**, *Serpentinit* **194**, *Pyroxenit* **194**, *Kimberlit* **195**, *Peridotit* **195**

MITTELKÖRNIG

METAMORPH — GROBKÖRNIG

SCHIEFRIG

Gneis **213**, *Gefalteter Gneis* **213**, *Augengneis* **214**, *Körniger Gneis* **214**, *Migmatit* **214**, *Amphibolit* **215**, *Eklogit* **215**

UNGESCHIEFERT

Granulit **215**, *Marmor* **216–217**, *Skarn* **220**

MITTELKÖRNIG

Gesteine sind reich an schweren Eisen-Magnesium-Mineralen und damit dunkel.
Die intermediären Gesteine liegen zwischen den beiden ersten Kategorien. Wenn es sich um metamorphes Gestein handelt, wird unterschieden, ob es schiefrig ist (einige Minerale orientiert angeordnet) oder ungeschiefert (kristallin, ohne erkennbares Gefüge). Anschließend können auf den angegebenen Seiten weitere Bestimmungsmerkmale nachgeschlagen werden.

FEINKÖRNIG

HELLGEFÄRBT
Mikrogranit **183**, *Quarzporphyr* **184**, *Granophyr* **186**, *Leukogabbro* **190**

HELLGEFÄRBT
Rhyolit **196**, *Ignimbrit* **206**, *Vulkanische Bombe* **206**

MITTELGEFÄRBT
Lamprophyr **199**, *Rhombenporphyr* **201**

MITTELGEFÄRBT
Dacit **197**, *Lamprophyr* **199**, *Andesit* **199**, *Trachyt* **201**, *Bims* **205**, *Tuff* **205**, *Ignimbrit* **206**

DUNKELGEFÄRBT
Dolerit **192**, *Norit* **192**, *Troktolit* **193**

DUNKELGEFÄRBT
Xenolith **184**, *Dunit* **193**, *Obsidian* **197**, *Pechstein* **198**, *Basalt* **202**, *Spilit* **203**, *Tuff* **204**, *Vulkanische Bombe* **206**, *Stricklava* **207**

FEINKÖRNIG

SCHIEFRIG
Phyllit **210**, *gefalteter Schiefer* **211**, *Granatschiefer* **211**, *Muskovitschiefer* **211**, *Biotitschiefer* **212**, *Kyanitschiefer* **212**

SCHIEFRIG
Grünschiefer **208**, *Schwarzschiefer* **208**, *Tonschiefer mit Pyrit* **209**, *Tonschiefer mit Fossilien* **209**, *Phyllit* **210**

UNGESCHIEFERT
Marmor **216 – 217**, *Hornfels* **218 – 219**, *Chiastolith-Hornfels* **218**, *Fleckschiefer* **219**, *Metaquarzit* **220**, *Skarn* **220**

UNGESCHIEFERT
Marmor **216 – 217**, *Fleckschiefer* **219**, *Skarn* **220**, *Hälleflint* **221**, *Mylonit* **221**

STUFE 3 *Fortsetzung*

Wenn es sich um ein Sedimentgestein handelt, sollten Sie die Mineralzusammensetzung betrachten. Wird es von Gesteinsfragmenten aufgebaut? Oder besteht es in erster Linie aus Quarz? Quarz ist leicht zu erkennen, da es normalerweise grau und sehr hart ist.

SEDIMENTÄR — GROBKÖRNIG

HAUPTSÄCHLICH GESTEINSFRAGMENTE
Polygenetisches Konglomerat **222**, *Brekzie* **223**

HAUPTSÄCHLICH QUARZFRAGMENTE
Keine Gesteine dieser Kategorie

CALCIUMCARBONAT DOMINIEREND
Kalksteinbrekzie **223**, *Pisolit-Kalkstein* **236**, *Crinoidenkalkstein* **238**

ANDERE MINERALE
Keine Gesteine in dieser Kategorie

MITTELKÖRNIG

Sollte es sich um einen calciumcarbonatreichen Kalkstein handeln, läßt er sich an seiner hellen Farbe und am Schäumen zugegebener verdünnter Salzsäure erkennen. Das Handstück kann auch aus Mineralen zusammengesetzt sein, die weder Quarz noch Calciumcarbonat sind. Nach der Entscheidung, in welche Kategorie das Stück gehört, können Sie auf den angegebenen Seiten nach weiteren Bestimmungsmerkmalen nachschlagen.

	Feinkörnig
Hauptsächlich Gesteinsfragmente *Grauwacke* **229**	**Hauptsächlich Gesteinsfragmente** *Kein Gestein in dieser Kategorie*
Hauptsächlich Quarzfragmente *Sandstein* **225**, *Grünsand* **225**, *Windtransportierter Sandstein* **226**, *Glimmersandstein* **227**, *Limonitischer Sandstein* **227**, *Orthoquarzit (rosa und grau)* **228**, *Arkose* **229**	 **Hauptsächlich Quarzfragmente** *Löß* **224**, *Tonstein* **231**, *Schluffstein* **232**, *Schlammstein* **232**, *Ton* **233**
Calciumcarbonat dominierend *Oolithischer Kalkstein* **236**, *Muschelkalkstein* **239**, *Tuff* **241**, *Stalaktit* **242**, *Travertin* **242**	 **Calciumcarbonat dominierend** *Kalkiger Schlammstein* **233**, *Mergel* **234**, *Kalk* **237**, *Korallenkalkstein* **238**, *Bryozoenkalkstein* **239**, *Muschelkalkstein* **239**, *Nummulitischer Kalkstein* **240**
Andere Minerale *Steinsalz* **235**, *Gips* **235**, *Kalisalz* **235**, *Dolomit* **241**, *Eisenstein* **243**	 **Andere Minerale** *Geschiebelehm* **224**, *Löß* **224**, *Ton* **233**, *Dolomit* **241**, *Eisenstein* **243**, *Anthrazit* **244**, *Steinkohle* **244**, *Braunkohle* **244**, *Torf* **245**, *Jett* **245**, *Bernstein* **246**, *Kieselsäuregestein* **246**, *Flint* **246**

Minerale

Gediegene Elemente

Gediegene Elemente sind freie, ungebundene Elemente, die in drei Gruppen eingeteilt werden: Metalle wie Gold, Silber und Kupfer, Halbmetalle wie Arsen und Antimon und Nichtmetalle wie Kohlenstoff und Schwefel. Metallische Elemente sind sehr dicht, weich, biegsam, verformbar und opak. Meist zeigen sie einen massiv dendritischen, drahtigen Habitus. Einzelne Kristalle sind selten. Im Unterschied zu den Metallen sind die Halbmetalle schlechte elektrische Leiter und treten meist in knotenförmigen Massen auf. Nichtmetalle sind meist durchsichtig oder durchscheinend, nicht elektrisch leitend und bilden in der Regel einzelne Kristalle.

Gruppe	Zusammensetzung	Härte
Gedieg. Element.	Au	$2\frac{1}{2}-3$

Gold

Goldkristalle sind selten würfel- oder oktaederförmig. Der übliche Habitus sind Körner, Flocken, Brocken und dendritische Massen. Die leuchtendgelbe Farbe läuft nicht an. Gold ist häufig mit Silber vermischt und ist dann von hellerer Farbe. Der Strich ist goldgelb. Gold ist opak und von metallischem Glanz.

- **Bildung** Häufig in hydrothermalen Gängen gebildet, assoziiert mit Quarz und Sulfiden. Auch in Seifenlagerstätten, in Sandsteinen und Konglomeraten kommt es vor. Es ist möglich, alluviales Gold in Form von Körnern oder Brocken im Flußbett zu finden. Das Sediment in der Rührwäsche mit einer Pfanne zu durchsuchen ist eine alte Form der Gewinnung dieses wertvollen Minerals. Gold kann mit Pyrit und Chalcopyrit verwechselt werden, aber bereits wenige Tests genügen, um die Bestimmung zu bestätigen.
- **Test** Unlöslich in allen einfachen Säuren; löslich in Königswasser.

Gold in Quarz

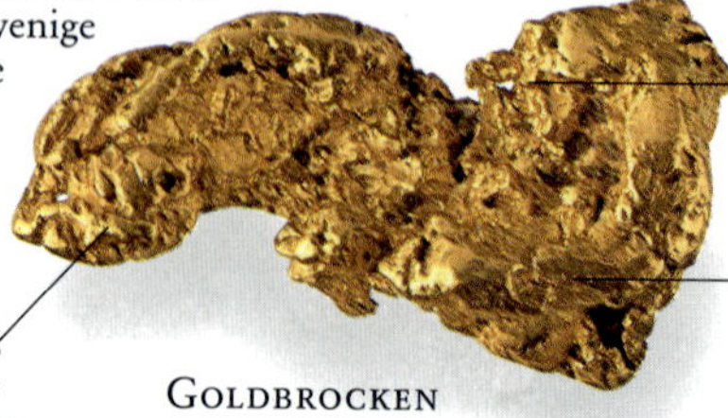

Goldbrocken

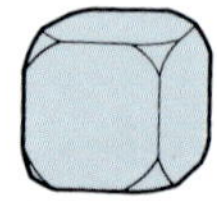

Kubisch

SG	Spaltbarkeit	Bruch
19,3	Keine	Hakig

Gruppe Gedieg. Element.	Zusammensetzung Ag	Härte $2\frac{1}{2}-3$

Silber

Silberkristalle sind selten. Wenn sie vorkommen, sind sie als Würfel oder Oktaeder, manchmal auch als parallele Bänder ausgebildet. Der übliche Habitus sind Drähte, Schuppen, Dendrite oder Massen. Seine Farbe ist silberweiß, es läuft an der Luft an und produziert einen silbrigen Strich. Silber ist opak und von metallischem Glanz.

- **Bildung** In hydrothermalen Gängen und in Oxidationszonen von Erzlagerstätten, zusammen mit Gold und Metallsulfiden. Die als Elektrum bezeichnete Gold-Silber-Legierung enthält 20 – 25 % Silber.
- **Test** Silber löst sich in Salpetersäure und ist schmelzbar. Es läuft unter Einfluß von Schwefelwasserstoff an. Silber ist der beste elektrische und Wärmeleiter.

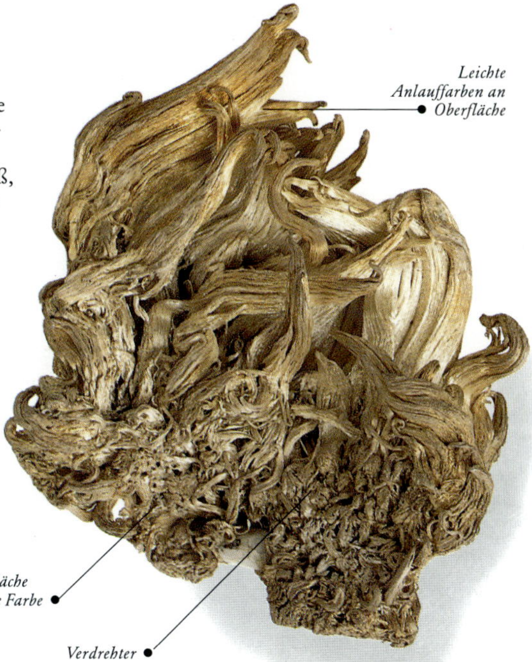

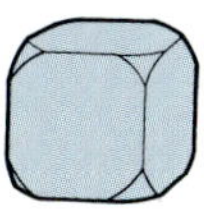

KUBISCH

SG 10,5	Spaltbarkeit Keine	Bruch Hakig

Gruppe Gedieg. Element.	Zusammensetzung Pt	Härte $4-4\frac{1}{2}$

Platin

Platinkristalle haben Würfelform, sind aber unüblich. Häufiger als Körner, Brocken und Schuppen mit silbriggrauer bis weißer Farbe. Der Strich ist weiß bis silbriggrau. Platin ist opak und von metallischem Glanz. Keine Alteration durch Anlauffarben an der Luft.

- **Bildung** Ursprünglich in basischen und ultrabasischen Gesteinen gebildet, seltener in Kontaktaureolen, aber auch aufgrund der hohen Dichte in Seifenlagerstätten zu finden.
- **Test** Wenn es Eisenverunreinigungen enthält, kann Platin leicht magnetisch sein. Es ist mit Ausnahme von Königswasser in allen Säuren unlöslich.

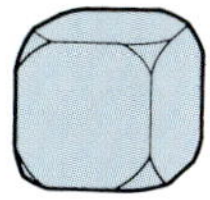

KUBISCH

SG 21,4	Spaltbarkeit Keine	Bruch Hakig

Gruppe Gedieg. Element.	Zusammensetzung Cu	Härte $2^1/_2-3$

Kupfer

Selten bildet Kupfer Kristalle, die dann als Würfel, Oktaeder oder Dodekaeder ausgebildet sind. Der übliche Habitus ist dendritisch oder massig. Kupfer kann auch in Drähten auftreten. Das Schlüsselmerkmal zur Bestimmung ist die Farbe: kupferrot bis blaß rosarot auf frischen Oberflächen. Es läuft an der Luft kupferbraun an. Sein Strich ist kupferrot. Kupfer ist ein opakes Mineral mit metallischem Glanz.

- Bildung Hauptsächlich in Gegenden vorkommend, in denen Kupfersulfid enthaltende Gänge alteriert werden.
- Test Kupfer ist in Salpetersäure löslich.

Kupfer auf Limonit

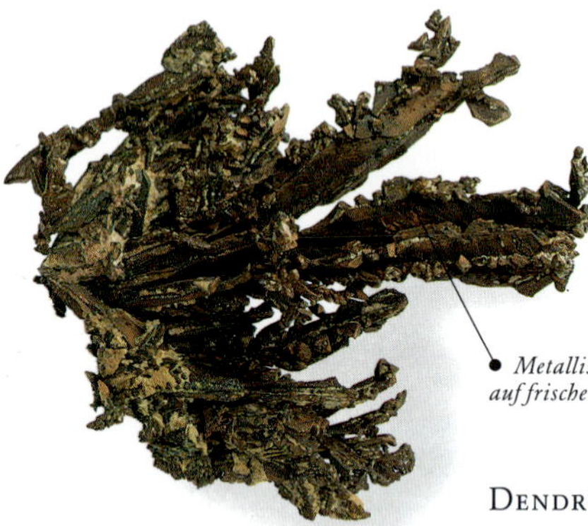

Dendritisches Kupfer

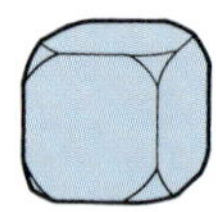

KUBISCH

SG 8,9	Spaltbarkeit Keine	Bruch Hakig

Gruppe Gedieg. Element.	Zusammensetzung Bi	Härte $2-2^1/_2$

Bismut

Dieses Mineral bildet einzelne Kristalle, die oft als Zwillinge auftreten. Der Habitus ist in der Regel massig, schichtig, dendritisch, netz-, lamellen- oder kornförmig. Es ist silberweiß und läuft an der Luft rötlich oder schillernd an. Der Strich ist silbrigweiß. Bismut ist opak mit metallischem Glanz.

- Bildung Gebildet in hydrothermalen Gängen und Pegmatiten.
- Test Schmilzt bei niedriger Temperatur, leicht in Salpetersäure löslich.

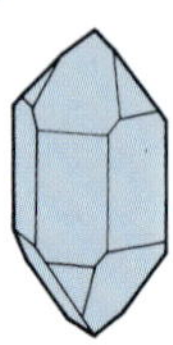

TRIGONAL/
HEXAGONAL

SG 9,7–9,8	Spaltbarkeit Vollkommen basal	Bruch Uneben

Gruppe	Zusammensetzung	Härte
Gedieg. Element.	As	$3\frac{1}{2}$

Arsen

An wenigen Vorkommen bildet Arsen rhomboedrische Kristalle. Normalerweise liegt es als körnige, traubige oder stalaktitische Massen vor. Es ist blaßgrau und läuft an der Luft dunkelgrau an. Der Strich ist ebenfalls blaßgrau. Arsen ist ein opakes Mineral mit metallischem Glanz.

- Bildung Hauptsächlich in hydrothermalen Gängen.
- Test Beim Erhitzen entwickeln sich nach Knoblauch riechende Dämpfe.

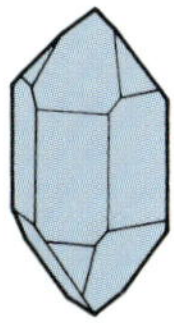

TRIGONAL/ HEXAGONAL

SG	Spaltbarkeit	Bruch
5,7	Vollkommen basal	Uneben

Gruppe	Zusammensetzung	Härte
Gedieg. Element.	Sb	$3-3\frac{1}{2}$

Antimon

Antimonkristalle sind pseudokubisch oder tafelig und oft verzwillingt. Der Habitus ist massig, lamellen-, korn- oder nadelförmig. Es ist blaß silbriggrau mit einem grauen Strich, opak und hat einen leuchtend metallischen Glanz.

- Bildung In hydrothermalen Gängen mit Arsen, Silber, Galenit, Sphalerit, Pyrit und Stibnit.
- Test Brennt unter Bildung von Dämpfen; färbt die Flamme grünlichblau.

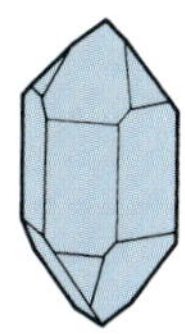

TRIGONAL/ HEXAGONAL

SG	Spaltbarkeit	Bruch
6,6 – 6,7	Vollkommen basal	Uneben

Gruppe	Zusammensetzung	Härte
Gedieg. Element.	S	$1\frac{1}{2}-2\frac{1}{2}$

Schwefel

Die Kristalle dieses Minerals sind tafelig und bipyramidal. Schwefel kommt in massigen, krustigen, pulverigen und stalaktitischem Habitus vor. Er ist kräftig zitronengelb bis gelblichbraun, sein Strich ist weiß. Schwefel ist durchsichtig bis durchscheinend und hat Harz- bis Fettglanz.

- Bildung Rund um vulkanische Krater und an heißen Quellen.
- Test Schmilzt bei niedriger Temperatur unter Abgabe von Schwefeldioxid.

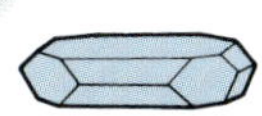

ORTHORHOMBISCH

SG	Spaltbarkeit	Bruch
2,0 – 2,1	Unvollkommen basal	Uneben bis muschelig

Gruppe	Zusammensetzung	Härte
Gedieg. Element.	Hg	Flüssig

QUECKSILBER

Dieses Mineral wird dem trigonal/hexagonalen System zugeordnet. Es zeigt unterhalb von 39° C einen rhomboedrischen Habitus. Bei Normaltemperatur liegt es flüssig vor. Quecksilber ist blaßsilbrigweiß und hat keinen Strich. Es ist opak und von leuchtend metallischem Glanz.
• BILDUNG Rund um vulkanische Öffnungen.
• TEST Quecksilber löst sich in Salpetersäure.

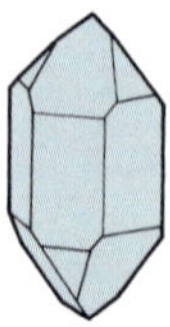
TRIGONAL/
HEXAGONAL

QUECKSILBER IN VERGRÖSSERUNG

SG	Spaltbarkeit	Bruch
13,6–14,4	Keine	Keiner

Gruppe	Zusammensetzung	Härte
Gedieg. Element.	Ni, Fe	4–5

NICKEL-EISEN

Dieses ungewöhnliche Mineral bildet sich in massigem und körnigem Habitus. Es ist stahlgrau, dunkelgrau oder schwärzlich. Nickel-Eisen ist opak und weist auf frischen Oberflächen einen metallischen Glanz auf.
• BILDUNG Nickel-Eisen bildet sich in einigen alterierten Basalten. Es entsteht, wenn eisenreiche Minerale in Basalten chemisch reduziert werden. Einige Varietäten kommen in ultrabasischen Gesteinen vor, wenn sie durch Serpentinisierung alteriert werden. Nickel-Eisen ist häufig in Meteoriten als Kamacit-Taenit-Massen enthalten. In terrestrischem Material ist es selten, jedoch wird vermutet, daß im Erdkern große Mengen Nickel und Eisen vorkommen.
• TEST Nickel-Eisen ist stark magnetisch.

NICKEL-EISEN IN VERGRÖSSERUNG

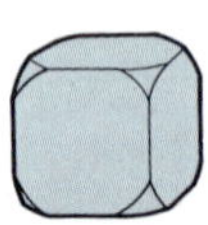
KUBISCH

SG	Spaltbarkeit	Bruch
7,3–8,2	Schwach kubisch	Hakig

Gruppe Gedieg. Element.	Zusammensetzung C	Härte 10

Diamant

Die Kristalle treten als Oktaeder, Würfel, Dodekaeder und Tetraeder auf, oft mit gebogenen Flächen. Diamant kommt auch in runden Massen mit strahliger Struktur (unreiner Diamant) und als mikrokristalline Massen (Karbonado) vor. Er kann farblos, weiß, grau, orange, gelb, braun, rosa, rot, blau, grün oder schwarz sein. Der Strich ist weiß. Diamant ist durchsichtig bis opak und hat Diamant- bis Fettglanz. Hauptsächlich wird er als industrielles Schleifmittel gebraucht und gilt als wertvoller, gesuchter Edelstein.

- Bildung Zu finden in ultrabasischen Gesteinen (Kimberliten), die röhrenförmig intrudieren.
- Test Das härteste aller bekannten Minerale – kann durch kein anderes Mineral geritzt werden.

Durchsichtiger Diamant

Gelber Diamant

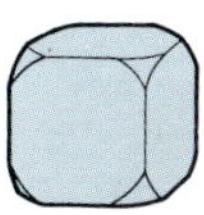

KUBISCH

SG 3,52	Spaltbarkeit Vollkommen oktaedrisch	Bruch Muschelig

Gruppe Gedieg. Element.	Zusammensetzung C	Härte 1–2

Graphit

Graphitkristalle bilden sich als flache, tafelige, hexagonale Platten. Graphit kommt auch in massigen, schichtigen, körnigen und erdigen Formen vor. Er ist dunkelgrau bis schwarz und hat einen dunkelgrauen bis schwarzen Strich. Es handelt sich um ein opakes Mineral mit stumpf-metallischem Glanz.

- Bildung In metamorphen Gesteinen.
- Test Beim Reiben auf Papier hinterläßt er graue Spuren.

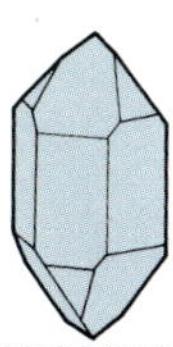

TRIGONAL/ HEXAGONAL

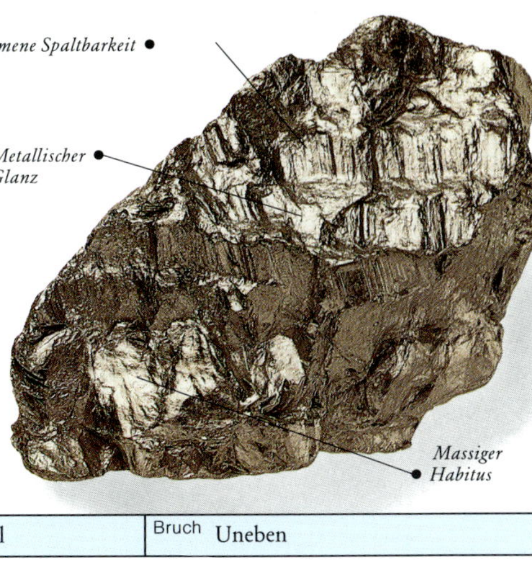

SG 2,1–2,3	Spaltbarkeit Vollkommen basal	Bruch Uneben

SULFIDE UND SULFOSALZE

ALS SULFIDE bezeichnet man chemische Verbindungen von Schwefel mit Metallen und Halbmetallen. Wenn Tellur den Schwefel in Sulfiden ersetzt, handelt es sich um Telluride; substituiert Arsen den Schwefel, entstehen Arsenide. Die Eigenschaften von Sulfiden, Telluriden und Arseniden unterscheiden sich nur geringfügig voneinander.

Viele Sulfide haben metallischen Glanz und sind weich und schwer (z. B. Galenit und Molybdenit). Einige sind nichtmetallisch (Auripigment, Realgar) oder relativ hart (Markasit, Cobaltin). Gut ausgebildete, hochsymmetrische Kristalle sind jedoch die Regel.

Sulfide sind sehr wichtige Erze von Blei, Zink, Eisen und Kupfer. Sie bilden sich in hydrothermalen Gängen unterhalb des Wasserspiegels, da sie an der Luft leicht zu Sulfaten oxidiert werden. Sulfosalze sind Verbindungen, in denen Metalle mit Schwefel und einem Halbmetall (z. B. Arsen oder Antimon) kombiniert sind. Ihre Eigenschaften sind denen der Sulfide ähnlich.

Gruppe	Zusammensetzung	Härte
Sulfide	PbS	$2^1/_2$

GALENIT

Dieses sehr häufige Erzmineral bildet würfelige, oktaedrische oder kubooktaedrische Kristalle und kommt in massigem, körnigem oder fibrosem Habitus vor. Sowohl Farbe als auch Strich sind bleigrau. Galenit ist opak mit metallischem Glanz.

- BILDUNG Galenit bildet sich in hydrothermalen Gängen, in denen heiße Lösungen zur Erdoberfläche aufsteigen. Es ist mit zahlreichen anderen Mineralen vergesellschaftet, z. B. Fluorit, Quarz, Calcit, Spalerit und Pyrit.
- TEST Dieses Mineral ist in Salzsäure löslich, wobei sich ein Geruch von faulen Eiern bemerkbar macht, der von Schwefelwasserstoff herrührt.

WÜRFELFÖRMIGER GALENIT

GALENIT

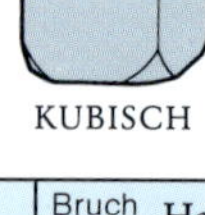

KUBISCH

SG	Spaltbarkeit	Bruch
7,58	Vollkommen kubisch	Halbmuschelig

Gruppe Sulfide	Zusammensetzung HgS	Härte $2-2^1/_2$

Cinnabarit

Dieses Mineral bildet dick tafelige, rhomboedrische und prismatische Kristalle, oft als Zwillinge. Es kommt auch in massigem, krustigem oder körnigem Habitus vor. Die Farbe ist typisch bräunlich bis scharlachrot, auch als Zinnober bezeichnet. Cinnabarit ist durchsichtig bis opak und hat Diamantglanz oder glänzt submetallisch bis stumpf.

• Bildung Zusammen mit Realgar und Pyrit rund um vulkanische Austritte und heiße Quellen. Andere vergesellschaftete Minerale sind gediegenes Quecksilber, Markasit, Opal, Quarz, Stibnit und Calcit. Es kann auch in Mineralgängen und in Sedimentgesteinen mit rezenter vulkanischer Aktivität auftreten.

• Test Alteriert nicht an der Atmosphäre.

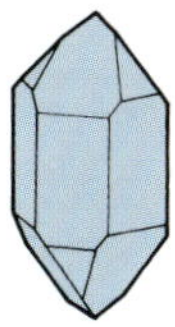

TRIGONAL/
HEXAGONAL

SG 8,0–8,2	Spaltbarkeit Vollkommen prismatisch	Bruch Muschelig bis uneben

Gruppe Sulfide	Zusammensetzung CdS	Härte $3-3^1/_2$

Greenockit

Dieses Mineral bildet tafelige, pyramidale und prismatische Kristalle, oft auch erdige Überzüge auf anderen Mineralen. Es ist gelb, orangegelb, orange oder rot, sein Strich ist orangerot bis ziegelrot. Es ist ein durchsichtiges bis durchscheinendes Mineral mit Harz- bis Diamantglanz.

• Bildung Greenockit kommt als Ersatz oder Alterationsprodukt von Sphalerit vor, wenn dieser sehr cadmiumreich ist. Obwohl es kein häufiges Mineral ist, bildet es manchmal zusammen mit Prehnit und Zeolith und anderen Mineralen winzige Kristalle.

• Test Greenockit ist in Salzsäure unter Bildung von Schwefelwasserstoff löslich, welcher nach faulen Eiern riecht.

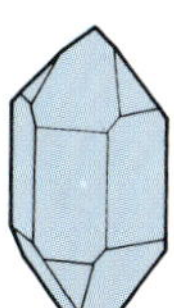

TRIGONAL/
HEXAGONAL

SG 4,7–4,8	Spaltbarkeit Deutlich	Bruch Muschelig

Gruppe Sulfide	Zusammensetzung Ag_2S	Härte $2-2^1/_2$

AKANTHIT

Dieses Mineral bildet prismatische Kristalle. Akanthit ist typisch grau bis eisenschwarz und hat einen schwarzen Strich. Das Mineral ist opak mit metallischem Glanz. Es ist dimorph mit Argentit; das heißt: über einer bestimmten Temperatur geht das Mineral Akanthit in ein neues Mineral namens Argentit über.

- BILDUNG In hydrothermalen Gängen, assoziiert mit gediegenem Silber, Proustit, Pyrargyrit und anderen Sulfiden wie Galenit.
- TEST Akanthit ist löslich in verdünnter Salpetersäure. Es schmilzt leicht unter Abgabe schwefliger Dämpfe.

MONOKLIN

SG 7,22	Spaltbarkeit Keine	Bruch Uneben

Gruppe Sulfide	Zusammensetzung CoAsS	Härte $5^1/_2$

COBALTIN

Dieses Mineral bildet in der Regel oktaedrische oder pseudokubische Kristalle. Die Kristalloberflächen sind meist gestreift. Als Habitus sind auch massige, körnige und kompakte Formen zu finden. Die Farbe variiert von Grauschwarz bis Silbrigweiß. Beim Strichtest entsteht ein grauschwarzes Pulver. Cobaltin ist opak; Licht kann auch durch dünne Scheiben nicht hindurchfallen. Es hat metallischen Glanz auf frischen oder gebrochenen Oberflächen.

- BILDUNG In hydrothermalen Gängen (Brüchen in der Erdkruste, mit zirkulierenden heißen Fluiden, die bei Abkühlung Minerale ausscheiden).
- TEST Schmilzt sehr leicht unter Bildung einer magnetischen Kugel. Cobaltin ist löslich in Salpetersäure.

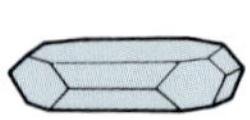

ORTHORHOMBISCH

SG 6,3	Spaltbarkeit Vollkommen	Bruch Uneben

Gruppe	Zusammensetzung	Härte
Sulfide	ZnS	$3^1/_2 - 4$

Sphalerit

Dieses Mineral, auch als Zinkblende bezeichnet, bildet oktaedrische oder dodekaedrische Kristalle. Oft zeigt es gebogene Oberflächen. Manchmal ist der Habitus massig, körnig, traubig oder in Konkretionen. Die Farbe reicht von Schwarz, Braun, Gelb und Rot bis Grün, Grau und Weiß. Es kann aber auch farblos sein. Der Strich ist blaßbraun bis farblos. Sphalerit reicht von durchsichtig bis durchscheinend. Es hat Harz- bis Diamantglanz.

- Bildung Häufig in hydrothermalen Gängen, kommt zusammen mit Mineralen wie Dolomit, Quarz, Pyrit, Galenit, Fluorit, Baryt und Calcit vor.
- Test Unter Zusatz von verdünnter Salzsäure produziert Sphalerit Geruch nach Schwefelwasserstoff (wie nach faulen Eiern). In reinem Zustand ist es nicht schmelzbar. Mit zunehmendem Eisengehalt schmilzt das Mineral leichter.

Typischer Harzglanz

Massiger Sphalerit

Diamantglanz auf Kristallflächen von Sphalerit

Grundmasse von Gestein und blassem Dolomit

Kristalliner Sphalerit

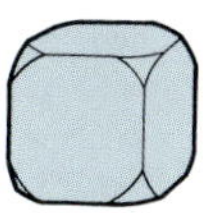

KUBISCH

SG	Spaltbarkeit	Bruch
3,9 – 4,1	Vollkommen	Muschelig

Gruppe	Zusammensetzung	Härte
Sulfide	Sb_2S_3	2

Stibnit

Dieses Mineral bildet prismatische Kristalle, häufig mit Längsstreifung. Weitere Erscheinungsformen sind säulig, körnig, kompakt und blättrig. Farbe und Strich sind bleigrau. Stibnit ist opak und hat metallischen Glanz.

- Bildung In hydrothermalen Gängen und Gesteinen, die ganz oder teilweise durch neue Minerale infolge von Fluid-Aktivität ersetzt wurden.
- Test Stibnit ist in einer Streichholzflamme schmelzbar und löslich in Salzsäure.

Quarz- und Barytgrundmasse

Längsstreifung

Prismatische Stibnitkristalle in strahligen Gruppen

ORTHORHOMBISCH

SG	Spaltbarkeit	Bruch
4,63 – 4,66	Vollkommen	Uneben bis halbmuschelig

Gruppe Sulfide	Zusammensetzung Cu_5FeS_4	Härte 3

BORNIT

Bornitkristalle sind würfelig, oktaedrisch oder dodekaedrisch und haben oft gebogene oder rauhe Oberflächen. Häufiger bilden sie einen kompakten, körnigen oder massigen Habitus. Bornit kann kupferrot bis -braun oder bronzefarben sein, aber auch zu schillerndem Blau, Purpur und Rot anlaufend, Buntkupferkies genannt. Sein Strich ist grauschwarz. Bornit ist opak mit metallischem Glanz.

• BILDUNG In hydrothermalen Gängen, mit Mineralen wie Quarz, Chalkopyrit und Galenit. Auch kommt es in magmatischen Gesteinen vor. Die Oxidationszone von Kupfergängen kann ebenfalls Bornit enthalten.

• TEST Löslich in Salpetersäure.

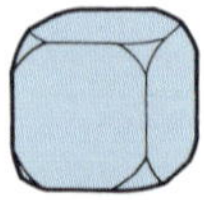

KUBISCH

SG 5,0–5,1	Spaltbarkeit Sehr unvollkommen	Bruch Uneben bis muschelig

Gruppe Sulfide	Zusammensetzung $CuFeS_2$	Härte $3\frac{1}{2}$–4

CHALKOPYRIT

Pseudotetraedrische Kristalle bildend, oft mit streifigen Oberflächen, häufig verzwillingt, kommt Chalkopyrit auch mit massigem, nieren- oder traubenförmigem Habitus vor. Seine Farbe ist messinggelb, oft mit schillerndem Anlaufen. Der Strich ist grünlichschwarz. Das Mineral hat metallischen Glanz und ist opak.

• BILDUNG Als eines der bedeutendsten Kupfererze bildet sich Chalkopyrit in Sulfiderzlagerstätten. Es sind oft hydrothermale Gänge mit Pyrrhotin, Quarz, Calcit, Pyrit, Sphalerit und Galenit. Auch ist er in Alterationszonen von Kupferlagerstätten zu finden.

• TEST Er ist löslich in Salpetersäure und färbt die Flamme grün.

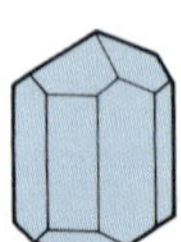

TETRAGONAL

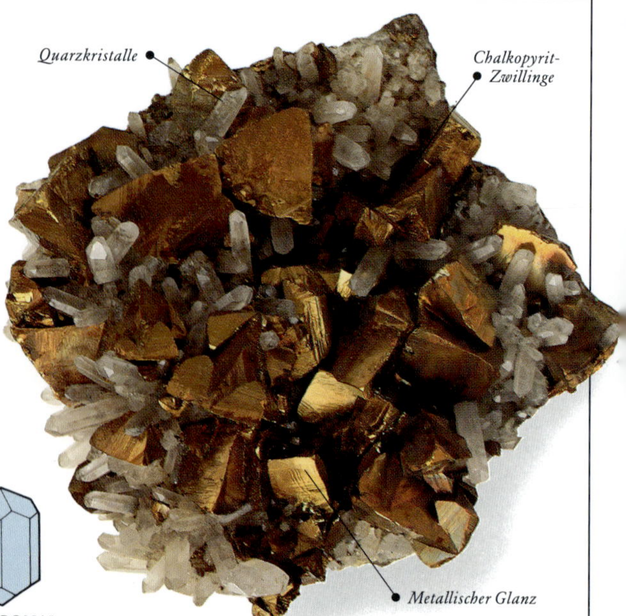

SG 4,3–4,4	Spaltbarkeit Unvollkommen	Bruch Uneben bis muschelig

Gruppe Sulfide	Zusammensetzung Cu_2S	Härte $2\frac{1}{2}-3$

CHALKOSIN

An wenigen Fundorten kommt Chalkosin in pseudohexagonalen Prismen vor, die durch Zwillingsbildung entstanden sind. Es kann auch kurze, prismatische oder tafelige Kristalle bilden, der normale Habitus ist massig. Sowohl Farbe als auch Strich sind dunkelgrau. Chalkosin ist ein opakes Mineral mit metallischem Glanz.

- BILDUNG In hydrothermalen Gängen zusammen mit anderen Mineralen, wie Bornit, Quarz, Calcit, Covellin, Chalkopyrit, Galenit und Sphalerit.
- TEST Dieses Mineral ist löslich in Salpetersäure und schmelzbar. Wenn es verbrennt, färbt Chalkosin die Flamme grün und bildet Schwefeldioxiddämpfe.

MONOKLIN

SG 5,5–5,8	Spaltbarkeit Unvollkommen	Bruch Muschelig

Gruppe Sulfide	Zusammensetzung CuS	Härte $1\frac{1}{2}-2$

COVELLIN

Dieses Mineral kommt als dünne, tafelige, hexagonale Platten vor, häufiger bildet es einen massigen, schichtigen Habitus. Es ist indigoblau, oft mit purpurnem Schillern getönt. Covellin hat einen dunkelgrauen bis schwarzen Strich. Es handelt sich um ein opakes Mineral und hat submetallischen bis stumpfen Glanz. Wenn es gebrochen wird, zeigt es eine perfekte basale Spaltbarkeit in dünne, flexible Blättchen.

- BILDUNG In Alterationszonen von Kupfergängen, häufig durch sekundäre Anreicherung mittels durch den Gang strömender Fluide.
- TEST Covellin schmilzt sehr leicht und bildet dabei eine blaue Flamme. Es löst sich in Salzsäure.

TRIGONAL/
HEXAGONAL

SG 4,6–4,8	Spaltbarkeit Sehr vollkommen basal	Bruch Uneben

Gruppe	Zusammensetzung	Härte
Sulfide	As_2S_3	$1^1/_2$ – 2

Auripigment

Dieses Mineral bildet selten kleine, prismatische Kristalle. Häufiger liegt es als dünne, schichtige Massen mit massigem oder säuligem Habitus vor. Die Farbe ist zitronengelb, manchmal zu bräunlichgelb tendierend. Der Strich ist blaßgelb. Auripigment ist durchsichtig bis durchscheinend. Auf frischen Oberflächen zeigt es Harzglanz, auf Spaltbarkeitsflächen Perlmutterglanz.

- Bildung Dieses Mineral findet sich in niedrigtemperierten hydrothermalen Gängen, oft gemeinsam mit Stibnit und Realgar. Auripigment bildet rund um heiße Quellen auch Krusten.
- Test Dieses Mineral schmilzt sehr leicht. Wird es erhitzt, gibt es starken Knoblauchgeruch ab, ein typisches Merkmal für arsenreiche Minerale. Auripigment löst sich in Salpetersäure, auf der Flüssigkeitsoberfläche läßt es dabei Spuren von gelbem Schwefel zurück.

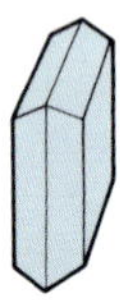

MONOKLIN

SG	Spaltbarkeit	Bruch
3,4 – 3,5	Sehr vollkommen	Uneben

Gruppe	Zusammensetzung	Härte
Sulfide	AsS	$1^1/_2$ – 2

Realgar

Realgar bildet kurze, prismatische, gestreifte Kristalle und auch massige, kompakte und körnige Aggregate. Die Farbe ist kräftig rot bis orangerot. Realgar ist durchsichtig bis durchscheinend und hat Harz- bis Fettglanz.

- Bildung In hydrothermalen Gängen und rund um heiße Quellen. Zu finden mit Stibnit und Auripigment oder mit Mineralen von Blei, Silber und Antimon.
- Test Wie andere arsenhaltige Minerale riecht Realgar beim Erhitzen stark nach Knoblauch.

MONOKLIN

SG	Spaltbarkeit	Bruch
3,56	Vollkommen	Muschelig

Gruppe Sulfide	Zusammensetzung MoS_2	Härte $1-1\frac{1}{2}$

MOLYBDENIT

Molybdenit bildet meist tafelige oder tonnenförmige Kristalle. Es kann auch als schichtige Masse, Schuppen oder Körner vorkommen. Die Farbe ist grau, ebenso der Strich. Molybdenit ist ein opakes Mineral mit metallischem Glanz.

- **BILDUNG** In hydrothermalen Gängen. Es ist auch in granitischen Gesteinen zu finden.
- **TEST** Molybdenit fühlt sich sehr fettig an.

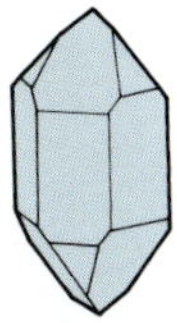
TRIGONAL/
HEXAGONAL

SG 4,62–5,06	Spaltbarkeit Sehr vollkommen basal	Bruch Uneben

Gruppe Sulfide	Zusammensetzung MnS_2	Härte 4

HAUERIT

Die Kristalle sind oktaedrisch bis kubo-oktaedrisch. Es kann auch mit massigem Habitus auftreten oder in kugeligen Aggregaten. Die Farbe ist rötlichbraun oder schwarz, der Strich bräunlichrot. Hauerit ist opak mit metallischem Glanz.

- **BILDUNG** In den Hüten von Salzdomen durch Alteration von Evaporiten.
- **TEST** Löslich in Salzsäure.

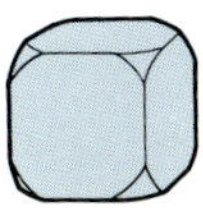
KUBISCH

SG 3,46	Spaltbarkeit Vollkommen	Bruch Halbmuschelig bis uneben

Gruppe Sulfide	Zusammensetzung Bi_2S_3	Härte 2

BISMUTHIN

Bismuthinkristalle sind prismatisch oder nadelig. Bismuthin kommt auch in massigen, fibrosen oder schichtigen Formen vor. Die Farbe ist bleigrau bis silbrigweiß, der Strich ist ebenfalls bleigrau. Bismuthin ist opak mit metallischem Glanz.

- **BILDUNG** Unter hoher Temperatur in hydrothermalen Gängen und in granitischen Gesteinen.
- **TEST** Löslich in Salpetersäure, wobei Schwefelflocken an der Oberfläche zurückbleiben.

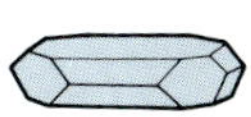
ORTHORHOMBISCH

SG 6,8	Spaltbarkeit Sehr vollkommen	Bruch Uneben

Gruppe Sulfide	Zusammensetzung FeS_2	Härte $6-6^1/_2$

PYRIT

Dieses Mineral bildet würfelige, pyritoedrische oder oktaedrische Kristalle; Zwillingsbildung ist häufig. Die Kristalloberflächen sind oftmals gestreift. Pyrit kann massig, körnig, nierenförmig, stalaktitisch, traubenförmig oder knollig sein. Seine blaßgelbe Farbe ist der Grund für den Spitznamen „Narrengold“. Pyrit hat einen grünlichschwarzen Strich, ist opak und glänzt metallisch.

- BILDUNG Pyrit ist ein akzessorisches Mineral in allen Gesteinstypen.
- TEST Mit einem harten Metallobjekt schlägt es Funken. Schmilzt sehr leicht.

OKTAEDRISCHER PYRIT

PYRITKNOLLE

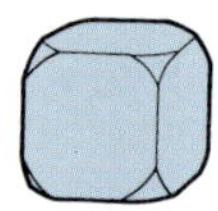

KUBISCH

SG 5,0	Spaltbarkeit Unvollkommen	Bruch Muschelig bis uneben

Gruppe Sulfide	Zusammensetzung FeS	Härte $3^1/_2-4^1/_2$

PYRRHOTIN

Dieses Mineral bildet tafelige oder plattige Kristalle. Andere Formen sind massig und körnig. Die Farbe variiert von Bronzegelb bis zu kupfern Bronzerot; das Mineral läuft bräunlich an, oft schillernd. Der Strich ist dunkelgrau bis schwarz. Pyrrhotin ist ein opakes Mineral mit metallischem Glanz.

- BILDUNG Häufig in magmatischen Lagerstätten, besonders mit basischer und ultrabasischer Zusammensetzung. Es kommt gemeinsam mit Pyrit, Galenit, Sphalerit und anderen Sulfiden vor.
- TEST Pyrrhotin ist magnetisch.

MONOKLIN

SG 4,53 – 4,77	Spaltbarkeit Keine	Bruch Halbmuschelig bis uneben

Gruppe Sulfide	Zusammensetzung $FeAsS$	Härte $5^1/_2-6$

ARSENOPYRIT

Arsenopyrit bildet prismatische Kristalle, oft auch als Zwillinge. Der Habitus kann massig, säulig oder körnig sein. In der Regel silbrigweiß, läuft Arsenopyrit an der Luft zu schillernden rosa, braunen und kupfernen Schatten an. Der Strich ist schwarz bis grau. Arsenopyrit ist opak und von metallischem Glanz.

• BILDUNG In hydrothermalen Gängen, in metamorphen und basischen magmatischen Gesteinen.

• TEST Bei Erhitzen oder Schlagen mit einem harten Objekt, verbreitet Arsenopyrit Knoblauchgeruch.

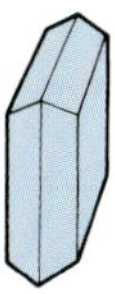

MONOKLIN

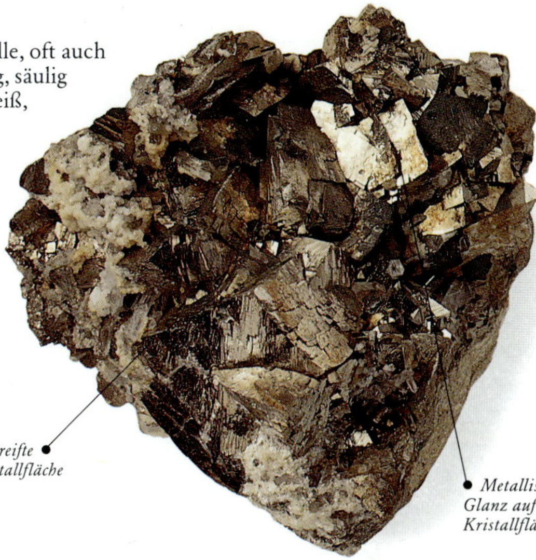

SG 5,9–6,2	Spaltbarkeit Unvollkommen	Bruch Uneben

Gruppe Sulfide	Zusammensetzung FeS_2	Härte $6-6^1/_2$

MARKASIT

Dieses Mineral bildet eine Vielzahl unterschiedlicher Kristallformen, unter anderem tafelige oder pyramidale. Die Kristalle haben oft gebogene Oberflächen und bilden speer- oder hahnenkammförmige Aggregate als Ergebnis von Zwillingsbildung. Der Habitus von Markasit kann auch massig, stalaktitisch und nierenförmig sein. Markasitknollen haben eine interne radialstrahlige Struktur. Seine messinggelbe Farbe ist blasser als die des Pyrit und dunkelt bei Belichtung. Der Strich ist grünlichschwarz. Es ist ein opakes Mineral mit metallischem Glanz.

• BILDUNG Meist aus sauren Lösungen, die durch Ton- oder Kalksteinschichten strömen.

• TEST Leichtes Zersetzen an der Luft. Pyrit, welches chemisch mit Markasit gleich ist, zersetzt nicht so leicht. Es löst sich, wenn auch langsam, in Salpetersäure.

ORTHORHOMBISCH

SG 4,92	Spaltbarkeit Vollkommen	Bruch Uneben

Gruppe	Zusammensetzung	Härte
Sulfide	NiS	$3-3\frac{1}{2}$

MILLERIT

Die Kristalle sind in der Regel sehr dünn, oft haarförmig oder in strahligen Gruppen vorliegend. Millerit kann auch in massigem Habitus auftreten. Es ist messinggelb, der Strich ist grünlichschwarz. Millerit ist opak mit metallischem Glanz.

- BILDUNG Oft durch Ersetzen anderer Nickelminerale. Kommt in Kalksteinen, Dolomiten, Serpentiniten und Gängen von Karbonatmineralen vor.
- TEST Guter elektrischer Leiter.

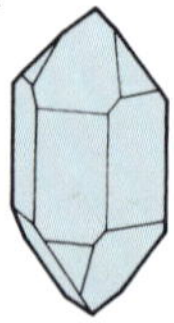

TRIGONAL/ HEXAGONAL

SG	Spaltbarkeit	Bruch
5,3 – 5,6	Sehr vollk. rhomboedrisch	Uneben

Gruppe	Zusammensetzung	Härte
Sulfide	$(Co, Fe)AsS$	5

GLAUKODOT

Dieses Mineral kommt in prismatischen, gestreiften Kristallen vor. Es kann auch massigen Habitus zeigen. Die Farbe ist grau bis weiß, der Strich schwarz. Glaukodot ist ein opakes Mineral mit metallischem Glanz.

- BILDUNG In hydrothermalen Gängen.
- TEST In Salpetersäure löslich und entwickelt bei Erhitzen nach Knoblauch riechende Dämpfe.

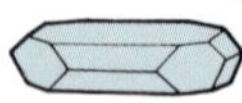

ORTHORHOMBISCH

SG	Spaltbarkeit	Bruch
5,9 – 6,1	Sehr vollkommen	Uneben

Gruppe	Zusammensetzung	Härte
Sulfide	$(Fe, Ni)_9S_8$	$3\frac{1}{2}-4$

PENTLANDIT

Dieses Mineral bildet massige oder körnige Stücke. Es ist bronzegelb und hat einen braunen Strich. Pentlandit ist ein opakes Mineral mit metallischem Glanz.

- BILDUNG In basischen magmatischen Gesteinen, wie Norit, als Ergebnis magmatischer Abtrennung. Es ist assoziiert mit Mineralen wie Chalkopyrit, Pyrrhotin und Nickel-Arseniden.
- TEST Schmilzt sehr leicht und bildet dabei eine bleigraue Kugel.

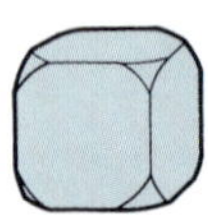

KUBISCH

SG	Spaltbarkeit	Bruch
4,6 – 5,0	Keine	Muschelig

Gruppe	Zusammensetzung	Härte
Telluride	$AuAgTe_4$	$1^1/_2$–2

Sylvanit

Sylvanit bildet kurze prismatische Kristalle, häufig als Zwillinge. Es kommt als blättrige, körnige und säulige Massen vor. Die Farbe ist silbrigweiß, grau oder gelb, der Strich ist silbrigweiß bis stahlgrau. Sylvanit ist opak und von metallischem Glanz.

- **Bildung** In hydrothermalen Gängen mit Fluorit, anderen Telluriden, Sulfiden, Carbonaten, Gold, Tellur und Quarz. Die bis zu 1 cm großen, feinen Kristalle können mit Gold assoziiert vorliegen.
- **Test** Sylvanit löst sich in Salpetersäure, wobei ein goldgelber Rückstand bleibt. Beim Erhitzen in konzentrierter Schwefelsäure verfärbt sich die Lösung rot.

MONOKLIN

SG	Spaltbarkeit	Bruch
8,1–8,2	Sehr vollkommen	Uneben

Gruppe	Zusammensetzung	Härte
Arsenide	NiAs	5–$5^1/_2$

Nickelin

Nickelin bildet nur selten Kristalle, die dann klein und pyramidal sind. Der normale Habitus ist massig, nierenförmig und säulig. Es ist sehr blaß Kupferrot und läuft an der Luft schwarz an. Beim Strichtest entsteht ein bräunlich schwarzes Pulver. Nickelin ist ein opakes Mineral mit metallischem Glanz.

- **Bildung** In hydrothermalen Gängen und in Noriten, assoziiert mit Erzen von Nickel, Silber und Cobalt.
- **Test** Nickelin löst sich in Salpetersäure, wobei sich die Lösung grün färbt. Beim Erhitzen entsteht ein Knoblauchgeruch. Es schmilzt sehr leicht.

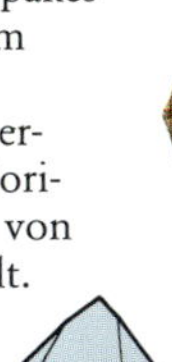

TRIGONAL/
HEXAGONAL

SG	Spaltbarkeit	Bruch
7,7–7,8	Keine	Uneben

Gruppe	Zusammensetzung	Härte
Arsenide	$(Co, Ni)As_{2-3}$	$5^1/_2$–6

Smaltit

Die Arsenmangelvariante von Skutterudit bildet oktaedrische, würfelige oder kubo-oktaedrische Kristalle. Andere Formen sind massig, körnig oder netzförmig. Seine Farbe ist zinnweiß, der Strich ist schwarz. Smaltit ist opak und hat metallischen Glanz.

- Bildung In hydrothermalen Gängen.
- Test Gibt beim Erhitzen nach Knoblauch riechende Dämpfe ab.

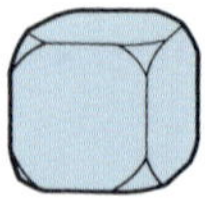
KUBISCH

SG	Spaltbarkeit	Bruch
6,1–6,9	Vollkommen	Uneben

Gruppe	Zusammensetzung	Härte
Arsenide	$(Ni, Co)As_{2-3}$	$5^1/_2$–6

Chloanthit

Diese Arsenmangelvariante von Nickel-Skutterudit bildet entweder würfelige oder oktaedrische Kristalle, oder aber massigen oder körnigen Habitus. Die Farbe ist zinnweiß, der Strich schwarz. Chloanthit ist opak und hat metallischen Glanz.

- Bildung In hydrothermalen Gängen.
- Test Chloanthit ist nickelreich. Beim Erhitzen riecht es stark nach Knoblauch.

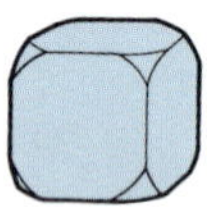
KUBISCH

SG	Spaltbarkeit	Bruch
6,1–6,9	Vollkommen	Uneben

Gruppe	Zusammensetzung	Härte
Arsenide	$CoAs_{2-3}$	$5^1/_2$–6

Skutterudit

Es ist das mittlere Glied der Chloanthit-Skutterudit-Smaltit-Reihe. Meist bildet es würfelige Kristalle. Oktaedrische Kristalle können vorkommen. Massiger oder körniger Habitus sind andere mögliche Formen. Die Farbe ist zinnweiß, der Strich schwarz. Skutterudit ist opak und hat metallischen Glanz.

- Bildung In hydrothermalen Gängen.
- Test Beim Erhitzen entstehen stark nach Knoblauch riechende Dämpfe.

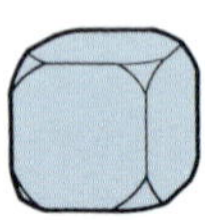
KUBISCH

SG	Spaltbarkeit	Bruch
6,1–6,9	Vollkommen	Uneben

Gruppe	Zusammensetzung	Härte
Sulfosalze	Cu_3AsS_4	3

Enargit

Kristalle sind prismatisch oder tafelig, häufig Zwillinge. Die Kristallflächen zeigen eine vertikale Streifung. Enargit kann auch massigen oder körnigen Habitus bilden. Farbe und Strich sind dunkelgrau bis schwarz. Enargit ist opak mit metallischem Glanz.

- Bildung Zu finden in hydrothermalen Gängen oder Ersatzlagerstätten. Diese Mineralgänge bilden sich durch in der Erdkruste zirkulierende Fluide, aus denen Minerale ausscheiden. Enargit ist assoziiert mit Mineralen wie Quarz und Sulfiden – Galenit, Bornit, Sphalerit, Pyrit und Chalkopyrit. Es kommt auch in Hüten von Salzdomen zusammen mit Anhydrit vor.
- Test Beim Erhitzen riecht es nach Knoblauch. Es ist in Salpetersäure löslich und schmilzt in der Streichholzflamme.

ORTHORHOMBISCH

SG	Spaltbarkeit	Bruch
4,4–4,5	Sehr vollkommen	Uneben

Gruppe	Zusammensetzung	Härte
Sulfosalze	$Pb_4FeSb_6S_{14}$	$2\,^1/_2$

Jamesonit

Dieses Mineral bildet nadelige bis fibrose Kristalle und ist von massigem bis federartigem Habitus. Farbe und Strich sind beide dunkelgrau. Jamesonit ist ein opakes Mineral mit metallischem Glanz.

- Bildung In hydrothermalen Gängen, wenn heiße, an Elementen reiche Lösungen durch Brüche migrieren und beim Abkühlen Minerale ausscheiden. Jamesonit ist assoziiert mit anderen Sulfosalzen, mit Sulfiden, Carbonaten und auch mit dem häufigen Quarz.
- Test Jamesonit ist in Salzsäure löslich.

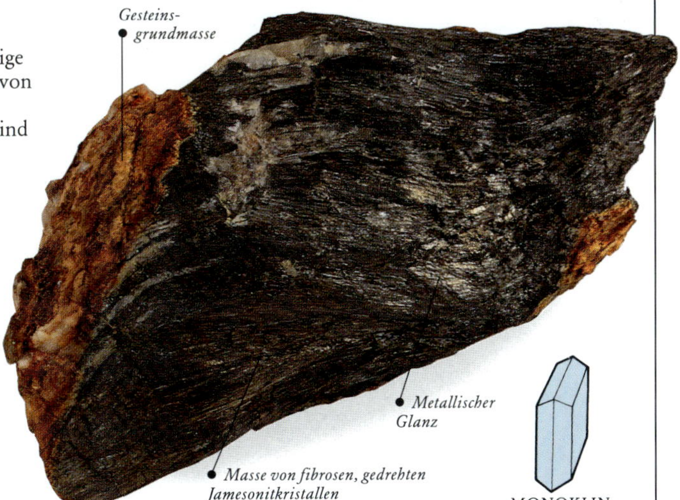

MONOKLIN

SG	Spaltbarkeit	Bruch
5,63	Gut basal	Uneben bis muschelig

Gruppe Sulfosalze	Zusammensetzung Ag_5SbS_4	Härte 2–2½

STEPHANIT

Stephanit bildet kurze, prismatische oder tafelige Kristalle, manchmal als Zwillinge. Der Habitus kann aber auch massig sein. Stephanit ist typisch eisenschwarz, der Strich ebenfalls schwarz. Es handelt sich um ein opakes Mineral mit metallischem Glanz.

- BILDUNG In Gängen mit gediegenem Silber oder anderen Sulfosalzen wie Akanthit, Tetrahedrit und Argentit.
- TEST Stephanit ist in Salpetersäure löslich und bildet dabei Arsen und Schwefeloxid. Das Mineral schmilzt sehr leicht.

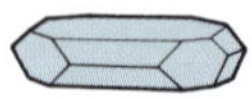
ORTHORHOMBISCH

SG 6,25	Spaltbarkeit Unvollkommen	Bruch Uneben bis halbmuschelig

Gruppe Sulfosalze	Zusammensetzung Ag_3SbS_3	Härte 2½

PYRARGYRIT

Pyrargyrit bildet prismatische oder skalenoedrische Kristalle, teils als Zwillinge. Der Habitus kann auch massig, kompakt oder verstreute Partikel sein. Pyrargyrit ist dunkelrot bis schwarz, der Strich dunkelrot. Ein durchscheinendes Mineral mit diamantenem bis submetallischem Glanz.

- BILDUNG In hydrothermalen Gängen, wo es mit anderen Sulfosalzen assoziiert vorkommt. So mit Silber, Pyrit, Galenit, Quarz, Dolomit und Calcit.
- TEST Dieses Mineral ist in Salpetersäure löslich und schmilzt leicht.

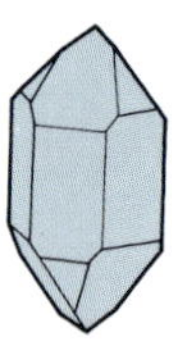
TRIGONAL/HEXAGONAL

SG 5,8–5,9	Spaltbarkeit Vollkommen rhomboedrisch	Bruch Muschelig bis uneben

Gruppe Sulfosalze	Zusammensetzung $(Ag)_{16}Sb_2S_{11}$	Härte 2–3

Polybasit

Polybasit bildet tafelige, pseudohexagonale Kristalle, häufig mit dreieckiger Streifung auf den Flächen. Es kann auch in massigem Habitus auftreten. Polybasit ist eisenschwarz und hat einen schwarzen Strich. Dünne Splitter können auch dunkelrot sein. Es ist ein opakes Mineral mit metallischem Glanz auf frischen Oberflächen.

• Bildung In hydrothermalen Gängen, mit gediegenem Silber, ebenso mit anderen Sulfosalzen und Sulfiden, wie Galenit, Argentit und anderen Silber- und Bleimineralen.

• Test Beim Erhitzen in der Flamme schmilzt Polybasit bei niedriger Temperatur.

MONOKLIN

SG 6,0–6,3	Spaltbarkeit Unvollkommen basal	Bruch Uneben

Gruppe Sulfosalze	Zusammensetzung $PbCuSbS_3$	Härte 2 1/2–3

Bournonit

Bournonit bildet kurze, prismatische oder tafelige Kristalle, häufig als Zwillinge und gestreift. Der Habitus kann auch massig, körnig und kompakt sein. Die Farbe ist stahlgrau bis schwarz, der Strich grau oder schwarz. Bournonit ist opak und von metallischem Glanz.

• Bildung Mit Tetrahedrit, Galenit, Silber, Chalkopyrit, Siderit, Quarz, Sphalerit und Stibnit in hydrothermalen Gängen. Dieses sind Brüche in der Erdkruste, durch die heiße Fluide zirkulieren und beim Abkühlen Minerale ausscheiden.

• Test Beim Erhitzen in der Flamme schmilzt Bournonit leicht. Es ist löslich in Salpetersäure. Kupfer in der chemischen Formel sorgt vermutlich dafür, daß die resultierende Lösung grüngefärbt ist.

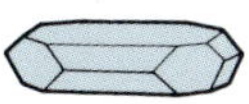

ORTHORHOMBISCH

SG 5,7–5,9	Spaltbarkeit Unvollkommen	Bruch Halbmuschelig bis uneben

Gruppe	Zusammensetzung	Härte
Sulfosalze	$Cu_{12}Sb_4S_{13}$	3 – 4 1/2

Tetraedrit

Tetraedrit bildet tetraedrische Kristalle, nach denen es auch benannt wurde. Die Kristalle bilden häufig Zwillinge und zeigen dreieckige Flächen. Der Habitus ist manchmal körnig oder massig, kann aber auch kompakt vorkommen. Die Farbe ist grau bis schwarz, der Strich variiert von Schwarz oder Braun bis Rot. Es ist opak und hat metallischen Glanz. Tetraedrit zählt zur gleichen chemischen Gruppe wie Tennantit (unten).

- **Bildung** In hydrothermalen Gängen mit Sulfiden, Carbonaten, Quarz, Fluorit und Baryt.
- **Test** Löst sich in Salpetersäure.

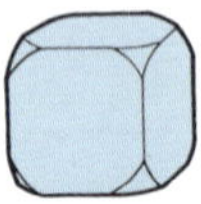

KUBISCH

SG	Spaltbarkeit	Bruch
4,6 – 5,1	Keine	Uneben bis halbmuschelig

Gruppe	Zusammensetzung	Härte
Sulfosalze	$(Cu, Fe)_{12}As_4S_{13}$	3 – 4 1/2

Tennantit

Die tetraedrischen Kristalle des Tennantit sind oft durch andere Formen modifiziert. Häufig sind Zwillinge. Andere Formen sind massig, körnig und kompakt. Das Mineral ist dunkelgrau bis schwarz und hat einen schwarzen, braunen oder dunkelroten Strich. Tennantit ist opak und von metallischem Glanz, der manchmal sehr leuchtend sein kann.

- **Bildung** In hydrothermalen Gängen, vergesellschaftet mit vielen anderen Mineralen, wie Baryt, Fluorit, Quarz, Galentit, Sphalerit, Pyrit, Chalkopyrit, Calcit und Dolomit. Dieses Mineral kann auch in Hochtemperaturgängen und in Kontakt mit metasomatischen Lagerstätten vorkommen.
- **Test** Es ist löslich in Salpetersäure und schmilzt leicht.

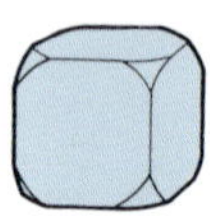

KUBISCH

SG	Spaltbarkeit	Bruch
4,59 – 4,75	Keine	Uneben bis halbmuschelig

Gruppe Sulfosalze	Zusammensetzung $Pb_5Sb_4S_{11}$	Härte $2\,^1/_2-3$

Boulangerit

Boulangerit bildet lange, prismatische Kristalle, welche nadelig sein können. Der Habitus kann auch massig, fibros oder federartig sein. Die Farbe reicht von Bleigrau bis Bläulichgrau, der Strich ist bräunlich. Boulangerit ist opak und hat einen stumpfen bis metallischen Glanz.

• Bildung In hydrothermalen Gängen zusammen mit Galenit, Pyrit und Sphalerit; mit Sulfosalzen wie Tetrahedrit, Tennantit und Proustit oder mit anderen Mineralen wie Quarz und verschiedenen Carbonaten.

• Test Beim Erhitzen in der Flamme schmilzt Boulangerit sehr leicht. Es reagiert nicht mit kalten verdünnten Säuren, ist aber in heißen konzentrierten Säuren löslich.

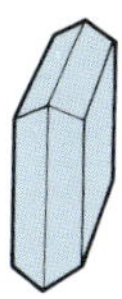

MONOKLIN

SG 5,8 – 6,2	Spaltbarkeit Gut	Bruch Uneben

Gruppe Sulfosalze	Zusammensetzung Ag_3AsS_3	Härte $2-2\,^1/_2$

Proustit

Proustitkristalle sind prismatisch, rhomboedrisch und skalenoedrisch. Das Mineral bildet auch massigen oder kompakten Habitus. Es hat eine scharlachrote Farbe, ebenso wie der Strich, schwärzt sich aber am Licht. Proustit reicht von diamantenem bis zu submetallischem Glanz.

• Bildung In hydrothermalen Gängen, dort assoziiert mit anderen Sulfosalzen, wie Tetrahedrit und Tennantit sowie mit Sulfiden wie Galenit und mit Quarz.

• Test Löslich in Salpetersäure, schmilzt leicht.

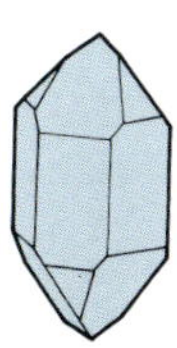

TRIGONGAL/ HEXAGONAL

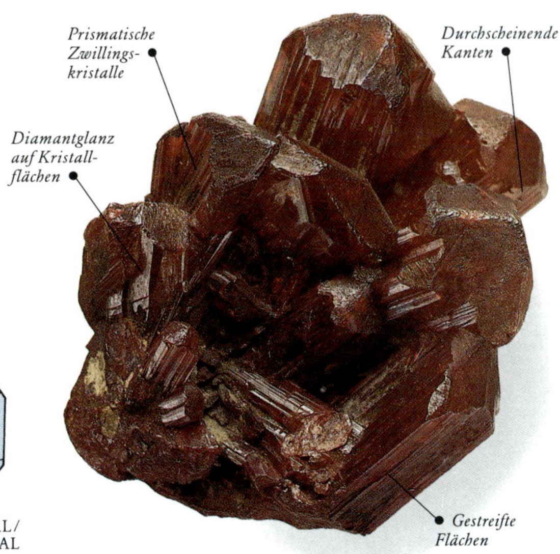

SG 5,55 – 5,64	Spaltbarkeit Vollkommen rhomboedrisch	Bruch Muschelig bis uneben

Halide

Als Halide werden Verbindungen zwischen einem Halogen (die Elemente Chlor, Brom, Fluor und Iod) und einem Metallelement bezeichnet. Halide kommen in verschiedenen geologischen Milieus vor. Einige, wie Steinsalz, sind in Evaporitfolgen zu finden. Darunter versteht man wiederkehrende Abfolgen von Sedimentgesteinen, die Evaporite wie Gips, Halit und Pottasche in einer bestimmten Reihenfolge enthalten, wobei sie in Mergel oder Kalksteine eingebettet sind.
Andere Halide, wie Fluorit, kommen in hydrothermalen Gängen vor. Die Halide sind oft sehr weiche Minerale, viele haben eine kubische Kristallsymmetrie. Das spezifische Gewicht ist in der Regel gering.

Gruppe	Zusammensetzung	Härte
Halide	$NaCl$	2

Halit

Die Kristalle des Halit sind würfelförmig und haben häufig konkave Oberflächen. Sehr selten kommt es in oktaedrischen Kristallen vor. Der Habitus kann auch massig, körnig oder kompakt sein. In der kompakten Form ist es als Steinsalz bekannt. Die Farbe variiert von Weiß, Farblos, Orange, Gelb, Rötlich, Blau, Purpur bis Schwarz. Der Strich ist immer weiß. Halit ist durchsichtig bis durchscheinend und hat Glasglanz.

- Bildung Es handelt sich um ein Evaporitmineral, welches durch Ausfällung entsteht, wenn das Wasser eines Salzsees oder einer Lagune austrocknet. Halit ist mit anderen Evaporitmineralen vergesellschaftet wie Sylvin, Gips, Dolomit und Anhydrit.
- Test Es gibt einige sehr einfache Testmethoden für Halit. Typisch ist der salzige Geschmack. Halit löst sich leicht in kaltem Wasser. Wenn man einen Teil der Lösung eintrocknen läßt, entstehen kleine Hüpferkristalle. Halit fühlt sich fettig an. Es färbt eine Flamme gelb, kann aber Verunreinigungen enthalten, die eine grüne, orangene oder rötliche Fluoreszenz verursachen.

Hüpferkristalle

Würfelförmige Zwillingskristalle

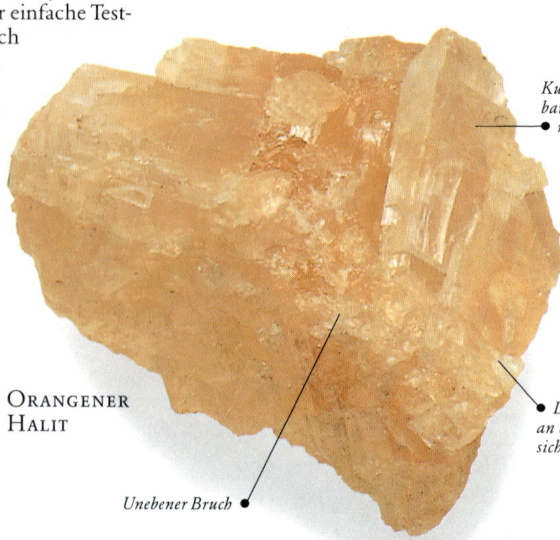

Orangener Halit

Kubische Spaltbarkeitsflächen mit Glasglanz

Durchsichtig, an den Rändern sichtbar

Unebener Bruch

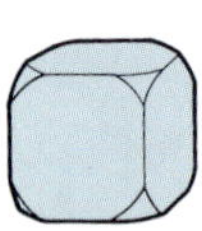

Kubisch

SG	Spaltbarkeit	Bruch
2,1 – 2,2	Sehr vollkommen kubisch	Uneben bis muschelig

Gruppe Halide	Zusammensetzung KCl	Härte 2

Sylvin

Die Kristalle bilden normalerweise Würfel, seltener Oktaeder. Sylvin kann auch in Krusten oder mit massigem oder körnigem Habitus vorkommen. Es ist farblos, weißlich, grau, bläulich, gelb, purpurn oder rot, der Strich weiß. Sylvin ist ein durchsichtiges Mineral mit Glasglanz.

- Bildung Als Evaporitmineral durch Ausfällung aus Salzlösungen. Es ist assoziiert mit Mineralen, wie Halit, Gips, Polyhalit, Carnallit und Anhydrit.
- Test Wie Halit ist es in kaltem Wasser löslich und hat einen bitteren Geschmack.

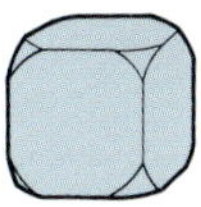

KUBISCH

SG 1,99	Spaltbarkeit Sehr vollkommen kubisch	Bruch Uneben

Gruppe Halide	Zusammensetzung $AgCl$	Härte 2 1/2

Chlorargyrit

Kristalle sind selten, das Mineral kommt meist in massigem oder flockigem Habitus vor, aber auch in Form krustiger oder wachsiger Überzüge. In frischem Zustand ist Chlorargyrit farblos, setzt man es Licht aus, variiert die Farbe von Grau zu Grün oder Gelb, manchmal bis Purpurbraun. Chlorargyrit ist durchsichtig bis nahezu opak und hat Harz- bis Diamantglanz.

- Bildung Als Sekundärmineral in Oxidationszonen von Silberlagerstätten.
- Test Chlorargyrit ist bei normalen Temperaturen verformbar und schmilzt in der Kerzenflamme. Es löst sich in Ammoniak, nicht aber in Salpetersäure.

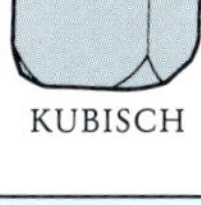

KUBISCH

SG 5,55	Spaltbarkeit Keine	Bruch Uneben bis halbmuschelig

Gruppe Halide	Zusammensetzung $KMgCl_3 \cdot 6H_2O$	Härte 2

CARNALLIT

Carnallit bildet nur selten Kristalle. Wenn solche vorkommen, sind sie pseudohexagonal und haben eine pyramidale Form. Der übliche Habitus ist körnig oder massig. Carnallit ist weiß oder farblos, obwohl es infolge kleiner Einschlüsse des Eisenoxidminerals Hämatit auch rötlich sein kann. Carnallit variiert von durchsichtig bis durchscheinend. Der Glanz ist fettig, das Mineral insgesamt glänzend.

- BILDUNG In mächtigen Evaporitabfolgen, zusammen mit Gips, Anhydrit, Steinsalz und Sylvin, und in Assoziation mit Sedimentgesteinen, wie Mergel, Kalk und Dolomit.
- TEST Carnallit hat einen bitteren, salzigen Geschmack und ist zerfließend. Es schmilzt leicht und färbt die Flamme violett, was auf die Anwesenheit von Kalium hinweist.

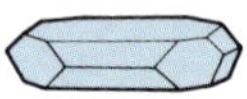

ORTHORHOMBISCH

SG 1,6	Spaltbarkeit Keine	Bruch Muschelig

Gruppe Halide	Zusammensetzung Na_3AlF_6	Härte 2 1/2

KRYOLITH

Kryolith bildet pseudokubische und kurze, prismatische Kristalle, Zwillingsbildung ist üblich. Es kann auch in massigem oder körnigem Habitus vorkommen. Die Farbe von Kryolith variiert von Farblos, Weiß, Gelblich, Braun bis Rötlich. Der Strich ist weiß. Das Mineral ist durchsichtig bis durchscheinend und hat Glas- oder Fettglanz.

- BILDUNG In magmatischen Gesteinen, besonders in sauren Pegmatiten.
- TEST Kryolith ist in Wasser nahezu unsichtbar, da es denselben Brechungsindex hat. Es schmilzt sehr leicht und färbt die Flamme gelb, was auf Natrium hinweist. Die durchsichtige Kugel, die beim Schmelzen entsteht, wird beim Abkühlen opak.

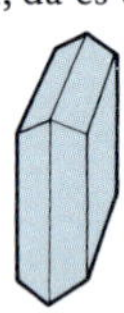

MONOKLIN

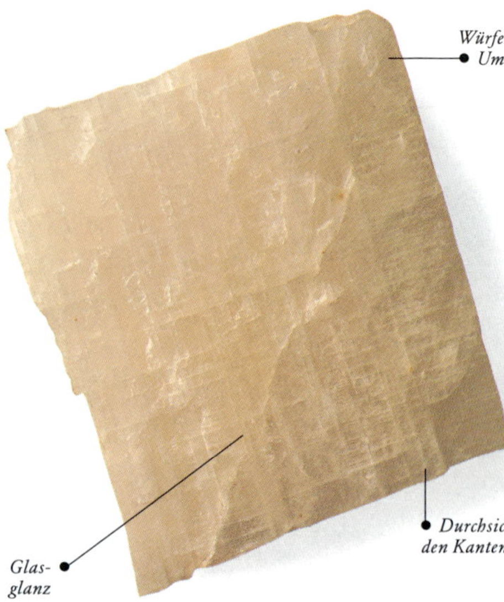

SG 2,97	Spaltbarkeit Keine	Bruch Uneben

Gruppe Halide	Zusammensetzung $Pb_{26}Ag_{10}Cu_{24}Cl_{62}(OH)_{48} \cdot 3H_2O$	Härte 3–3 1/2

Boleit

Dieses Mineral bildet würfelige und oktaedrische Kristalle in einem kubischen System. (Einige Mineralogen stellen Boleit ins tetragonale System.) Die Farbe ist ein tiefes Indigoblau, der Strich ist blau mit einer grünlichen Tönung. Boleit ist ein durchscheinendes Mineral. Während die Kristallflächen Glasglanz zeigen, haben Spaltbarkeitsflächen Perlmutterglanz.

• **Bildung** Zusammen mit vielen anderen sekundären Bleimineralen in der Laugungszone von Bleilagerstätten. Hierzu gehören u. a. Cumengit und Pseudoboleit.

• **Test** Boleit löst sich in Salpetersäure. Ein weiterer Hinweis zur Bestimmung ist, daß es leicht schmilzt.

SG 5,0–5,1	Spaltbarkeit Sehr vollkommen	Bruch Uneben

Gruppe Halide	Zusammensetzung $Cu_2Cl(OH)_3$	Härte 3–3 1/2

Atakamit

Atakamit bildet dünne, prismatische oder tafelige Kristalle, sehr oft als Zwillinge. Die Kristallflächen sind häufig gestreift. Atakamit kann auch in massigem, fibrosem oder körnigem Habitus vorkommen. Die Farbe reicht von leuchtend Grün bis intensiv Dunkelgrün, der Strich ist apfelgrün. Das Mineral ist durchsichtig bis durchscheinend und hat Glas- bis Diamantglanz.

• **Bildung** In Oxidationszonen von Kupferlagerstätten, vergesellschaftet mit Malachit, Azurit und Quarz. Atakamit wird auch an vulkanischen Öffnungen gebildet.

• **Test** Atakamit löst sich in Salzsäure, jedoch ohne zu schäumen. Es schmilzt leicht und färbt die Flamme blau.

ORTHORHOMBISCH

SG 3,76	Spaltbarkeit Sehr vollkommen	Bruch Muschelig

Gruppe	Zusammensetzung	Härte
Halide	CaF_2	4

Fluorit

Fluoritkristalle sind würfelig oder oktaedrisch, häufig als Zwillinge. Der Habitus von Fluorit kann auch massig, körnig und kompakt sein. Es kommt in einer Vielzahl von Farben vor, von Purpur, Grün, Farblos, Weiß und Gelb bis Rosa, Rot, Blau oder Schwarz. Der Strich ist weiß. Fluorit ist ein durchsichtiges bis durchscheinendes Mineral mit Glasglanz. Wenn es bricht, bildet die vollkommene oktaedrische Spaltbarkeit dreieckige Formen an den Ecken der würfeligen Kristalle.

- Bildung In hydrothermalen Gängen und rund um heiße Quellen. Fluorit ist ein ziemlich häufiges Mineral und vergesellschaftet mit Quarz, Calcit, Dolomit, Galenit, Pyrit, Chalkopyrit, Sphalerit, Baryt und verschiedenen anderen Mineralen hydrothermaler Gänge.
- Test Wie sein Name vermuten läßt, fluoresziert es stark in UV-Licht.

Purpurner Fluorit

Grüner Fluorit

Gelber Fluorit

Blauer Fluorit

Rosa Fluorit

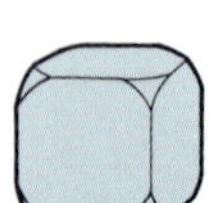

KUBISCH

SG	Spaltbarkeit	Bruch
3,18	Sehr vollkommen oktaedrisch	Muschelig

Gruppe Halide	Zusammensetzung $Pb_2CuCl_2(OH)_4$	Härte 2 1/2

Diaboleit

Dieses Mineral bildet tafelige Kristalle, die oft quadratischen Umriß haben und sehr klein sind. Diaboleit kann auch in massigem oder körnigem Habitus und als Aggregat dünner Platten vorkommen. Es ist von tiefblauer Farbe und hat einen blaßblauen Strich. Es ist durchsichtig bis durchscheinend und glänzt auf frischen Oberflächen wie Glas.

• Bildung Diaboleit bildet sich dort, wo ursprüngliche Minerale verwittern. Dies geschieht, wenn Fluide aus der Erdkruste mit Gesteinen und Mineralen reagieren. Seine Entstehung ist mit einigen anderen Mineralen assoziiert, wie Linarit, Boleit und Cerussit.

• Test Gibt Wasser ab, wenn es in einem geschlossenem Rohr erhitzt wird.

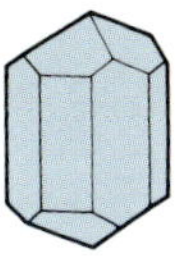

TETRAGONAL

SG 5,42	Spaltbarkeit Sehr vollkommen basal	Bruch Muschelig

Gruppe Halide	Zusammensetzung $NaSr_3Al_3(F,OH)_{16}$	Härte 4–4 1/2

Jarlit

Jarlit bildet sehr kleine tafelige Kristalle. Häufig ist der Habitus allerdings massig. Jarlit ist normalerweise weiß, kann aber auch braun, grau oder farblos sein. Der Strich ist weiß. Es handelt sich um ein durchsichtiges bis durchscheinendes Mineral mit Glasglanz.

• Bildung Dieses sehr seltene Mineral bildet sich in zwei verschiedenen geologischen Situationen. Es kommt zusammen mit anderen Haliden in Pegmatiten vor und kann auch in Glimmerschiefern auftreten. Diese Gesteine entstehen durch mittelgradige Regionalmetamorphose in mittlerer Tiefe der Erdkruste. In dieser Umgebung entsteht Jarlit zusammen mit Topas und Fluorit.

• Test Gibt bei Erhitzen Wasser ab.

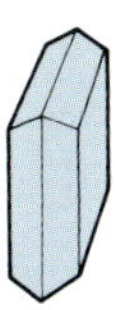

MONOKLIN

SG 3,87	Spaltbarkeit Nicht bestimmt	Bruch Uneben

Oxide und Hydroxide

Oxide sind Verbindungen verschiedener Elemente mit Sauerstoff. Ein häufiges Beispiel ist Hämatit, der eine Verbindung von Eisen mit Sauerstoff (O) ist. Oxide bilden eine variable Gruppe, die in vielen geologischen Milieus und den meisten Gesteinstypen entstehen. Einige wie Hämatit, Magnetit (ein weiteres Eisenoxid), Kassiterit (Zinnoxid) und Chromit (Chromoxid) sind bedeutende Metallerze. Von anderen wie Korund (Aluminiumoxid) kennt man Edelsteinvarietäten wie Rubin und Saphir. Die Eigenschaften der Oxide sind sehr variabel. Die Edelsteinvarietäten und Metallerze sind sehr hart und haben ein hohes spezifisches Gewicht. Sie variieren auch in der Farbe, vom intensiv roten Rubin über den blauen Saphir und Rot, Grün und Blau des Spinell (Magnesium-Aluminiumoxid) bis zum Schwarz des Magnetit.

Hydroxide bilden sich, indem ein Metallatom mit einem Hydroxylion (OH) reagiert. Ein häufiges Beispiel ist Brucit (Magnesiumhydroxid). Hydroxide, die bei einer chemischen Reaktion von Oxiden und Wasser gebildet werden, haben normalerweise eine geringe Härte: Brucit hat die Härte $2\frac{1}{2}$, Gibbsit (Aluminium-Hydroxid) $2\frac{1}{2}$ bis $3\frac{1}{2}$.

Gruppe	Zusammensetzung	Härte
Oxide	$MgAl_2O_4$	$7\frac{1}{2}-8$

Spinell

Spinell bildet in der Regel oktaedrische, manchmal auch würfelige oder dodekaedrische Kristalle. Der Habitus kann auch massig, körnig und kompakt sein. Die Farbe reicht von Rot bis Grün, Blau, Braun und Schwarz. Der Strich ist weiß. Spinell ist durchsichtig bis opak und hat Glasglanz.

- Bildung In einer Reihe metamorpher Gesteine, wie Serpentiniten, Gneisen, Marmor, ebenso wie in basischen magmatischen Gesteinen.
- Test Ein charakteristisches Merkmal ist, daß dieses Mineral nicht schmelzbar ist. Picotit ist die chromreiche Varietät, Pleonast die dunkle, eisenreiche.

Pleonast

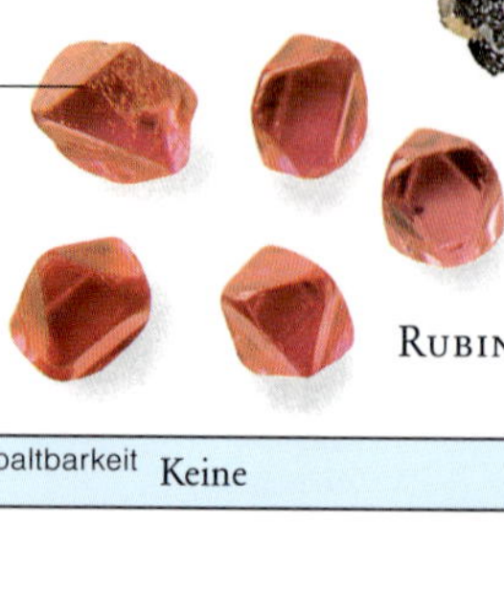

Rubin

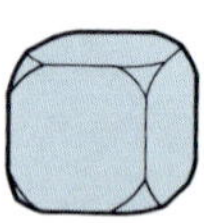
Kubisch

SG	Spaltbarkeit	Bruch
3,5–4,1	Keine	Muschelig bis uneben

Gruppe	Zusammensetzung	Härte
Oxide	ZnO	$4-4\frac{1}{2}$

ZINKIT

Meist kommt Zinkit mit massigem, körnigem und schichtigem Habitus vor. Selten bildet es pyramidale, hemimorphe Kristalle. Die Farbe ist dunkelrot bis orangegelb, der Strich ebenfalls orangegelb. Zinkit ist durchscheinend bis durchsichtig und hat Subdiamantglanz.

• BILDUNG In kontaktmetamorphen Gesteinen, assoziiert mit Mineralen wie Calcit, Willemit, Franklinit und Tephrit. Zinkit ist ein bedeutendes Zinkmineral und wegen seiner Seltenheit begehrt von Sammlern und Mineralogen.

• TEST Zinkit in Salzsäure löslich, schäumt aber nicht. Es ist fluoreszierend und in der Flamme nicht schmelzbar.

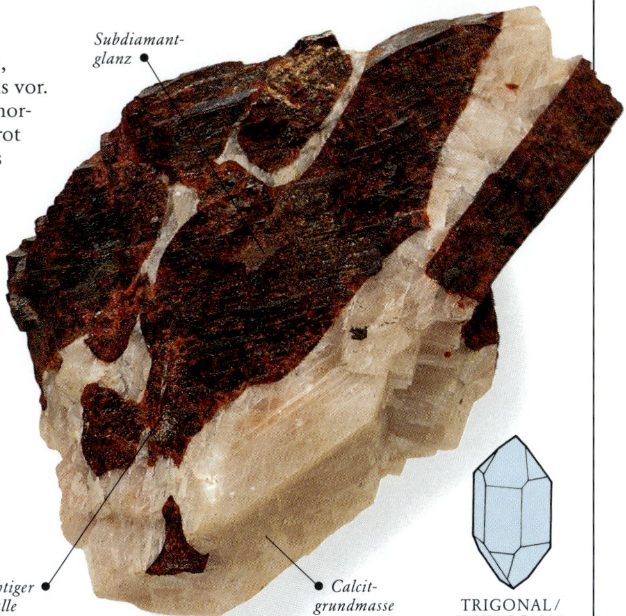

TRIGONAL / HEXAGONAL

SG	Spaltbarkeit	Bruch
5,68	Sehr vollkommen	Muschelig

Gruppe	Zusammensetzung	Härte
Oxide	$(Zn,Mn^{2+},Fe^{2+})(Fe^{3+},Mn^{3+})_2O_4$	$5\frac{1}{2}-6\frac{1}{2}$

FRANKLINIT

Franklinit gehört zur Spinellgruppe. Es bildet oktaedrische Kristalle, häufig mit gerundeten Kanten; auch mit körnigem oder massigem Habitus. Die Farbe ist schwarz mit einem rötlichbraunen bis schwarzen Strich. Franklinit ist opak und von metallischem Glanz.

• BILDUNG In Zinklagerstätten, in metamorphen Kalksteinen und Dolomiten. Es ist assoziiert mit vielen anderen Mineralen, wie Calcit, Willemit, Zinkit, Rhodonit und Granat.

• TEST Dieses Mineral ist schwach magnetisch, erhitzt jedoch stark magnetisch. In der Flamme ist Franklinit unschmelzbar. Es löst sich in Salzsäure, jedoch ohne zu schäumen.

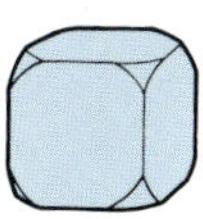

KUBISCH

SG	Spaltbarkeit	Bruch
5,07–5,22	Keine	Uneben bis halbmuschelig

Gruppe Oxide	Zusammensetzung Cu_2O	Härte 3 1/2–4

Cuprit

Cupritkristalle sind oktaedrisch, würfelig oder dodekaedrisch; Cuprit kommt auch in massigem, kompaktem oder körnigem Habitus vor. Die Farbe ist rot, der Strich bräunlichrot. Cuprit ist ein durchscheinendes bis durchsichtiges Mineral. An der Luft läuft es an. Es hat diamantenen, submetallischen oder erdigen Glanz.

• Bildung Das weitverbreitete Mineral wird in Oxidationszonen von Kupferlagerstätten gebildet, wo es mit gediegenem Kupfer, Malachit, Azurit, Chalkosin und Eisenoxiden vergesellschaftet ist.

• Test Cuprit löst sich in Salpetersäure und anderen Säuren. Es schmilzt und färbt die Flamme grün.

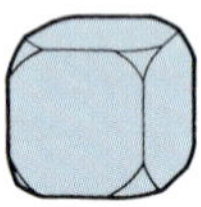

KUBISCH

SG 6,14	Spaltbarkeit Schwach oktaedrisch	Bruch Muschelig bis uneben

Gruppe Oxide	Zusammensetzung $FeCr_2O_4$	Härte 5 1/2

Chromit

Chromitkristalle sind oktaedrisch, kommen aber selten vor. Der übliche Habitus ist massig, körnig oder knollig. Chromit ist schwarz bis bräunlichschwarz. Das Mineral ist opak mit metallischem Glanz.

• Bildung In magmatischen Gesteinen, besonders ultrabasischen und basischen Gesteinen. Auch Seifenlagerstätten enthalten oft Chromit.

• Test Chromit ist unlöslich in Säuren und schwach magnetisch. Es ist in der Flamme unschmelzbar.

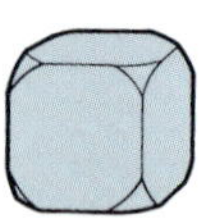

KUBISCH

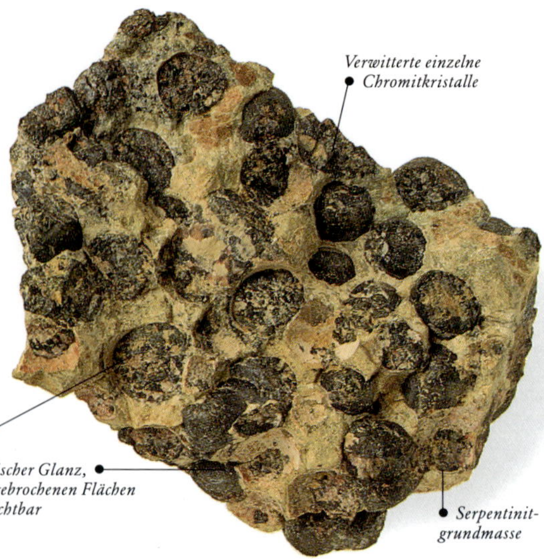

SG 4,5–4,8	Spaltbarkeit Keine	Bruch Uneben

Gruppe Oxide	Zusammensetzung Fe_3O_4	Härte $5\,^1/_2 - 6\,^1/_2$

Magnetit

Dieses häufige Oxidmineral bildet oktaedrische und dodekaedrische Kristalle, kommt aber auch in massigem oder körnigem Habitus vor. Die Farbe ist schwarz, ebenso der Strich. Magnetit ist ein opakes Mineral, es kann aber auch metallischen oder stumpfen Glanz haben.

- **Bildung** Magnetit wird in magmatischen Gesteinen gebildet, ebenso in Gängen oder in Ersatzlagerstätten.
- **Test** Wie der Name sagt, ist dieses Mineral stark magnetisch.

Körniger Magnetit

Oktaedrischer Kristall

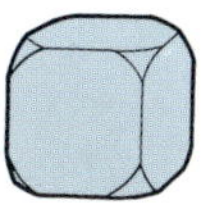
Kubisch

SG 5,2	Spaltbarkeit Keine	Bruch Halbmuschelig bis uneben

Gruppe Oxide	Zusammensetzung $FeTiO_3$	Härte 5–6

Ilmenit

Ilmenit bildet normalerweise dicke, tafelige Kristalle, manchmal aber auch rhomboedrische. Zwillingsbildung ist häufig. Andere Kristalle zeigen einen lamellenartigen, massigen, kompakten oder körnigen Habitus. Ilmenit ist schwarz bis bräunlichschwarz mit schwarzem oder bräunlichrotem Strich. Es ist opak. Der Glanz von Ilmenit reicht von metallisch bis stumpf.

- **Bildung** In vielen magmatischen Gesteinen als akzessorisches Mineral gebildet. In Seifen als schwarzer Sand vorkommend.
- **Test** Pulverisiert löst es sich in konzentrierter Salzsäure. Ilmenit ist nur schwach magnetisch.

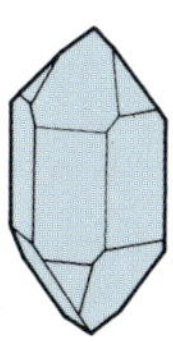
Trigonal/Hexagonal

SG 4,72	Spaltbarkeit Keine	Bruch Muschelig bis uneben

Gruppe Oxide	Zusammensetzung Fe_2O_3	Härte 5–6

Hämatit

Hämatitkristalle sind tafelig oder rhomboedrisch und manchmal prismatisch oder pyramidal. Tafelige Kristalle können Rosetten bilden, die Eisenrosen genannt werden. Der Habitus kann auch massig, kompakt, säulig, fibros, nierenförmig, traubenförmig, stalaktitisch, schichtig oder körnig sein. Wenn Hämatit nierenförmig ausgebildet ist, wird es Nierenerz genannt. Die Farbe reicht von Bräunlich, kräftig Rot, Blutrot und Bräunlichrot bis Stahlgrau und Eisenschwarz. Der Strich ist bräunlichrot. Es ist ein opakes Mineral mit metallischem oder stumpfem Glanz.

- Bildung Als hydrothermales oder Ersatzmineral. Auch in magmatischen Gesteinen als akzessorisches Mineral gebildet.
- Test Erhitzter Hämatit ist leicht magnetisch.

Hexagonaler Hämatit

Nierenerz

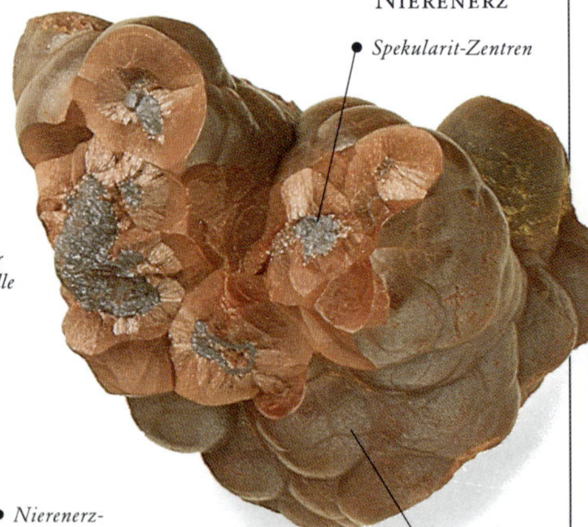

Hämatitspiegel

Massiger Hämatit

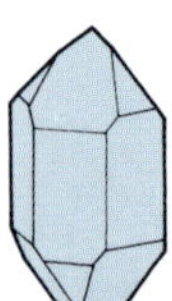

TRIGONAL/ HEXAGONAL

SG 5,26	Spaltbarkeit Keine	Bruch Uneben bis halbmuschelig

Gruppe	Zusammensetzung	Härte
Oxide	$BeAl_2O_4$	$8^1/_2$

Chrysoberyll

Chrysoberyllkristalle sind tafelig oder prismatisch und häufig Zwillinge. Der Habitus kann auch körnig oder massig sein. Die Farbe variiert von Grün oder Gelb zu Bräunlich oder Grau. Die Edelsteinvarietät Alexandrit ist bei Tageslicht grün, aber im Wolframlicht rot. Chrysoberyll ist ein durchsichtiges bis durchscheinendes Mineral und hat Glasglanz.

- Bildung In vielen Gesteinen wie Pegmatit, Schiefer, Gneis und Marmor. Chrysoberyll kommt auch in Seifensanden vor, die alluvial transportiert sind. Dieses Vorkommen ist die Folge der großen Härte und Resistenz gegenüber Verwitterung.
- Test Es ist ein unlösliches Mineral.

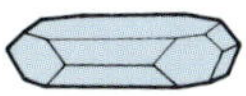
ORTHORHOMBISCH

SG	Spaltbarkeit	Bruch
3,7–3,8	Vollkommen prismatisch	Muschelig bis uneben

Gruppe	Zusammensetzung	Härte
Oxide	SnO_2	6–7

Kassiterit

Kassiterit kann sowohl kurze als auch lange prismatische oder bipyramidale Kristalle bilden. Andere Formen sind massig, körnig, traubenförmig oder nierenförmig. Typisch ist die braune bis schwarze Farbe, mögliche Varietäten auch gelblich bis farblos. Der Strich ist weiß, grau oder bräunlich. Zinnstein ist durchscheinend oder fast opak. Auf Kristallflächen ist Diamantglanz zu finden, auf Bruchflächen Fettglanz.

- Bildung In hochtemperierten hydrothermalen Gängen, assoziiert mit Quarz, Chalkopyrit und Turmalin. Auch in einigen kontaktmetamorphen Gesteinen.
- Test Dieses Mineral ist in Säuren unlöslich und nicht schmelzbar.

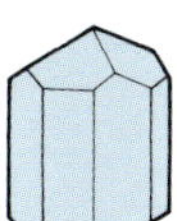
TETRAGONAL

SG	Spaltbarkeit	Bruch
7,0	Unvollkommen	Halbmuschelig bis uneben

Gruppe Oxide	Zusammensetzung Al_2O_3	Härte 9

Korund

Korund bildet steile, bipyramidale, prismatische, tafelige oder rhomboedrische Kristalle. Es kommt auch in massigem oder körnigem Habitus vor. Korund kann viele Farben haben, zeigt aber stets einen weißen Strich. Es ist durchsichtig bis durchscheinend mit Glas- oder Diamantglanz.

- BILDUNG In siliziumarmen magmatischen Gesteinen und in aluminiumreichen metamorphen Gesteinen.
- TEST Es ist unlöslich.

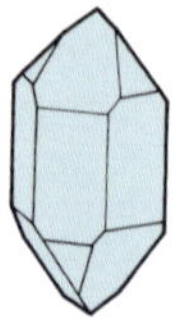
TRIGONAL/ HEXAGONAL

SG 4,0–4,1	Spaltbarkeit Keine	Bruch Muschelig bis uneben

Gruppe Oxide	Zusammensetzung Al_2O_3	Härte 9

Rubin

Als Varietät von Korund bildet Rubin bipyramidale, prismatische, tafelige oder rhomboedrische Kristalle. Er ist rot und zeigt einen weißen Strich. Rubin ist durchscheinend bis durchsichtig und hat Glas- oder Diamantglanz.

- BILDUNG In magmatischen und metamorphen Gesteinen. Aufgrund seiner Härte und Dichte kommt er auch in Flußsanden vor.
- TEST Unlöslich in Säuren.

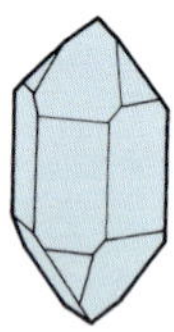
TRIGONAL/ HEXAGONAL

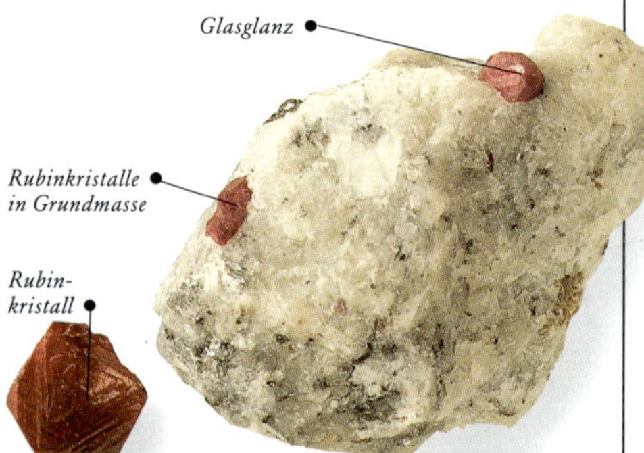

SG 4,0–4,1	Spaltbarkeit Keine	Bruch Muschelig bis uneben

Gruppe Oxide	Zusammensetzung Al_2O_3	Härte 9

Saphir

Die blaugefärbte Varietät des Korund bildet bipyramidale, prismatische, tafelige oder rhomboedrische Kristalle. Ein anderer Habitus kann massig oder körnig sein. Der Strich ist weiß. Saphir ist durchsichtig bis durchscheinend mit Glas- oder Diamantglanz.

- BILDUNG In einigen magmatischen und metamorphen Gesteinen. Er kommt auch in sedimentären, alluvialen Lagerstätten vor.
- TEST Saphir ist in Säuren unlöslich, nicht schmelzbar.

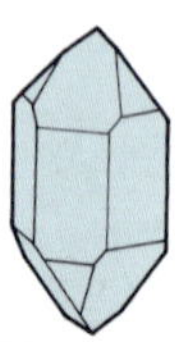
TRIGONAL/ HEXAGONAL

SG 4,0–4,1	Spaltbarkeit Keine	Bruch Muschelig bis uneben

Gruppe	Zusammensetzung	Härte
Oxide	MnO_2	2–6 1/2

Pyrolusit

Pyrolusitkristalle sind selten prismatisch. Der übliche Habitus ist massig, kompakt, säulig oder fibros. Dendritische Überzüge sind häufig. Pyrolusit ist schwarz bis dunkelgrau und hat einen schwarzen oder bläulichschwarzen Strich. Es ist opak und hat metallischen, stumpfen oder erdigen Glanz.

- **Bildung** Als Niederschläge in Seen und Sümpfen, als Knollen auf dem Ozeanboden der Tiefsee. Pyrolusit ist ein Sekundärmineral in Mangangängen.
- **Test** Löslich in Salzsäure, es hinterläßt beim Berühren rußige Spuren.

DENDRITISCHER PYROLUSIT

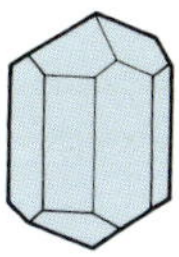

TETRAGONAL

MASSIGER PYROLUSIT

SG	Spaltbarkeit	Bruch
5,06	Sehr vollkommen	Uneben

Gruppe	Zusammensetzung	Härte
Oxide	$CaTiO_3$	5 1/2

Perovskit

Dieses Mineral bildet pseudokubische Kristalle mit Streifung parallel zu den Kanten. Es kommt auch in nierenförmigen Massen vor. Die Farbe ist gelb, bernstein, dunkelbraun oder schwarz, während der Strich farblos bis hellgrau ist. Perovskit ist ein durchsichtiges bis opakes Mineral und hat metallischen bis Diamantglanz.

- **Bildung** In einigen basischen und ultrabasischen magmatischen Gesteinen, talk- und chloritreichen Schiefern und Marmor. Perovskit ist in manchen Gesteinen ein akzessorisches Mineral. Ein akzessorisches Mineral ist nicht gesteinsbildend, seine Anwesenheit hat keinen Einfluß auf die Gesamtchemie und Gesteinsklassifikation.
- **Test** Perovskit ist nur in heißer Schwefelsäure löslich und ist nicht schmelzbar.

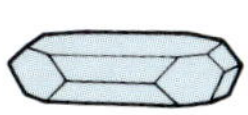

ORTHORHOMBISCH

SG	Spaltbarkeit	Bruch
4,01	Unvollkommen	Halbmuschelig bis uneben

Gruppe	Zusammensetzung	Härte
Oxide	TiO_2	$6-6\frac{1}{2}$

Rutil

Gemeinsam mit Brookit und Anatas bildet Rutil eine trimorphe Reihe. Die Kristalle sind prismatisch und oft gestreift. Rutil bildet auch in Quarz sehr kleine, nadelige Kristalle. Zwillingsbildung ist häufig. Der Habitus kann auch massig sein. Die Farbe ist rötlichbraun, rot, gelb oder schwarz, der Strich blaßbraun bis gelblich. Rutil ist ein durchsichtiges bis opakes Mineral und von submetallischem bis diamantenem Glanz.

• Bildung Als ein akzessorisches Mineral in vielen magmatischen Gesteinen, auch in metamorphen Schiefern und Gneisen. Dünne Nadeln bilden manchmal Einschlüsse in Quarz und Korund (Katzenauge und Sternasterismus) und anderen durchsichtigen „Wirts"-Mineralen.

• Test Rutil ist in verschiedenen Säuren unlöslich.

Rutilquarz

Massiger Rutil

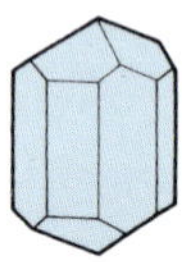

TETRAGONAL

SG	Spaltbarkeit	Bruch
4,23	Vollkommen	Muschelig bis uneben

Gruppe	Zusammensetzung	Härte
Oxide	TiO_2	$5\frac{1}{2}-6$

Brookit

Brookit bildet vertikal gestreifte, tafelige und prismatische Kristalle. Die Farbe ist braun, rötlichbraun oder bräunlichschwarz, der Strich weiß, grau oder gelblich. Es handelt sich um ein durchsichtiges bis opakes Mineral mit diamantenem oder submetallischem Glanz.

• Bildung Dieses Mineral kommt in einer Anzahl verschiedener geologischer Milieus vor. Gebildet wird es in diskordanten Gängen einiger metamorpher Gesteine, besonders in Schiefern und Gneisen. Es ist oft mit Quarz, Rutil und Feldspat assoziiert. Es kann auch in Sedimentgesteinen detritisch vorkommen, nachdem es von der ursprünglichen Lokation erodiert und neu abgelagert wurde.

• Test Brookit ist unlöslich und nicht schmelzbar.

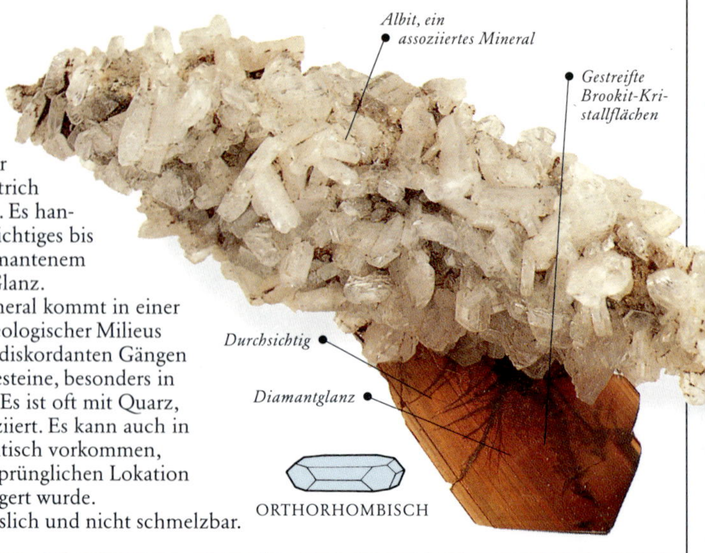

ORTHORHOMBISCH

SG	Spaltbarkeit	Bruch
4,1 – 4,2	Schwach	Halbmuschelig bis uneben

Gruppe	Zusammensetzung	Härte
Oxide	TiO_2	$5^1/_2$–6

ANATAS

Die pyramidalen Kristalle des Anatas sind häufig gestreift. Sie können aber auch tafelig und stark modifiziert sein. Die Farbe reicht von Braun über Dunkelblau bis Blaßgelb. Anatas ist ein durchsichtiges bis nahezu opakes Mineral und hat diamantenen bis submetallischen Glanz.

- BILDUNG Diese Titandioxidvariante bildet sich in einigen metamorphen Gesteinen, besonders Schiefern und Gneisen. Anatas kann auch in magmatischen Gesteinen vorkommen, so in Diorit oder Granit, wo es ein akzessorisches Mineral ist. Anatas ist auch in Seifenlagerstätten zu finden, nachdem es erodiert und alluvial umgelagert wurde.
- TEST Anatas ist in allen Säuren unlöslich.

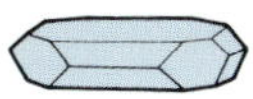
ORTHORHOMBISCH

SG	Spaltbarkeit	Bruch
3,82–3,97	Sehr vollkommen basal	Halbmuschelig

Gruppe	Zusammensetzung	Härte
Oxide	UO_2	5–6

URANINIT

Uraninitkristalle können würfelig, kubo-oktaedrisch, oktaedrisch oder dodekaedrisch sein. Häufiger ist der massige (als Pechblende bekannte), traubenförmige oder körnige Habitus. Farbe und Strich variieren von Schwarz bis Bräunlichschwarz oder Grauschwarz. Uraninit ist ein opakes Mineral, der Glanz ist submetallisch, fettig, stumpf oder pechartig.

- BILDUNG In hydrothermalen Gängen, aber auch in einigen magmatischen Gesteinen wie Pegmatiten oder Graniten oder in schichtförmigen Sedimentgesteinen als Sandstein oder Konglomerat.
- TEST Uraninit ist hochradioaktiv. Es ist nicht schmelzbar und löst sich langsam in Salpetersäure.

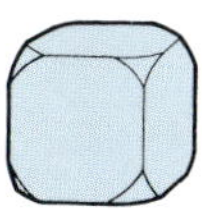
KUBISCH

SG	Spaltbarkeit	Bruch
6,5–10,0	Unvollkommen	Muschelig bis uneben

Gruppe Oxide	Zusammensetzung SiO_2	Härte 7

QUARZ

Quarz ist eines der häufigsten Minerale und bildet hexagonale Prismen, die als Rhomboeder bezeichnet werden, oder pyramidale Formen. Quarzflächen sind häufig gestreift, die Kristalle sind verzwillingt oder verzerrt. Es kommt auch massig, granular, stalaktitisch, als Konkretion oder kryptokristallin vor. Die Farbe ist sehr variabel und kann weiß, grau, rot, purpurn, rosa, gelb, grün, braun und schwarz, aber auch farblos sein. Quarz bildet auch eine ganze Reihe von Halbedelsteinen – einige von ihnen sind hier abgebildet. Der Strich ist weiß. Quarz ist ein durchsichtiges bis durchscheinendes Mineral und zeigt auf frischen Bruchflächen Glasglanz.

- BILDUNG Dieses Mineral kommt häufig in magmatischen, metamorphen und sedimentären Gesteinen vor und kann oft in Mineralgängen zusammen mit Metallerzen gefunden werden.
- TEST Quarz ist unlöslich, außer in Flußsäure.

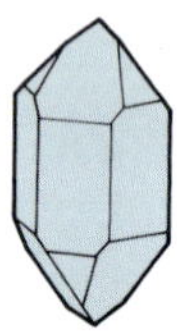

TRIGONAL/
HEXAGONAL

RAUCHQUARZ

ROSENQUARZ

AMETHYST

SG 2,65	Spaltbarkeit Keine	Bruch Muschelig bis uneben

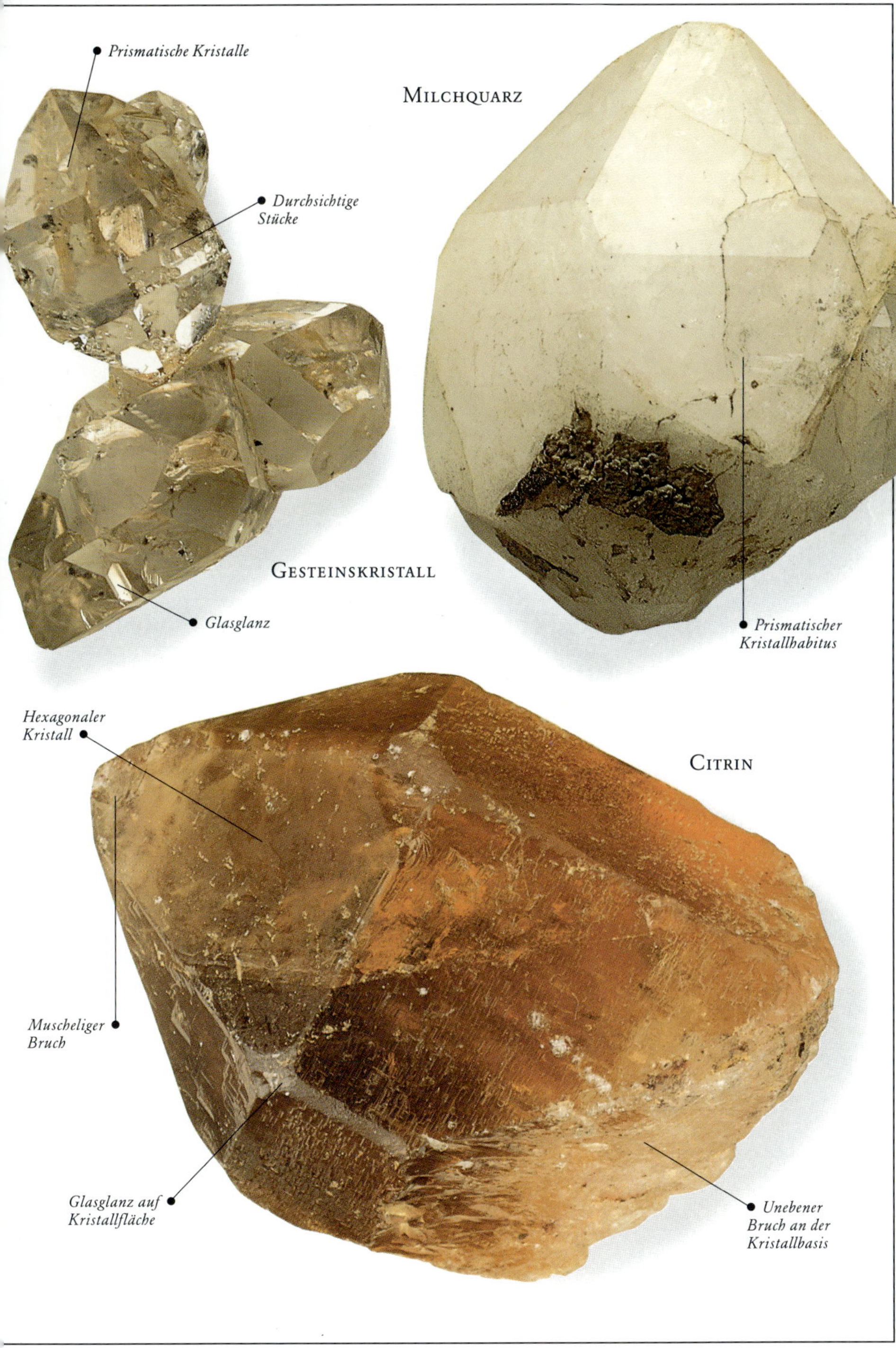
Prismatische Kristalle
Durchsichtige Stücke
Gesteinskristall
Glasglanz
Milchquarz
Prismatischer Kristallhabitus
Hexagonaler Kristall
Citrin
Muscheliger Bruch
Glasglanz auf Kristallfläche
Unebener Bruch an der Kristallbasis

Gruppe Oxide	Zusammensetzung SiO_2	Härte 7

Chalcedon

Die mikrokristalline Varietät von Siliziumdioxid, Chalcedon, kommt normalerweise in warzen- oder traubenförmigen Massen vor. Die Farbe kann stark variieren, von Weiß, Blau, Rot, Grün und Braun bis Schwarz. Die Chalcedonvarietäten enthalten opake Formen wie den Jaspis; Achat ist eine Form mit konzentrischen Bändern unterschiedlicher Farbe; Moosachat hat dunkle dendritische Muster; Chrysopras ist eine grüne Varietät; Onyx mit paralleler Bänderung. Karneol ist rot bis rötlichbraun, und Sarder ist hell- bis dunkelbraun. Der Strich ist weiß. Chalcedon ist ein durchsichtiges bis durchscheinendes oder opakes Mineral und hat Glas- oder Wachsglanz.

- Bildung Dieses Mineral bildet sich in Hohlräumen verschiedener Gesteinstypen, besonders in Laven. Chalcedon entsteht bei relativ geringer Temperatur, da es sich aus siliziumreichen Lösungen abscheidet. Es kann auch ein Entwässerungsprodukt von Opal sein.
- Test Das höhere spezifische Gewicht hilft, Chalcedon von Opal zu unterscheiden.

Traubenförmiger Chalcedon

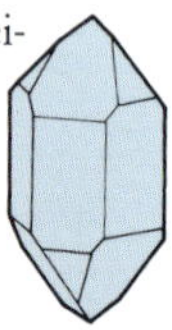

Trigonal/ Hexagonal

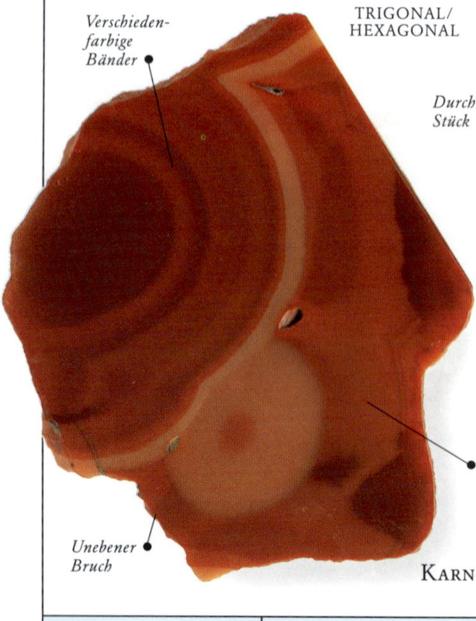

Karneol

Anreicherungsachat

SG 2,65	Spaltbarkeit Keine	Bruch Muschelig

Chrysopras

Jaspis

Onyx

Gruppe	Zusammensetzung	Härte
Oxide	$(Fe,Mn)(Nb,Ta)_2O_6$	$6-6^1/_2$

Columbit

Columbit bildet eine Reihe mit Tantalit. Die Kristalle sind tafelig oder prismatisch und häufig verzwillingt. Es tritt aber auch in massigem Habitus auf. Columbit ist grauschwarz bis bräunlichschwarz und kann schillernd anlaufen. Der Strich ist dunkelrot bis schwarz. Diese Reihe ist durchscheinend bis opak mit submetallischem bis Harzglanz.

- **Bildung** In granitischen Pegmatiten.
- **Test** Das spezifische Gewicht nimmt mit dem Tantalgehalt zu.

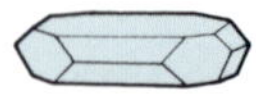
ORTHORHOMBISCH

SG	Spaltbarkeit	Bruch
5,1 – 8,2	Vollkommen	Halbmuschelig bis uneben

Gruppe	Zusammensetzung	Härte
Oxide	$(Y,Ce,U,Fe)_3(Nb,Ta,Ti)_5O_{15}$	5 – 6

Samarskit

Samarskitkristalle sind prismatisch mit rechtwinkligem Querschnitt. Der Habitus ist massig oder kompakt, die Farbe schwarz oder bräunlich, der Strich unbestimmt. Samarskit ist ein durchscheinendes oder opakes Mineral und hat auf frischen Bruchflächen Harz-, Glas- oder submetallischen Glanz.

- **Bildung** In granitischen Pegmatiten.
- **Test** Samarskit ist in heißen Säuren löslich und radioaktiv.

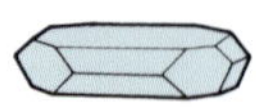
ORTHORHOMBISCH

SG	Spaltbarkeit	Bruch
5,15 – 5,69	Unvollkommen	Muschelig

Gruppe	Zusammensetzung	Härte
Oxide	Mn_3O_4	$5^1/_2$

Hausmannit

Die pseudooktaedrischen und pyramidalen Kristalle von Hausmannit sind oft Zwillinge. Er bildet auch körnige Massen. Die Farbe ist bräunlichschwarz, der Strich braun. Hausmannit ist opak, außer sehr dünne Bruchstücke, die durchscheinend sind. Es hat submetallischen Glanz.

- **Bildung** In Gesteinen, die kontaktmetamorph sind. Hausmannit kommt auch in hydrothermalen Gängen vor.
- **Test** Hausmannit ist in konzentrierter Salzsäure löslich.

TETRAGONAL

SG	Spaltbarkeit	Bruch
4,84	Gut	Uneben

Gruppe	Zusammensetzung	Härte
Oxide	Oxide und Hydroxide	weich

WAD

Wad ist kein Mineral im engen Sinne, sondern eine Mischung verschiedener Oxide und Hydroxide, besonders des Mangan. Es ist amorph und kann nierenförmigen, verzweigten, krustigen oder massigen Habitus haben. Wad hat häufig eine stumpfschwarze Farbe, kann aber auch bläulich oder bräunlichschwarz sein. Der Strich ist dunkelbraun oder schwärzlich. Es ist ein opakes Mineral mit stumpfem oder erdigem Glanz.

- BILDUNG In sedimentären Umgebungen mit Manganmineralen.
- TEST Beim Erhitzen in einem geschlossenen Rohr wird Wasser abgegeben.

SG	Spaltbarkeit	Bruch
2,8 – 4,4	Keine	Uneben

Gruppe	Zusammensetzung	Härte
Oxide	$(Ba,H_2O)(Mn^{4+},Mn^{3+})_5O_{10}$	5 – 6

ROMANECHIT

In der Vergangenheit wurde Psilomelan als eigener Mineralname geführt. Neuere Untersuchungen haben Psilomelan als amorphe Variante von Romanechit bestätigt. Es bildet massige, traubenförmige, nierenförmige, stalaktitische oder erdige Formen. Romanechit ist schwarz bis dunkelgrau und hat einen schwarzen oder bräunlichschwarzen, leuchtenden Strich. Es ist opak mit submetallischem Glanz.

- BILDUNG Durch die Verwitterung anderer Minerale, besonders manganreicher Silikate und Carbonate. Romanechit ist ein häufiges Mineral und bildet Konkretionen, z. B. wenn Kalksteine durch anderes Material ersetzt werden.
- TEST Romanechit löst sich in Salzsäure unter Abgabe von Chlorgas. Es gibt Wasser ab, wenn es in einem geschlossenen Rohr erhitzt wird.

MASSIGER ROMANECHIT

TRAUBENFÖRMIGER ROMANECHIT

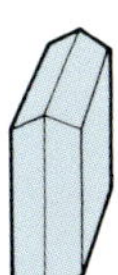

MONOKLIN

SG	Spaltbarkeit	Bruch
6,4	Nicht bestimmt	Uneben

Gruppe	Zusammensetzung	Härte
Oxide	$(Na,Ca,U)_2(Nb,Ta,Ti)_2O_6(OH,F)$	5–5½

Pyrochlor-Mikrolith

Diese Mineralreihe bildet oktaedrische Kristalle, die manchmal verzwillingt sind. Der Habitus kann auch körnig sein oder aber es bildet unregelmäßige Massen. Die Farbe ist braun, rötlichbraun oder schwarz, der Strich gelblich bis braun. Die Reihe ist durchscheinend bis opak und hat Glas- bis Harzglanz.

• **Bildung** In Pegmatiten und Karbonatiten. Pyrochlor-Mikrolith ist auch als akzessorisches Mineral in Nephelin-Syeniten zu finden.

• **Test** Die Zusammensetzung von Mikrolith schließt Uran (U), Niob (Nb) und Titan (Ti) aus. Die Reihe ist nicht schmelzbar. Unter größeren Schwierigkeiten ist es in Salzsäure löslich. Eine Anzahl von Elementen, wie Thorium und Uran, kann Calcium und Natrium in der Struktur ersetzen, so daß das Mineral radioaktiv ist.

PYROCHLOR

MIKROLITH

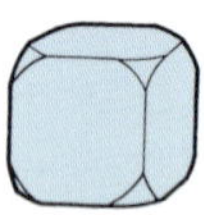

KUBISCH

SG	Spaltbarkeit	Bruch
4,3–5,7	Vollkommen	Halbmuschelig bis uneben

Gruppe	Zusammensetzung	Härte
Hydroxide	$Al(OH)_3$	2½–3½

Gibbsit

Gibbsit bildet tafelige, pseudohexagonale Kristalle. Es kommt in massigem Habitus, als Überzüge und Krusten vor. Die Farbe ist weiß, grau, grünlich, rosa oder rötlich; der Strich nicht bestimmt. Es handelt sich um ein durchsichtiges bis durchscheinendes Mineral und hat Glas- bis Perlmutterglanz.

• **Bildung** In hydrothermalen Gängen und als Alterationsprodukt von Aluminiummineralen.

• **Test** Wenn man Gibbsit anhaucht, riecht es nach feuchtem Ton.

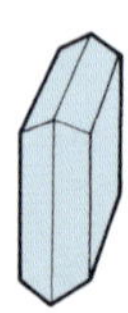

MONOKLIN

SG	Spaltbarkeit	Bruch
2,4	Sehr vollkommen	Uneben

Gruppe	Zusammensetzung	Härte
Oxide	$SiO_2 \cdot nH_2O$	$5^1/_2 - 6^1/_2$

Opal

Die Struktur von Opal ist amorph. Der Habitus kann sehr verschieden sein: massig, traubenförmig, nierenförmig, stalaktitisch, kugelig, knollig und in Konkretionen. Edler Opal ist milchigweiß oder schwarz mit einem leuchtenden Zusammenspiel der Farben, meist Rot, Blau und Gelb. Die Farben wechseln häufig als Folge von sich erwärmendem Wasser im Mineral. Wird Edelopal in der Hand gewärmt, werden die Farben besonders leuchtend. Feueropal ist orange oder rötlich und wechselt nicht unbedingt die Farbe. Üblicher Opal ist grau, schwarz oder grün und hat ebenfalls keine Farbwechselwirkung. Der Strich ist weiß. Opal ist durchscheinend bis opak. Der Glanz variiert von Glas- bis Harzglanz, wachsig oder perlmutterartig; am häufigsten ist jedoch Glasglanz.

- Bildung Bei niedrigen Temperaturen aus siliziumreichen Lösungen, besonders rund um heiße Quellen. Es kann aber auch in nahezu allen geologischen Bildungsmilieus vorkommen.
- Test Opal fluoresziert oft in UV-Licht und ist unlöslich in Säuren. Beim Erhitzen zersetzt er sich in Quarz und Wasser. Längeres Aussetzen an der Luft begünstigt das Brüchigwerden der Struktur infolge der Abgabe von Wasser.

Edelopal

Holzopal

Feueropal

SG	Spaltbarkeit	Bruch
1,9–2,3	Keine	Muschelig

Gruppe Hydroxide	Zusammensetzung $Mg(OH)_2$	Härte $2^1/_2$

Brucit

Brucit bildet breite, tafelige Kristalle. Es kann im Habitus massig, schichtig, fibros (Nemalith) und körnig sein. Brucit ist weiß, blaßgrau, grau, bläulich oder, wenn es Mangan enthält, gelb bis braun. Es hat einen weißen Strich. Brucit ist durchsichtig und hat Wachs-, Glas- oder Perlmutterglanz (die fibrosen Varietäten sind seidig). Durch die sehr vollkommene Spaltbarkeit bilden sich beim vorsichtigen Brechen flexible, unelastische Blätter.

• Bildung In metamorphen Kalksteinen, in Schiefern und Serpentiniten.

• Test Brucit löst sich in Salzsäure, jedoch ohne zu schäumen. Es ist nicht schmelzbar.

Kristalliner Brucit

Nemalith

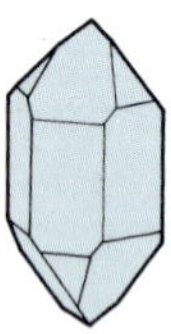

TRIGONAL/ HEXAGONAL

SG 2,38 – 2,4	Spaltbarkeit Sehr vollkommen	Bruch Uneben

Gruppe Hydroxide	Zusammensetzung $FeO(OH)$	Härte $5-5^1/_2$

Goethit

Goethit kommt bisweilen als vertikal gestreifte, prismatische Kristalle vor, häufiger jedoch mit massigem, traubenförmigem, stalaktitischem und erdigem Habitus. Die Farbe ist schwarzbraun oder rötlich bis gelblichbraun. Der Strich ist orange bis bräunlich. Goethit ist opak, der Glanz auf Kristallflächen diamanten, ansonsten stumpf.

• Bildung Durch Oxidation eisenreicher Lagerstätten.

• Test Wird bei Erhitzen magnetisch.

ORTHORHOMBISCH

SG 3,3 – 4,3	Spaltbarkeit Sehr vollkommen	Bruch Uneben

Gruppe Hydroxide	Zusammensetzung $FeO(OH) \cdot nH_2O$	Härte $5-5^1/_2$

LIMONIT

Limonit bildet keine Kristalle. Es handelt sich um ein amorphes Material, das als erdige Massen, Konkretionen, warzenförmige und stalaktitische Formen mit strahligem, fibrosem Gefüge auftritt. Es kommt oft pseudomorph nach Pyrit oder anderen Eisenmineralen vor. Die Farbe ist gelb, bräunlichgelb, braun oder schwärzlich. Der Strich ist gelbbraun. Es ist durchscheinend oder halbopak und hat einen submetallischen, Glas-, Seiden- oder stumpfen Glanz.

• BILDUNG Als Sekundärmineral in Oxidationszonen von Eisenlagerstätten. Limonit entsteht auch durch Ausfällung im Meer und Frischwasser sowie in Sümpfen.

• TEST Beim Erhitzen in einem geschlossenen Rohr gibt Limonit Wasser ab. Es löst sich sehr langsam in Säuren.

SG 2,7–4,3	Spaltbarkeit Keine	Bruch Uneben

Gruppe Hydroxide	Zusammensetzung $MnO(OH)$	Härte 4

MANGANIT

Manganit bildet gestreifte, prismatische Kristalle, oft in Bündeln. Zwillingsbildung ist häufig. Es kommt auch in massigem, fibrosem, säuligem, körnigem, konkretionärem und stalaktitischem Habitus vor. Es ist dunkelgrau bis schwarz, der Strich ist rötlichbraun bis schwarz. Manganit ist ein opakes Mineral und hat submetallischen Glanz.

• BILDUNG In hydrothermalen Gängen bei niedriger Temperatur, auch in flachen Meereslagerstätten, in Seen und Sümpfen. Manganit wird auch durch meteorisches Wasser abgelagert, welches im Untergrund zirkuliert. Teilweise wird dieses durch Fluide nahe der Erdoberfläche zu Pyrolusit alteriert, wobei die Kristallform erhalten bleibt.

• TEST Löslich in Salzsäure unter Chlorbildung.

MONOKLIN

SG 4,3	Spaltbarkeit Sehr vollkommen	Bruch Uneben

Gruppe Hydroxide	Zusammensetzung $FeO(OH)$ und $Al_2O_3 \cdot 2H_2O$	Härte 1–3

Bauxit

Als Mischung verschiedener Minerale enthält Bauxit hydratisierte Aluminiumoxide, Gibbsit, Boehmit, Diaspor und Eisenoxide. Im engeren Sinne muß Bauxit als Gestein klassifiziert werden, steht aber in der Regel bei den Mineralen. Die variable Zusammensetzung bedingt unterschiedliche Eigenschaften. Der Habitus ist generell massig, konkretionär, oolithisch oder pisolithisch. Die Farbe variiert von Weiß bis Gelblich und Rot oder Rötlichbraun. Der Strich ist normalerweise weiß. Bauxit hat stumpfen oder erdigen Glanz und ist opak.

- Bildung Durch Verwitterung und Zerfall aluminiumsilikathaltiger Gesteine. Entsteht unter tropischen Bedingungen, wenn starke Regen die Silikate des Gesteins auslaugen und die Aluminiumminerale zurücklassen.
- Test Wenn man es anhaucht, riecht Bauxit nach feuchtem Ton. Es ist nicht schmelzbar und praktisch unlöslich.

SG 2,3–2,7	Spaltbarkeit Keine	Bruch Uneben

Gruppe Hydroxide	Zusammensetzung $AlO(OH)$	Härte $6^1/_2$–7

Diaspor

Diaspor bildet plattige, nadelige oder tafelige Kristalle ebenso wie massige, schichtige, schuppige oder stalaktitische Formen. Häufig ist es eingesprengt oder körnig. Die Farbe kann weiß, farblos, grau, gelblich, grünlich, braun, purpurn oder rosa sein. Der Strich ist weiß. Diaspor ist ein durchsichtiges bis durchscheinendes Mineral. Der Glanz ist glasig, auf Spaltflächen perlmuttern.

- Bildung In alterierten magmatischen Gesteinen und in Marmor. Es kommt mit vielen Mineralen vergesellschaftet vor, wie Magnetit, Spinell, Dolomit, Chlorit und Korund. Diaspor findet sich in Tonlagerstätten, wo es gemeinsam mit Bauxit und aluminiumreichen Tonmineralen vorkommt.
- Test Es ist unlöslich und nicht schmelzbar.

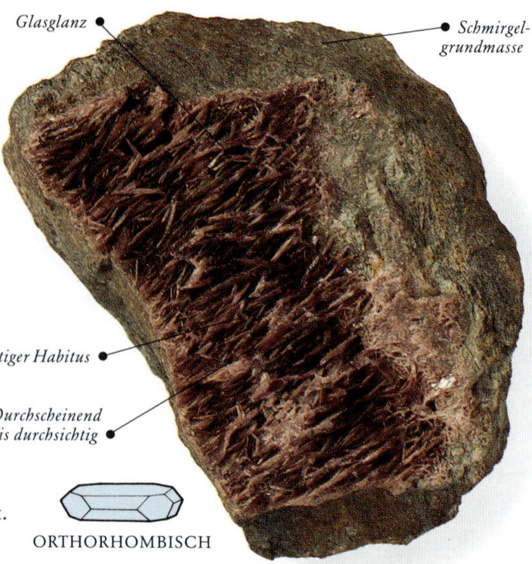

ORTHORHOMBISCH

SG 3,3–3,5	Spaltbarkeit Sehr vollkommen	Bruch Muschelig

Gruppe Hydroxide	Zusammensetzung $FeO(OH)$	Härte 5

LEPIDOKROKIT

Lepidokrokit bildet abgeflachte, plattige Kristalle, kommt aber häufiger in massigem oder fibrosem Habitus vor. Die Farbe ist dunkelrot bis rötlichbraun, der Strich orange. Lepidokrokit ist ein durchsichtiges Mineral und hat submetallischen Glanz.

• BILDUNG Zusammen mit Mineralen wie Goethit als sekundäres Mineral.

• TEST Wenn Lepidokrokit erhitzt wird, ist es stark magnetisch. Es löst sich langsam in Salzsäure, schneller in Salpetersäure.

ORTHORHOMBISCH

SG 3,9	Spaltbarkeit Sehr vollkommen	Bruch Uneben

Gruppe Oxide	Zusammensetzung $WO_3 \cdot H_2O$	Härte $1-2^1/_2$

TUNGSTIT

Die Kristalle sind mikroskopisch klein und plattig, aber selten. Tungstit ist von massigem, erdigem oder pulverigem Habitus. Seine Farbe ist gelb oder grünlichgelb, der Strich gelb. Es handelt sich um ein durchsichtiges bis durchscheinendes Mineral mit erdigem bis Harzglanz.

• BILDUNG In Umgebungen, in denen primäre Wolframminerale alteriert werden.

• TEST Tungstit ist in alkalischen Lösungen löslich, aber in Säuren unlöslich.

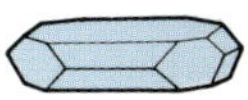

ORTHORHOMBISCH

SG 5,5	Spaltbarkeit Sehr vollkommen	Bruch Uneben

Gruppe Hydroxide	Zusammensetzung $Sb^{3+}Sb_2{}^{5+}O_6(OH)$	Härte $4-5^1/_2$

STIBICONIT

Stibiconit kann sich prismatisch nach der Form des Minerals bilden, das es ersetzt. Der übliche Habitus ist massig, kompakt oder traubenförmig. Die Farbe ist weiß oder gelblich, es kann aber auch infolge von Unreinheiten orange, braun, grau oder schwarz sein. Es ist durchsichtig bis durchscheinend mit Perlmutter- oder erdigem Glanz.

• BILDUNG Durch die Alteration von Stibnit.

• TEST Beim Erhitzen im geschlossenen Rohr gibt es Wasser ab.

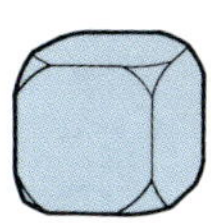

KUBISCH

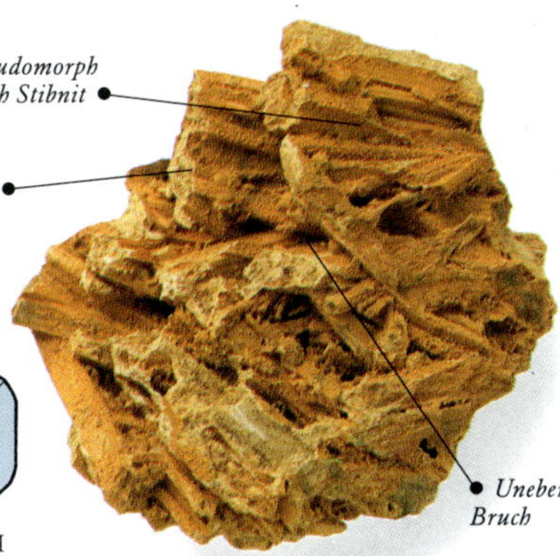

SG 3,3–5,5	Spaltbarkeit Nicht bestimmt	Bruch Uneben

Carbonate, Nitrate und Borate

Carbonate sind Verbindungen von einem oder mehreren Metall- oder Halbmetallelementen mit dem Carbonat-Ion $(CO_3)^{2-}$. Calcit, das häufigste Carbonat, wird aus Calcium und dem Carbonat-Ion gebildet. Ersetzt Barium das Calcium, entsteht Witherit; substituiert Mangan, entsteht Rhodochrosit. Carbonate bilden in der Regel gut entwickelte rhomboedrische Kristalle. Sie lösen sich verhältnismäßig leicht in Salzsäure und sind generell intensiv gefärbt.

Nitrate sind Verbindungen von metallischen Elementen mit Nitrat-Ionen $(NO_3)^{1-}$ (z. B. Nitronatrit). Borate, die auch in diese Gruppe gehören, bilden sich aus metallischen Elementen mit dem Borat-Ion $(BO_3)^{3-}$ (z. B. Ulexit, Colemanit).

Gruppe	Zusammensetzung	Härte
Carbonate	$CaCO_3$	$3^1/_2$ – 4

Aragonit

Die prismatischen und gestreckten Kristalle von Aragonit bilden häufig Zwillinge. Wenn sie sich gegenseitig durchdringen, bilden sie pseudohexagonale Formen. Der Habitus kann auch säulig, stalaktitisch, fibros, strahlig und korallenähnlich sein; letzteres wird auch Eisenblüte genannt. Aragonit ist weiß, farblos, grau, gelblich, grün, blau, violett, rötlich oder braun. Es hat einen weißen Strich, ist durchscheinend bis durchsichtig und hat Glasglanz.

- **Bildung** Weit verbreitet, gebildet in metamorphen und sedimentären Gesteinen, in Höhlen von Kalksteingebieten, in Mineralgängen und bei heißen Quellen.
- **Test** Aragonit ist in kalter, verdünnter Salzsäure löslich und schäumt dabei heftig. Unter UV-Licht fluoresziert es.

ARAGONIT-EISENBLÜTE

PSEUDOHEXAGONALER ARAGONIT

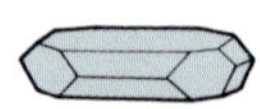

ORTHORHOMBISCH

SG	Spaltbarkeit	Bruch
2,94 – 2,95	Vollkommen pinakoidal	Halbmuschelig

Gruppe Carbonate	Zusammensetzung $CaCO_3$	Härte 3

Calcit

Calcitkristalle sind rhomboedrisch oder skalenoedrisch, in Kombination Nagelkopf- oder Hundepfotenformen bildend. Islandspat-Rhomben zeigen Doppelbrechung. Zwillingsbildung ist häufig. Calcit kann auch in massigem, körnigem, fibrosem und stalaktitischem Habitus auftreten. Es ist weiß, farblos, grau, rot, braun, grün und schwarz. Der Strich ist weiß bis grau. Calcit ist durchsichtig bis durchscheinend mit Glas- bis Perlmutter- oder stumpfem Glanz.

• Bildung In vielen Gesteinen. Calcit baut den größten Teil der Kalksteine und Marmore auf.

• Test Calcit schäumt mit kalter, verdünnter Salzsäure.

Skalenoedrischer Calcit

Islandspat

Nagelkopf-Calcit

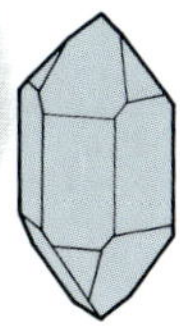

Trigonal/Hexagonal

SG 2,71	Spaltbarkeit Sehr vollkommen	Bruch Halbmuschelig

Gruppe Carbonate	Zusammensetzung $BaCa(CO_3)_2$	Härte 4

Barytocalcit

Barytocalcit kommt in gestreiften, prismatischen Kristallen und mit massigem Habitus vor. Es ist weiß, gelblich, grau oder grünlich. Barytocalcit ist durchsichtig bis durchscheinend und hat Glas- oder Harzglanz.

• Bildung In hydrothermalen Gängen. Brüche und Verwerfungen in Gesteinsschichten, die von heißen, chemisch aktiven Fluiden durchströmt werden. Die Adern können von Restflüssigkeiten granitischer Magmen oder Salzlösungen von verfestigten marinen Sedimenten stammen. Minerale bilden sich aus den chemischen Elementen, die von diesen Fluiden transportiert werden.

• Test Schäumt bei Zugabe von Salzsäure.

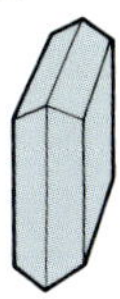

Monoklin

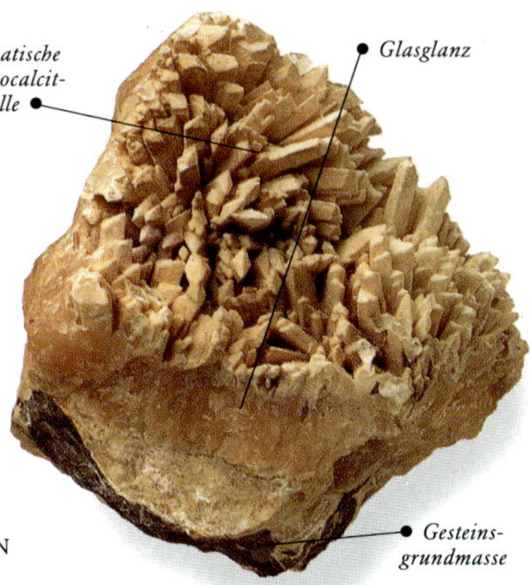

SG 3,66 – 3,71	Spaltbarkeit Sehr vollkommen	Bruch Halbmuschelig bis uneben

Gruppe	Zusammensetzung	Härte
Carbonate	$MnCO_3$	$3^1/_2$–4

Rhodochrosit

Rhodochrosit bildet bisweilen rhomboedrische, skalenoedrische, prismatische oder tafelige Kristalle. Häufiger kommt Rhodochrosit in massigem, körnigem, stalaktitischem, kugeligem, knolligem oder traubenförmigem Habitus vor. Die Farbe ist typisch rosa bis rot, kann aber auch braun, orange oder gelblich sein. Der Strich ist weiß. Durchsichtig bis durchscheinend, hat Rhodochrosit Glas- bis Perlmutterglanz.

- Bildung In hydrothermalen Gängen und in alterierten Manganlagerstätten.
- Test Rhodochrosit ist unter Schäumen in warmer Salzsäure löslich.

Rhodochrosit-Kristalle

Gebänderter Rhodochrosit

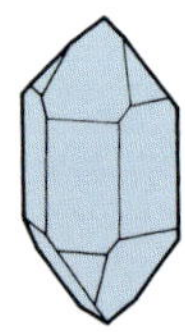

TRIGONAL/HEXAGONAL

SG	Spaltbarkeit	Bruch
3,7	Sehr vollk. rhomboedrisch	Uneben

Gruppe	Zusammensetzung	Härte
Carbonate	$CaMg(CO_3)_2$	$3^1/_2$–4

Dolomit

Dolomitkristalle sind rhomboedrisch mit gebogenen Flächen, die Sattelform haben. Dolomit kann auch massig oder körnig auftreten. Er ist farblos, weiß, grau, rosa oder braun; der Strich ist weiß. Von durchsichtig bis durchscheinend, hat Dolomit Glas- oder Perlmuttglanz.

- Bildung In hydrothermalen Gängen und in magnesiumhaltigen Kalksteinen.
- Test Er löst sich langsam in kalter, verdünnter Salzsäure. Dieses ist ein gutes Merkmal zur Unterscheidung von Calcit, der sofort unter Schäumen reagiert.

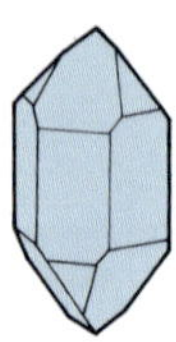

TRIGONAL/HEXAGONAL

SG	Spaltbarkeit	Bruch
2,85	Sehr vollk. rhomboedrisch	Halbmuschelig

Gruppe Carbonate	Zusammensetzung $Ca(Fe,Mg,Mn)(CO_3)_2$	Härte $3\frac{1}{2}-4$

ANKERIT

Ankerit, der zur Dolomitgruppe zählt, bildet rhomboedrische Kristalle. Andere Formen sind massig oder körnig. Ankerit ist weiß, grau, gelblichbraun oder braun und hat einen weißen Strich. Es handelt sich um ein durchscheinendes Mineral mit Glas- bis Perlmutterglanz.

- BILDUNG Ankerit bildet sich in Mineralgängen, manchmal kommt er gemeinsam mit Gold und Sulfiden vor.
- TEST Ankerit ist in Salzsäure löslich.

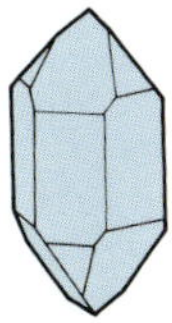

TRIGONAL/
HEXAGONAL

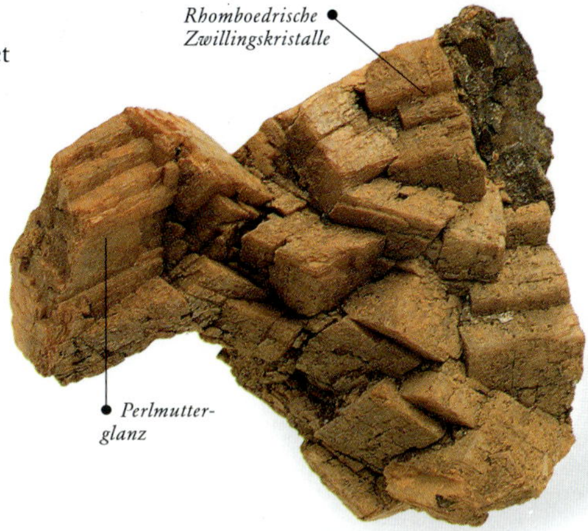

SG 2,97	Spaltbarkeit Sehr vollk. rhomboedrisch	Bruch Halbmuschelig

Gruppe Carbonate	Zusammensetzung $ZnCO_3$	Härte $4-4\frac{1}{2}$

SMITHSONIT

Smithsonit bildet rhomboedrische Kristalle, oft mit gebogenen Flächen. Manchmal entstehen skalenoedrische Kristalle. Smithsonit kann auch in massigem, traubenförmigem, nierenförmigem, körnigem und stalaktitischem Habitus vorkommen. Es kann weiß, grau, gelb, grün, blau, rosa, purpurn oder braun sein. Der Strich ist weiß. Es handelt sich um ein durchscheinendes Mineral und hat Glas- bis Perlmutterglanz.

- BILDUNG In Teilen von oxidierten Kupfer-Zink-Lagerstätten. Es ist assoziiert mit Malachit, Azurit, Pyromorphit, Cerussit und Hemimorphit.
- TEST Smithsonit ist in Salzsäure löslich.

TRIGONAL/
HEXAGONAL

SG 4,3–4,45	Spaltbarkeit Sehr vollk. rhomboedrisch	Bruch Halbmuschelig bis uneben

Gruppe	Zusammensetzung	Härte
Carbonate	$FeCO_3$	4

SIDERIT

Siderit bildet rhomboedrische, tafelige, prismatische und skalenoedrische Kristalle, oft mit gebogenen Flächen, manchmal verzwillingt. Es kommt auch mit massigem, körnigem, kompaktem, traubenförmigem und oolithischem Habitus vor. Siderit ist blaßgelblich, grau, braun, grünlich, rötlich oder fast schwarz. Der Strich ist weiß. Es handelt sich um ein durchscheinendes Mineral und hat Glas-, Perlmutter- oder Seidenglanz.

• BILDUNG In hydrothermalen Gängen, ebenso in sedimentären Schichten.

• TEST Siderit wird beim Erhitzen magnetisch und löst sich langsam in kalter Salzsäure. Wird die Säure erhitzt, schäumt die Lösung.

RHOMBOEDRISCHER SIDERIT

TRAUBENFÖRMIGER SIDERIT

TRIGONAL/ HEXAGONAL

SG	Spaltbarkeit	Bruch
3,96	Sehr vollk. rhomboedrisch	Uneben

Gruppe	Zusammensetzung	Härte
Carbonate	$MgCO_3$	3–4

MAGNESIT

Magnesit bildet rhomboedrische, selten prismatische, tafelige oder skalenoedrische Kristalle. Es kommt auch mit massigem, lamellenartigem, fibrosem und körnigem Habitus vor. Magnesit kann farblos, weiß, grau, gelblich oder braun sein; der Strich ist weiß. Es variiert von durchsichtig bis durchscheinend und hat glasigen oder stumpfen Glanz.

• BILDUNG In hydrothermalen Gängen, metamorphen Gesteinen und Sedimenten.

• TEST Magnesit ist unter Schäumen in warmer Salzsäure löslich.

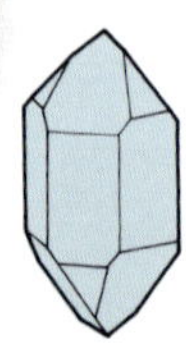

TRIGONAL/ HEXAGONAL

SG	Spaltbarkeit	Bruch
3,0–3,1	Sehr vollk. rhomboedrisch	Muschelig bis uneben

Gruppe Carbonate	Zusammensetzung $BaCO_3$	Härte 3–3½

Witherit

Die Kristalle bilden sich als prismatische Zwillinge, oft auch als pseudohexagonale Dipyramiden. Witherit kommt auch in massigen, körnigen, fibrosen und säuligen Formen vor. Es kann farblos, weiß, grau, gelb, grün oder braun sein, der Strich ist weiß. Durchsichtig bis durchscheinend, hat es Glas- oder Harzglanz.

- Bildung In hydrothermalen Gängen gemeinsam mit Quarz, Calcit und Baryt.
- Test Witherit ist unter Schäumen in verdünnter Salzsäure löslich. Pulverisierter Witherit färbt die Flamme apfelgrün.

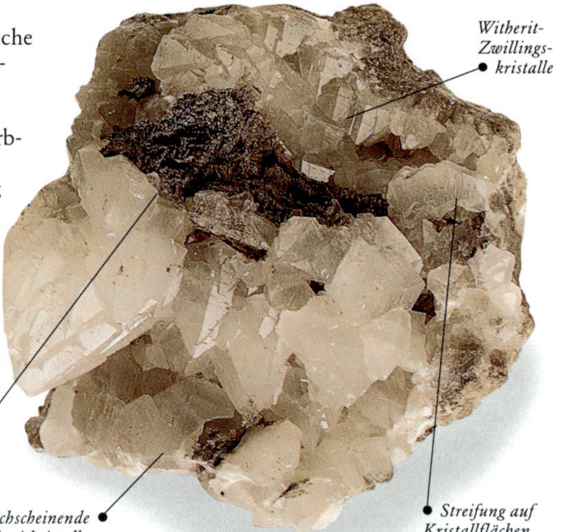

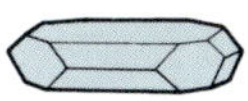

ORTHORHOMBISCH

SG 4,29	Spaltbarkeit Vollkommen	Bruch Uneben

Gruppe Carbonate	Zusammensetzung $SrCO_3$	Härte 3½

Strontianit

Strontianit bildet prismatische, oft nadelige Kristalle. Der Habitus kann auch massig, körnig, fibros und konkretionär sein. Die Farbe variiert von Weiß, Farblos, Grau, Gelblich, Bräunlich oder Grünlich bis Rötlich; der Strich ist stets weiß. Strontianit ist ein durchsichtiges bis durchscheinendes Mineral und hat Glas- oder Harzglanz.

- Bildung In hydrothermalen Gängen und in Hohlräumen von Kalksteinen und Mergeln. Strontianit bildet sich auch in sulfidreichen Gängen, assoziiert mit Galenit, Sphalerit und Chalkopyrit. Er kann auch mit Carbonaten, wie Calcit, Dolomit oder Quarz, vergesellschaftet sein.
- Test Dieses Mineral löst sich unter Schäumen in verdünnter Salzsäure. In pulverisierter Form färbt Strontianit die Flamme karminrot.

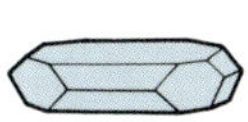

ORTHORHOMBISCH

SG 3,78	Spaltbarkeit Sehr vollkommen prismatisch	Bruch Uneben

Gruppe	Zusammensetzung	Härte
Carbonate	$PbCO_3$	$3-3^1/_2$

Cerussit

Cerussitkristalle sind oft tafelig, können aber auch nadelig sein. Büschel von Zwillingskristallen sind häufig. Cerussit kommt auch massig, körnig, kompakt und stalaktitisch vor. Es ist oft weiß oder farblos, kann aber auch grau, grünlich oder blau sein – als Ergebnis von Einschlüssen, wie beispielsweise Blei. Der Strich ist weiß. Cerussit ist durchsichtig bis durchscheinend und hat Diamant-, Glas- oder Harzglanz.

- Bildung In alterierten Teilen von Mineralgängen mit Blei, Kupfer und Zink.
- Test Unter Schäumen in Säuren löslich, besonders in verdünnter Salpetersäure. Manchmal fluoresziert es im UV-Licht.

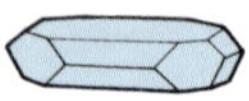

ORTHORHOMBISCH

SG	Spaltbarkeit	Bruch
6,55	Vollkommen prismatisch	Muschelig

Gruppe	Zusammensetzung	Härte
Carbonate	$Mg_2CO_3(OH)_2 \cdot 3H_2O$	$2^1/_2$

Artinit

Artinit bildet Zweige nadeliger Kristalle. Es kann auch als fibrose Aggregate vorkommen, dann bevorzugt in radialen oder kugeligen Massen. Farbe und Strich sind weiß. Es handelt sich um ein durchsichtiges Mineral. Die Kristalle haben Glasglanz, fibrose Aggregate sind seidig.

- Bildung Artinit findet sich in ultrabasischen magmatischen Gesteinen, die durch den Serpentinisierungsprozeß alteriert sind – eine Art der Metamorphose, bei der Fluide durch das Gestein migrieren.
- Test Artinit löst sich sofort in verdünnten, kalten Säuren und schäumt dabei. Es schmilzt nicht, gibt aber beim Erhitzen in der Flamme Wasser und Kohlendioxid ab.

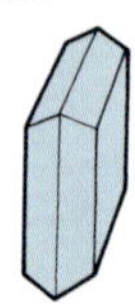

MONOKLIN

SG	Spaltbarkeit	Bruch
2,0	Sehr vollkommen	Uneben

Gruppe Carbonate	Zusammensetzung $Cu_2CO_3(OH)_2$	Härte $3^1/_2$–4

Malachit

Wenn Kristalle auftreten, sind diese nadelig oder prismatisch und oft verzwillingt. Häufiger ist der Habitus jedoch stalaktitisch oder traubenförmig mit fibroser, gebänderter Struktur und Krusten. Malachit ist kräftig grün gefärbt und hat einen blaßgrünen Strich. Er ist durchscheinend bis opak und hat auf den Kristallflächen Glas- bis Diamantglanz. Der fibrose Habitus glänzt wie Seide.

- Bildung In alterierten und oxidierten Zonen von Kupferlagerstätten, oft gemeinsam mit sekundären Mineralen wie Azurit.
- Test Malachit ist in verdünnter Salzsäure unter Schäumen löslich.

Gebänderter Malachit

Traubenförmiger Malachit

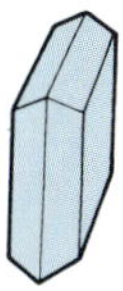

MONOKLIN

SG 4,0	Spaltbarkeit Sehr vollkommen	Bruch Halbmuschelig bis uneben

Gruppe Carbonate	Zusammensetzung $Cu_3(CO_3)_2(OH)_2$	Härte $3^1/_2$–4

Azurit

Azurit bildet tafelige oder kurze prismatische Kristalle, die verzwillingt sein können. Er kommt auch mit massigem, knolligem, stalaktitischem und erdigem Habitus vor. Azurit ist normalerweise kräftig dunkelazurblau gefärbt, der Strich ist blaßblau. Azurit variiert von durchsichtig bis opak und hat Glasglanz oder stumpfen Glanz.

- Bildung In der Oxidationszone von Kupferlagerstätten.
- Test Azurit ist in Salzsäure unter Schäumen löslich. Er schmilzt leicht und wird beim Erhitzen schwarz.

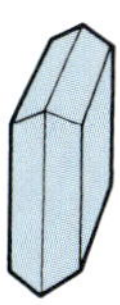

MONOKLIN

SG 3,77–3,78	Spaltbarkeit Sehr vollkommen	Bruch Muschelig

Gruppe	Zusammensetzung	Härte
Carbonate	$(Zn,Cu)_5(CO_3)_2(OH)_6$	1–2

Aurichalcit

Aurichalcit bildet nadelige, schmale oder lattenförmige Kristalle. Es kommt auch als büschelige Aggregate oder Überkrustungen und örtlich in körnigem, säuligem oder lamellenartigem Habitus vor. Die Farbe ist blaßgrün, grünlichblau oder himmelblau, der Strich blaß blaugrün. Es handelt sich um ein durchsichtiges Mineral von Seiden- oder Perlmutterglanz.

- Bildung In Alterations- oder Oxidationszonen von Kupfer- und Zinkgängen gemeinsam mit Kupfermineralen, wie Malachit und Azurit.
- Test Aurichalcit ist unter Schäumen in verdünnter Salzsäure löslich. Es färbt infolge des Kupfergehalts die Flamme grün, schmilzt aber nicht.

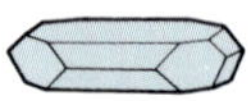

ORTHORHOMBISCH

SG	Spaltbarkeit	Bruch
3,96	Sehr vollkommen	Uneben

Gruppe	Zusammensetzung	Härte
Carbonate	$Pb_4(SO_4)(CO_3)_2(OH)_2$	$2^1/_2$–3

Leadhillit

Leadhillitkristalle sind pseudohexagonal, tafelig oder prismatisch; Zwillingskristalle sind häufig. Leadhillit kann auch mit massigem oder körnigem Habitus vorkommen. Die Farbe reicht von weiß, farblos, grau, bis blaßgrün oder blaßblau. Der Strich ist weiß. Leadhillit ist durchscheinend bis durchsichtig, der Glanz harzig oder diamantartig.

- Bildung Leadhillit bildet sich in den Oxidationszonen von bleihaltigen Gängen. Es kommt zusammen mit Mineralen wie Galenit, Cerussit, Anglesit und Linarit vor.
- Test Leadhillit kann manchmal orangefarben fluoreszieren.

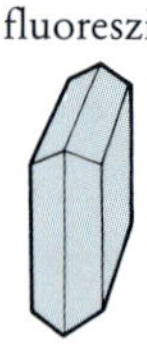

MONOKLIN

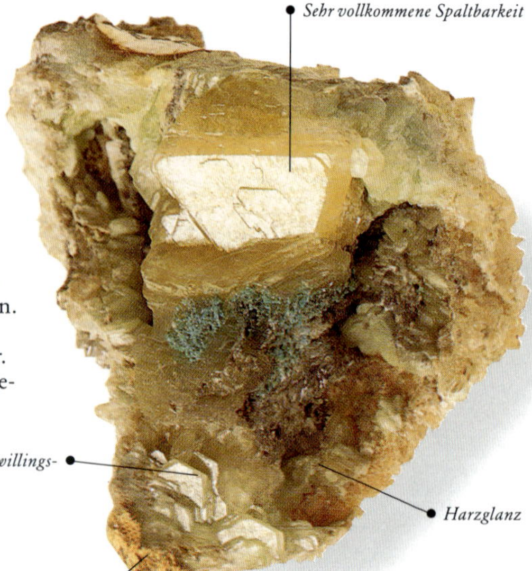

SG	Spaltbarkeit	Bruch
6,55	Sehr vollkommen basal	Muschelig

Gruppe Carbonate	Zusammensetzung $Zn_5(CO_3)_2(OH)_6$	Härte $2-2^1/_2$

Hydrozinkit

Hydrozinkit bildet selten Kristalle, wenn, dann sind diese klein, abgeflacht oder gelängt und lattenförmig, oft auf einen spitzen Punkt zulaufend. Häufiger ist der Habitus massig, kompakt, traubenförmig, überkrustend und stalaktitisch. Die Farbe ist normalerweise weiß oder blaßgrau, kann aber auch gelb, rosa oder braun sein. Hydrozinkit hat einen weißen Strich und ist ein durchscheinendes Mineral mit manchmal eher stumpfem Perlmutter- bis Seidenglanz.

- **Bildung** In Alterationszonen von zinkführenden Gängen.
- **Test** Es ist in Salzsäure löslich. Beim Erhitzen wandelt es sich in eine gelbliche Masse von Zinkit. Manchmal fluoresziert es unter UV-Licht blau.

MONOKLIN

SG 4	Spaltbarkeit Sehr vollkommen	Bruch Uneben

Gruppe Carbonate	Zusammensetzung $Na_3(CO_3)(HCO_3) \cdot 2H_2O$	Härte $2^1/_2-3$

Trona

Trona kann prismatische oder tafelige Kristalle bilden. Häufig hat es aber auch massigen, fibrosen oder säuligen Habitus. Die Farbe ist grauweiß, blaßgelb oder blaßbraun, der Strich weiß. Trona ist ein durchsichtiges bis durchscheinendes Mineral von glitzerndem Glasglanz.

- **Bildung** In Evaporitlagerstätten mit Borax, Glauberit und anderen Salzen; aber auch mit Evaporitmineralen wie Halit, Gips, Sylvin und Dolomit. Trona kommt ebenfalls als Ausblühungen auf der Bodenoberfläche arider Gebiete vor.
- **Test** Trona löst sich unter Schäumen in Salzsäure. Beim Erhitzen in einem geschlossenen Rohr wird Wasser abgegeben.

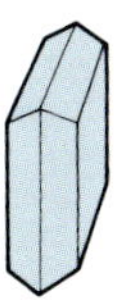

MONOKLIN

SG 2,1	Spaltbarkeit Sehr vollkommen	Bruch Uneben

Gruppe Nitrate	Zusammensetzung $NaNO_3$	Härte $1^1/_2$–2

NITRATIN

Nitratinkristalle haben rhomboedrische Form und sind verzwillingt, kommen jedoch nur selten vor. Nitratin liegt häufiger in massigem oder körnigem Habitus vor – oder in Krusten. Das Kristall ist weiß oder farblos, oft jedoch durch Unreinheiten gefärbt, so daß es grau, gelb oder braun ist. Der Strich ist weiß. Es handelt sich um ein durchsichtiges Mineral mit Glasglanz.

- BILDUNG In ariden Gebieten zusammen mit Gips als Ausblühungen an der Oberfläche. Nitratin bedeckt oft große Gebiete. In den Wüsten des nördlichen Chile konzentrieren sich Lagerstätten in einem 724 km langen und 16 – 80 km breiten Gebiet.
- TEST Nitratine ist leicht in Wasser löslich. Krusten, die den Boden bedecken, lösen sich im Oberflächenwasser. In der Flamme schmilzt es sehr leicht, dabei färbt es diese kräftig gelb. Nitratine ist zerfließend, d. h. es nimmt die Feuchtigkeit aus der Atmosphäre auf.

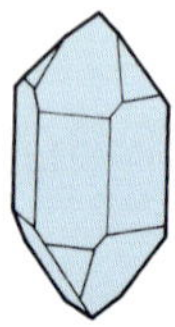

TRIGONAL/ HEXAGONAL

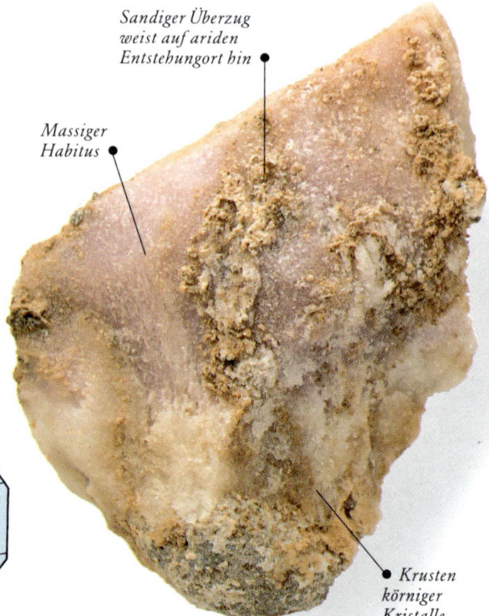

SG 2,27	Spaltbarkeit Sehr vollk. rhomboedrisch	Bruch Muschelig

Gruppe Borate	Zusammensetzung $Na_2B_4O_5(OH)_4 \cdot 8H_2O$	Härte 2–$2^1/_2$

BORAX

Borax bildet kurze, prismatische Kristalle, selten Zwillinge. Es kommt auch in massigem Habitus oder in Krusten vor. Borax ist weiß, farblos, grau, grünlich oder bläulich, sein Strich ist weiß. Es handelt sich um ein durchsichtiges bis opakes Mineral mit glasigem bis erdigem Glanz.

- BILDUNG Borax bildet sich entlang von heißen Quellen und in Evaporitlagerstätten.
- TEST Borax ist in Wasser löslich. Nahe der Flamme schmilzt es sehr leicht und färbt sie dabei gelb. Nach einer bestimmten Zeit beginnt es sein Wasser abzugeben und wird weiß. Ein bitter-süßer Geschmack ist charakteristisch für Borax.

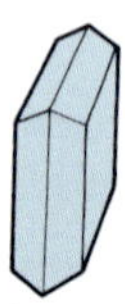

MONOKLIN

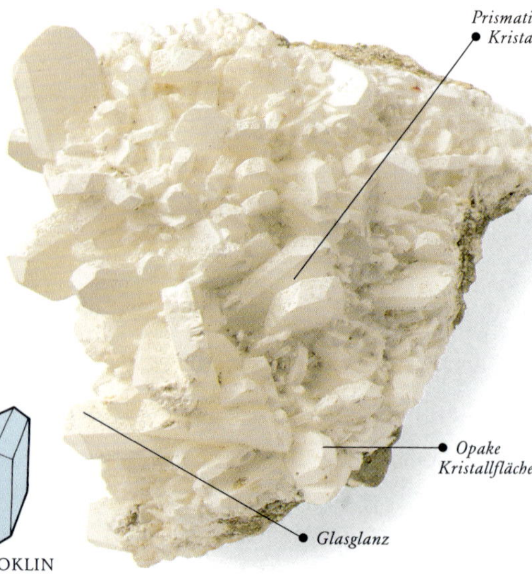

SG 1,7	Spaltbarkeit Sehr vollkommen	Bruch Muschelig

Gruppe	Zusammensetzung	Härte
Borate	$Ca_2B_6O_{11} \cdot 5H_2O$	$4^1/_2$

COLEMANIT

Colemanitkristalle sind kurz und prismatisch. Colemanit kommt auch in massigem oder körnigem Habitus oder als gerundete Aggregate vor. Das Mineral kann weiß, gelb oder grau sein, der Strich ist weiß. Die Transparenz reicht von durchsichtig bis durchscheinend und hat Glasglanz.

- BILDUNG Colemanit bildet sich in Evaporitlagerstätten.
- TEST Colemanit ist in Salzsäure löslich. Es schmilzt leicht und färbt die Flamme grün.

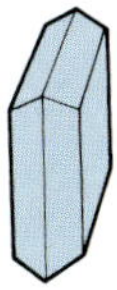

MONOKLIN

SG	Spaltbarkeit	Bruch
2,42	Sehr vollkommen	Uneben bis muschelig

Gruppe	Zusammensetzung	Härte
Borate	$NaCaB_5O_6(OH)_6 \cdot 5H_2O$	$2^1/_2$

ULEXIT

Ulexitkristalle sind nadelig und liegen oft in gerundeten Aggregaten vor. Der Habitus kann auch fibros oder in büscheligen Massen sein. Ulexit ist weiß oder farblos, der Strich weiß. Das Mineral ist durchsichtig bis durchscheinend und hat Glas- oder Seidenglanz.

- BILDUNG In Evaporitlagerstätten.
- TEST Ulexit löst sich nicht in kaltem Wasser, ist aber in heißem Wasser löslich. Es schmilzt leicht und quillt dabei, die Flamme färbt sich gelb.

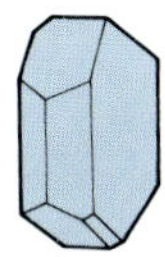

TRIKLIN

SG	Spaltbarkeit	Bruch
1,96	Sehr vollkommen	Uneben

Gruppe	Zusammensetzung	Härte
Borate	$Na_2B_4O_6(OH)_2 \cdot 3H_2O$	$2^1/_2 - 3$

KERNIT

Kernitkristalle sind kurz und prismatisch, kommen aber selten vor. Der Habitus ist normalerweise eine gespaltene Masse mit fibroser Struktur. Kernit ist in frischem Zustand farblos, ansonsten weiß, der Strich ebenfalls weiß. Es handelt sich um ein durchsichtiges bis opakes Mineral und hat Glas- oder Seidenglanz.

- BILDUNG Kernit bildet sich in Evaporitlagerstätten und in Mineralgängen.
- TEST Löslich in kaltem Wasser.

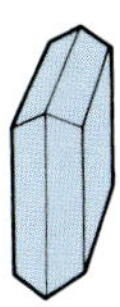

MONOKLIN

SG	Spaltbarkeit	Bruch
1,9	Sehr vollkommen	Splittrig

SULFATE, CHROMATE, MOLYBDATE UND WOLFRAMATE

SULFATE SIND Verbindungen von einem oder mehreren Metallelementen mit dem Sulfat-Ion $(SO_4)^{2-}$. Gips, das häufigste Sulfat, kommt in Evaporitlagerstätten vor. Baryt tritt in hydrothermalen Gängen auf. Die meisten Sulfate sind weich, hell in der Farbe und tendieren zu geringen Dichten. Chromate sind Verbindungen von Metallelementen mit dem Chromat-Ion $(CrO_4)^{2-}$. Sie sind jedoch sehr selten und nur in ganz geringer Anzahl vorhanden. Auffallend ist die leuchtende, kräftige Farbe (z. B. Krokoit). Molybdate und Wolframate sind Verbindungen von metallischen Elementen mit dem Molybdat-Ion $(MoO_4)^{2-}$ und dem Wolframat-Ion $(WO_4)^{2-}$. Sie sind häufig dicht, brüchig und kräftig gefärbt (z. B. Wulfenit, Blei-Molybdat, Scheelit und Calcium-Wolframat).

Gruppe	Zusammensetzung	Härte
Sulfate	$CaSO_4 \cdot 2H_2O$	2

GIPS

Gipskristalle sind tafelig und haben Diamantform. Zwillingsbildung ist üblich. Gips kommt auch in massigem, körnigem (Alabaster) und fibrosem (Satinspat) Habitus vor. Rosettenförmige Massen werden „Wüstenrose“ genannt, strahlige Formen Gipsrosette. Gips variiert von Farblos bis Weiß, Grau, Grünlich, Gelblich, Bräunlich und Rötlich. Der Strich ist weiß. Er ist durchsichtig (Selenit) bis opak mit Glasglanz (Perlmutterglanz auf Bruchflächen); fibrose Formen können seidig sein, massige sind eher stumpf.

- BILDUNG Als Evaporit rund um heiße Quellen und in Tonlagen.
- TEST Löslich in Säuren.

WÜSTENROSE

Rosettenhabitus mit Sandkörnern

SATINSPAT

Glasglanz

Durchsichtig bis durchscheinend

ROSETTENGIPS

Strahlige Kristallmasse

Durchsichtige Kristalle in Diamantform

SELENIT

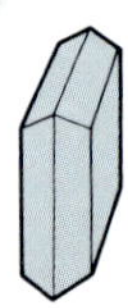

MONOKLIN

SG	Spaltbarkeit	Bruch
2,32	Sehr vollkommen	Splittrig

Gruppe Sulfate	Zusammensetzung $SrSO_4$	Härte 3 – 3 1/2

Cölestin

Cölestinkristalle bilden tafelige oder prismatische Formen. Der Habitus kann auch massig, fibros, körnig oder knollig sein. Cölestin ist farblos, weiß, grau, blau, grün, gelblich, orange, rötlich oder braun, der Strich weiß. Es ist durchsichtig bis durchscheinend und hat Glasglanz (auf Bruchflächen Perlmutterglanz).

• Bildung In hydrothermalen Gängen mit Calcit und Quarz, ebenso in vielen Sedimentgesteinen wie beispielsweise Kalksteinen. Auch in Evaporitlagerstätten und einigen basischen magmatischen Gesteinen.

• Test Manchmal fluoresziert Cölestin unter UV-Licht. Es ist unlöslich in Säuren, aber langsam in Wasser löslich. Beim Erhitzen schmilzt das Mineral leicht, bildet eine milchweiße Kugel und färbt die Flamme karminrot.

ORTHORHOMBISCH

SG 3,96 – 3,98	Spaltbarkeit Sehr vollkommen	Bruch Uneben

Gruppe Sulfate	Zusammensetzung $CaSO_4$	Härte 3 – 3 1/2

Anhydrit

Anhydrit bildet bisweilen tafelige oder prismatische Kristalle, häufiger ist jedoch ein massiger, körniger oder fibroser Habitus. Die Farbe von Anhydrit reicht von Weiß, Grau oder Bläulich bis Rosa. Der Strich ist weiß. Es handelt sich um ein durchsichtiges bis durchscheinendes Mineral, das Glas-, Perlmutter- oder Fettglanz zeigt.

• Bildung Anhydrit findet sich häufig in Evaporiten zusammen mit Dolomit, Gips, Halit, Sylvin und Calcit – oft auch in Salzdomen. Sehr selten kommt es in hydrothermalen Gängen gemeinsam mit Quarz und Calcit vor.

• Test Beim Erhitzen schmilzt es leicht und färbt die Flamme ziegelrot.

ORTHORHOMBISCH

SG 2,98	Spaltbarkeit Sehr vollkommen	Bruch Uneben bis splittrig

Gruppe	Zusammensetzung	Härte
Sulfate	$BaSO_4$	$3-3\frac{1}{2}$

Baryt

Baryt bildet tafelige oder prismatische Kristalle, die sehr groß werden können. Es kommt auch als kleine, sandführende, rosenförmige Konkretionen vor, die „Wüstenrosen“ genannt werden. Der Habitus kann zudem körnig, lamellenförmig, fibros, hahnenkammartig, erdig oder säulig sein. Baryt ist farblos, weiß, grau, gelblich, braun, rötlich, bläulich oder grünlich, der Strich weiß. Baryt ist ein durchsichtiges bis durchscheinendes Mineral mit Glas-, Harz- oder Perlmutterglanz.

• Bildung In hydrothermalen Gängen mit vielen anderen Mineralen, wie Quarz, Calcit, Fluorit, Galenit, Pyrit, Dolomit, Chalkopyrit und Sphalerit. Baryt bildet sich auch in Tonknollen, in Gängen sedimentärer Schichten und rund um heiße Quellen.

• Test Baryt schmilzt nur unter Schwierigkeiten, wobei es die Flamme gelblichgrün färbt. Es ist unlöslich in Säuren, einige Varietäten sind fluoreszierend. Sein hohes spezifisches Gewicht ist ein wichtiges Bestimmungsmerkmal.

Kristalliner Baryt

Hahnenkammbaryt

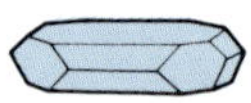

ORTHORHOMBISCH

SG	Spaltbarkeit	Bruch
4,5	Sehr vollkommen	Uneben

Gruppe	Zusammensetzung	Härte
Sulfate	$PbSO_4$	$2\frac{1}{2}-3$

Anglesit

Anglesitkristalle sind tafelig und prismatisch, andere Formen jedoch massig, körnig, knollig und stalaktitisch. Anglesit kann farblos, weiß, grau, gelblich, blaßgrün oder blaßblau sein. Der Strich ist farblos. Es handelt sich um ein durchsichtiges bis opakes Mineral mit Glas-, Diamant- oder Harzglanz.

• Bildung In Oxidationszonen von Bleigängen.

• Test Zeigt häufig gelbe Fluoreszenz unter UV-Licht.

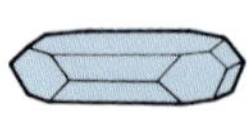

ORTHORHOMBISCH

SG	Spaltbarkeit	Bruch
6,3–6,4	Gut basal	Muschelig

Gruppe Sulfate	Zusammensetzung $CuSO_4 \cdot 5H_2O$	Härte $2^1/_2$

Chalkanthit

Chalkanthit bildet kurze, prismatische und dicke, tafelige Kristalle. Der Habitus kann auch stalaktitisch, fibros, massig, körnig, kompakt und überkrustend sein. Die Farbe reicht von Himmelblau über Dunkelblau bis Grünlichblau oder Grünlich, der Strich ist farblos. Es handelt sich um ein durchsichtiges bis durchscheinendes Mineral mit Glas- bis Harzglanz.

• Bildung Chalkanthit bildet sich in Oxidationszonen von Kupfersulfidgängen. Die Oxidation findet in der Regel durch absteigendes Oberflächenwasser statt. Hydrothermale Fluide aus dem tieferen Untergrund können ebenfalls unter Druck aufsteigen und die Mineralgänge alterieren. Wenn Wasser durch Bergwerkschächte sickert, kristallisiert Chalkanthit als Krusten und Stalaktiten an Decken und Stützen. Es findet sich bevorzugt in den trockenen Gebieten der Erde.

• Test Chalkanthit ist in Wasser löslich. Beim Erhitzen in einem geschlossenen Rohr gibt es Wasser ab. Es hat einen typischen metallischen Geschmack, der die Identifizierung erleichtert. Doch Vorsicht: Chalkanthit ist giftig.

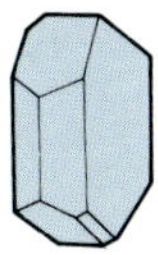
TRIKLIN

SG 2,28	Spaltbarkeit Unvollkommen	Bruch Muschelig

Gruppe Sulfate	Zusammensetzung $MgSO_4 \cdot 7H_2O$	Härte $2-2^1/_2$

Epsomit

Epsomitkristalle sind sehr selten. Epsomit ist normalerweise massig, in nadeligen Krusten oder stalaktitisch. Es ist weiß, rosa, farblos oder grünlich und hat einen weißen Strich. Epsomit ist durchsichtig bis durchscheinend mit Glas- bis Seidenglanz.

• Bildung An Bergwerkswänden, in Kalksteinhöhlen und an Gesteinsflächen. Epsomit findet sich auch in ariden Gegenden der Erde, wo es in Oxidationszonen von Pyritlagerstätten vorkommt.

• Test Epsomit ist leicht wasserlöslich. Es hat einen bitteren, salzigen Geschmack. Epsomit blüht in trockener Luft aus und gibt beim Erhitzen in einem geschlossenen Rohr Wasser ab.

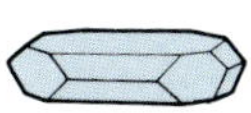
ORTHORHOMBISCH

SG 1,68	Spaltbarkeit Sehr vollkommen	Bruch Muschelig

Gruppe Sulfate	Zusammensetzung $KAl_3(SO_4)_2(OH)_6$	Härte $3^1/_2$–4

ALUNIT

Alunit bildet rhomboedrische, oft pseudokubische Kristalle, häufiger kommt es aber in massigem, körnigem und kompaktem Habitus vor. Es kann auch fibros sein. Die Farbe ist normalerweise weiß, variiert aber auch von Grau, Rötlich und Gelblich bis Braun. Der Strich ist weiß. Alunit ist durchsichtig bis annähernd opak mit Glas- oder Perlmutterglanz.

- BILDUNG In vulkanischen Schloten und als Gangmineral.
- TEST Gibt beim Erhitzen im geschlossenen Rohr Wasser ab.

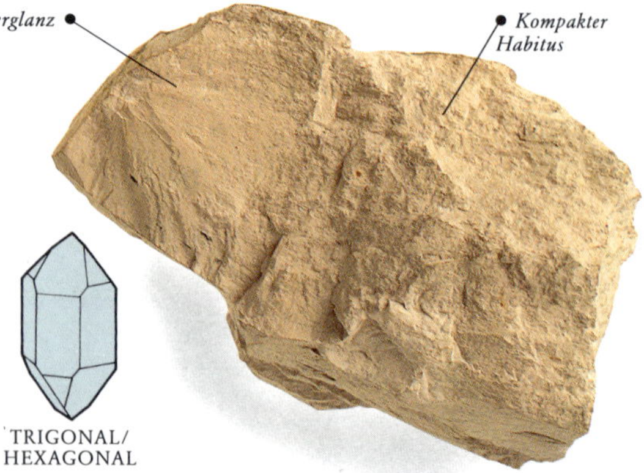

TRIGONAL/
HEXAGONAL

SG 2,6–2,9	Spaltbarkeit Vollkommen basal	Bruch Muschelig

Gruppe Sulfate	Zusammensetzung $KFe_3{}^{2+}(SO_4)_2(OH)_6$	Härte $2^1/_2$–$3^1/_2$

JAROSIT

Jarosit bildet sehr kleine, tafelige oder pseudokubische Kristalle. Andere Formen sind massig, körnig, fibros und erdig. Die Farbe variiert von Gelblichbraun bis Braun, der Strich ist blaßgelb. Das Mineral ist durchscheinend mit Glas- oder Harzglanz auf sauberen Oberflächen.

- BILDUNG In Rissen und Lagen eisenreicher Lagerstätten. Jarosit entsteht als Alterationsprodukt eisenreicher Minerale. Dieses wird durch zirkulierendes Wasser oder Fluide in der oberen Erdkruste bewirkt.
- TEST Die deutlich pseudokubischen Kristalle von Jarosit sind eine wichtige Bestimmungshilfe.

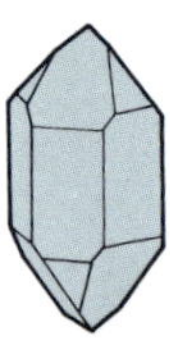

TRIGONAL/
HEXAGONAL

SG 2,90–3,26	Spaltbarkeit Vollkommen	Bruch Uneben

Gruppe Sulfate	Zusammensetzung $Na_2Ca(SO_4)_2$	Härte $2^1/_2-3$

Glauberit

Glauberit bildet tafelige, prismatische oder dipyramidale Kristalle. Es kann farblos, grau oder gelblich sein, der Strich ist weiß. Glauberit ist ein durchsichtiges bis durchscheinendes Mineral mit Glasglanz, der auf den Spaltflächen als Perlmutterglanz erscheint.

• Bildung Glauberit entsteht in Evaporitlagerstätten. Diese Lagerstätten bilden sich in Gebieten mit salinen Gewässern oder marinen Lagunen, die vom Meer abgeschnitten sind und austrocknen.

• Test Glauberit ist zum Teil wasserlöslich und löslich in Salzsäure.

MONOKLIN

SG 2,8	Spaltbarkeit Sehr vollkommen	Bruch Muschelig

Gruppe Sulfate	Zusammensetzung Na_2SO_4	Härte $2^1/_2-3$

Thenardit

Thenarditkristalle sind tafelig, dipyramidal oder prismatisch und häufig verzwillingt. Thenardit kann auch Krusten bilden. Die Färbung reicht von Grauweiß, Gelblich über Bräunlich bis Rötlich, oft ist es farblos. Thenardit ist durchsichtig bis durchscheinend mit Glas- oder Harzglanz.

• Bildung In Ablagerungen von Salzseen, ebenso an der Bodenoberfläche arider Gebiete. Kommt es in Salzseen vor, ist Thenardit assoziiert mit anderen Evaporitmineralen wie Gips, Halit, Sylvin und Glauberit. Thenardit findet sich auch an der Oberfläche von rezenten Laven, die schnell abgekühlt sind. Es kann rund um Fumarolen auftreten, wo es krustenartige Lagerstätten bildet.

• Test Thenardit löst sich gut in kaltem Wasser. Wie einige andere Evaporitminerale (z. B. Halit und Sylvin) hat Thenardit einen salzigen Geschmack.

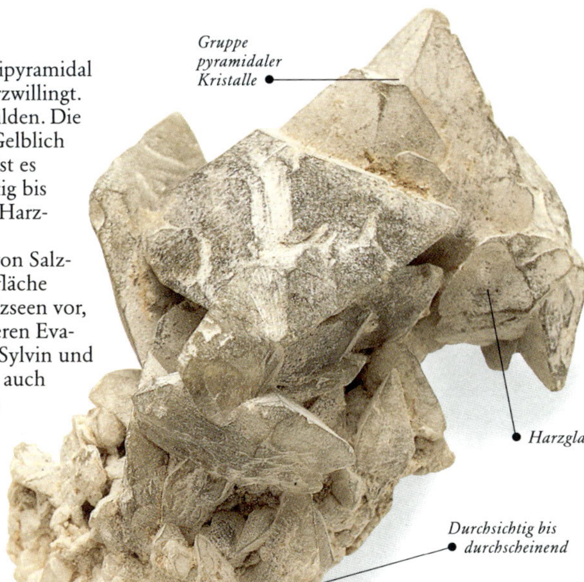

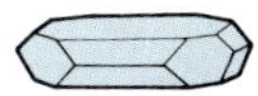

ORTHORHOMBISCH

SG 2,66	Spaltbarkeit Sehr vollkommen	Bruch Uneben

Gruppe	Zusammensetzung	Härte
Sulfate	$K_2MgCa_2(SO_4)_4 \cdot 2H_2O$	$3^1/_2$

Polyhalit

Polyhalit bildet selten Kristalle; wenn sie vorkommen, sind sie klein, stark verändert, gelängt oder tafelig. Normalerweise ist der Habitus fibros oder eine geschichtete Masse. Polyhalit ist, als Ergebnis von Eisenoxideinschlüssen, häufig fleischfarben bis ziegelrot. Reiner Polyhalit ist farblos, weiß oder grau. Er hat einen weißen Strich und ist durchsichtig bis durchscheinend, sein Glanz ist harzig oder seidig.

- Bildung In Evaporitabfolgen mit Mineralen wie Halit, Gips, Sylvin, Carnallit und Anhydrit. Selten durch vulkanische Aktivität gebildet.
- Test Schmeckt salzig, aber bitterer als Halit.

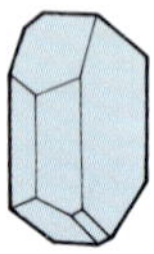

TRIKLIN

SG	Spaltbarkeit	Bruch
2,78	Sehr vollkommen	Uneben

Gruppe	Zusammensetzung	Härte
Sulfate	$PbCu(SO_4)(OH)_2$	$2^1/_2$

Linarit

Die dünnen, tafeligen oder prismatischen Kristalle von Linarit sind häufig in Aggregaten orientiert. Zwillingsbildung und Krusten sind üblich. Die Farbe ist dunkelblau, der Strich blaßblau. Es handelt sich um ein durchscheinendes bis durchsichtiges Mineral mit Glas- bis Subdiamantglanz.

- Bildung In den Oxidationszonen von Blei- und Kupfergängen, die durch zirkulierende Fluide alteriert wurden. Vergesellschaftet mit anderen Sekundärmineralen wie Brochantit, Anglesit und Chalkanthit.
- Test Linarit bildet weiße Überzüge und schäumt nicht in verdünnter Salzsäure. Dagegen ist es in verdünnter Salpetersäure löslich. In der Flamme schmilzt es. Bei weiterem Erhitzen knistert es und färbt sich schwarz.

MONOKLIN

SG	Spaltbarkeit	Bruch
5,3	Sehr vollkommen	Muschelig

Gruppe	Zusammensetzung	Härte
Sulfate	$Fe^{2+}Fe_4^{3+}(SO_4)_6(OH)_2 \cdot 2OH_2O$	$2^1/_2$–3

Copiapit

Der übliche Habitus dieses Minerals sind tafelige Kristalle, Krusten und schuppige Aggregate oder Massen. Copiapit ist gelb, goldgelb oder orangegelb, es kann aber auch grünlichgelb bis olivgrün sein. Es handelt sich um ein durchsichtiges bis durchscheinendes Mineral mit Perlmutterglanz.

- Bildung Durch die Oxidation von Sulfiden wie Eisen-Pyrit.
- Test Löslich in Wasser unter Gelbfärbung. Es schmilzt bei sehr niedriger Temperatur.

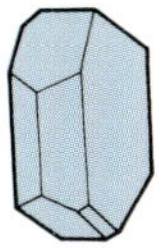

TRIKLIN

SG	Spaltbarkeit	Bruch
2,08–2,17	Sehr vollkommen	Uneben

Gruppe	Zusammensetzung	Härte
Sulfate	$Cu_4Al_2(SO_4)(OH)_{12} \cdot 2H_2O$	3

Cyanotrichit

Cyanotrichit bildet winzige nadelige Kristalle in büscheligen Aggregaten. Andere Formen sind Überzüge oder fibrose Äderchen. Es ist blaß- bis dunkelblau und hat einen blaßblauen Strich. Cyanotrichit ist ein durchscheinendes Mineral mit Seidenglanz.

- Bildung In der Oxidationszone von Erzgängen.
- Test Löslich in Säuren. Schmilzt in der Flamme.

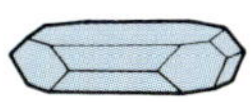

ORTHORHOMBISCH

SG	Spaltbarkeit	Bruch
2,74–2,95	Keine	Uneben

Gruppe	Zusammensetzung	Härte
Sulfate	$Cu_4SO_4(OH)_6$	$3^1/_2$–4

Brochantit

Der übliche Habitus ist kurz prismatisch, nadelig oder tafelig. Kristalle, Aggregate und drusige Krusten. Zwillingsbildung ist häufig. Es ist smaragdgrün bis schwarzgrün; der Strich ist blaßgrün. Brochantit ist durchsichtig bis durchscheinend und hat Glasglanz.

- Bildung In der Oxidationszone von Kupferlagerstätten.
- Test Dieses Mineral ist löslich in Salz- und Salpetersäure.

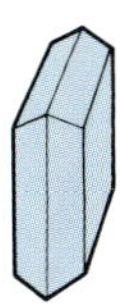

MONOKLIN

SG	Spaltbarkeit	Bruch
3,97	Sehr vollkommen	Muschelig bis uneben

Gruppe	Zusammensetzung	Härte
Chromate	$PbCrO_4$	$2^{1}/_{2}-3$

Krokoit

Krokoit bildet schmale, prismatische Kristalle, normalerweise als Aggregate. Das Mineral kommt auch in massigem Habitus vor. Die Farbe ist orangerot, häufig leuchtend, und manchmal orange, rot oder gelb. Der Strich ist orangegelb. Krokoit ist ein durchscheinendes Mineral mit Diamant- bis Glasglanz.

• Bildung In Alterations- und Oxidationszonen von Gängen und Lagerstätten, die Chrom und Blei enthalten. Krokoit ist ein Sekundärmineral, welches durch Alteration bleihaltiger Minerale und hydrothermaler Fluide entsteht. Es kommt mit einer Vielzahl anderer Minerale vor, wie Wulfenit, Cerussit, Pyromorphit und Vanadinit.

• Test Krokoit schmilzt leicht in der Flamme und ist in starken Säuren löslich. Die erste Chrom-Extraktion gelang bei diesem Mineral.

MONOKLIN

SG	Spaltbarkeit	Bruch
6,0	Vollkommen prismatisch	Muschelig bis uneben

Gruppe	Zusammensetzung	Härte
Molybdate	$PbMoO_4$	$2^{1}/_{2}-3$

Wulfenit

Wulfenit bildet quadratische, tafelige und prismatische Kristalle. Der Habitus kann aber auch massig oder körnig sein. Wulfenit ist typisch orange oder gelb gefärbt, bisweilen jedoch braun, grau oder grünlichbraun. Die Farbe sieht oft leuchtend aus, der Strich ist weiß. Wulfenit ist durchsichtig bis durchscheinend mit Harz- bis Diamantglanz.

• Bildung In Zonen von Erzgängen, die durch zirkulierende Fluide alteriert sind, hauptsächlich durch Wasser. Wulfenit kann mit einer Vielzahl anderer Minerale auftreten, wie Cerussit, Limonit, Vanadinit, Galenit, Pyromorphit, Malachit und Mimetit.

• Test Wulfenit schmilzt leicht. Es ist in heißer Salzsäure löslich, löst sich aber nur langsam in kalter Säure.

TETRAGONAL

SG	Spaltbarkeit	Bruch
6,5 – 7,0	Vollkommen pyramidal	Halbmuschelig

Gruppe Wolframate	Zusammensetzung $(Fe, Mn)WO_4$	Härte $4-4^1/_2$

Wolframit

Ein intermediäres Glied der Mineralreihe Ferberit-Hübnerit. Die prismatischen oder tafeligen Wolframitkristalle sind oft verzwillingt. Das Mineral kommt auch in massigem Habitus vor. Es hat eine bräunlichschwarze Farbe mit einem rötlichbraunen bis bräunlichschwarzen Strich. Es handelt sich um ein durchscheinendes bis opakes Mineral mit submetallischem Glanz.

• Bildung In Quarzgängen von Granitpegmatiten, oft assoziiert mit Mineralen, wie Cassiterit und Arsenopyrit.

• Test Wolframit schmilzt langsam. Bräunliche Farbe weist auf die Ferberitkomponente hin, während Hübnerit eher rötlichbraun ist.

MONOKLIN

SG 7,1–7,5	Spaltbarkeit Sehr vollkommen	Bruch Uneben

Gruppe Wolframate	Zusammensetzung $CaWO_4$	Härte $4^1/_2-5$

Scheelit

Scheelit bildet pseudo-oktaedrische oder dipyramidale Kristalle, die häufig als Zwillinge auftreten. Der Habitus kann auch massig, körnig oder säulig sein. Scheelit ist weiß, farblos, grau, blaßgelb, orangegelb, bräunlichgrün, rötlich oder purpurn, der Strich weiß. Es handelt sich um ein durchsichtiges bis durchscheinendes Mineral mit Glas- bis Diamantglanz.

• Bildung In hydrothermalen Gängen, in kontaktmetamorphen Gesteinen und in Pegmatiten. Es kommt auch in Seifenlagerstätten vor und wird oft gemeinsam mit Wolframit gefunden. Es ist ein bedeutendes Wolframerz.

• Test Dieses Mineral liefert unter kurzwelligem UV-Licht eine kräftig bläulichweiße Fluoreszenz. Es ist in Säuren löslich und schwer schmelzbar.

TETRAGONAL

SG 5,9–6,1	Spaltbarkeit Vollkommen	Bruch Halbmuschelig bis uneben

Phosphate, Arsenate und Vanadate

Phosphate, Arsenate und Vanadate sind Verbindungen von Metallelementen mit dem Phosphat-Ion $(PO_4)^{8-}$, den Arsenaten $(As\,O_4)^{3-}$ und $(As\,O_3)^{1-}$ oder den Vanadat-Ionen $(VO_4)^{3-}$ und $(VO_3)^{1-}$. Obwohl einige hundert Phosphate, Arsenate und Vanadate bestimmt sind, kommen nur wenige in großen Mengen vor. Einige Phosphate, wie Apatit, sind primär, die meisten Mitglieder dieser Gruppe sind jedoch Oxidationsprodukte primärer Sulfide. Ihre Eigenschaften variieren, sie sind jedoch generell weich, brüchig, farbenfroh und gut kristallisiert. Die Phosphate schließen radioaktive Minerale wie Torbernit und Autunit ein, aber auch bleireichen Pyromorphit, kräftig blauen Lazulit und Türkis, der namengebend für einen bestimmten Blauton ist. Die Härte der Phosphate variiert von $1\,^1/_2$ bei Vivianit bis 5 – 6 bei Türkis.

Viele Arsenate sind begehrte und wertvolle Sammlerstücke, besonders die gut kristallisierten und kräftig gefärbten Arten wie beispielsweise Adamit, Erythrin, Mimetit und Bayldonit.
Arsenate haben ein spezifisches Gewicht von 3 – 5, außer Mimetit, der infolge seines hohen Bleigehalts ein spezifisches Gewicht von 7,1 – 7,3 aufweist. Diese Minerale haben in der Regel eine geringe Härte. Vanadinit ist das wohl am besten bekannte Vanadat und bildet schöne rote oder orangene hexagonale Kristalle.

Gruppe	Zusammensetzung	Härte
Phosphate	$(Li, Na)\,Al\,PO_4\,(F, OH)$	$5\,^1/_2$ – 6

Amblygonit

Amblygonit bildet kurze, prismatische Kristalle, die oft rauhe Oberflächen haben und häufig verzwillingen. Amblygonit kommt auch in spaltbaren Massen vor. Es ist weiß bis grauweiß, kann aber auch rosa, farblos, gelblich, grünlich oder bläulich sein. Der Strich ist weiß. Amblygonit ist ein durchsichtiges bis durchscheinendes Mineral mit Glas- bis Fettglanz.

- **Bildung** In grobkörnigen granitischen Gesteinen und Pegmatiten.
- **Test** Amblygonit ist das fluorreiche Endglied der Amblygonit-Montebrasit-Reihe. Es schmilzt leicht und färbt die Flamme infolge seines Lithiumgehalts rot. Es löst sich in Säuren, aber unter Schwierigkeiten.

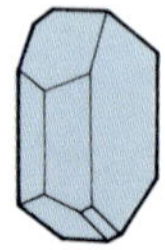

TRIKLIN

SG	Spaltbarkeit	Bruch
3,08	Sehr vollkommen	Uneben

Gruppe	Zusammensetzung	Härte
Phosphate	$(Mg, Fe)Al_2(PO_4)_2(OH)_2$	$5^1/_2$ – 6

Lazulit

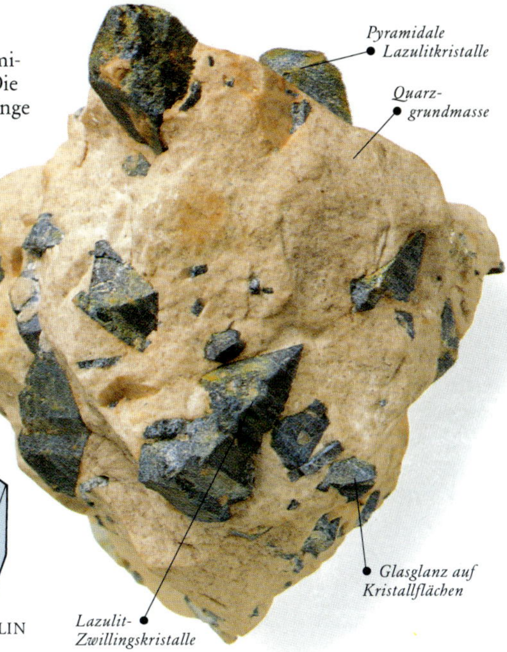

Lazulit bildet in der Regel pseudo-dipyramidale Kristalle, ebenso aber auch tafelige. Die Kristalle können recht groß und als Zwillinge ausgebildet sein. Andere Erscheinungsformen des Minerals sind massig, körnig und kompakt. Die Farbe ist blau und reicht von kräftig azurblau bis hellblau oder bläulichgrün. Der Strich ist weiß. Lazulit ist ein durchscheinendes bis opakes Mineral mit glasigem oder stumpfem Glanz.

• BILDUNG Lazulit bildet sich in zahlreichen Milieus, in Quarzgängen, granitischen Pegmatiten und metamorphen Gesteinen wie Metaquarziten. Pegmatitischer Lazulit kommt typischerweise mit Andalusit und Rutil vor. Metamorph ist es mit Quarz, Granat, Kyanit, Muskovit, Pyrophyllit, Sillimanit und Korund assoziiert.

• TEST Lazulit gibt beim Erhitzen in einem geschlossenen Rohr Wasser ab.

MONOKLIN

SG	Spaltbarkeit	Bruch
3,1	Unvollkommen bis gut prismat.	Uneben bis splittrig

Gruppe	Zusammensetzung	Härte
Phosphate	$Pb_5(PO_4)_3Cl$	$3^1/_2$ – 4

Pyromorphit

Pyromorphit bildet üblicherweise kurze, hexagonale Prismen, die oft tonnenförmig sind. Es kommt auch in kugeligem, nierenförmigem, körnigem, erdigem, traubenförmigem und fibrosem Habitus vor. Pyromorphit kann grün, orange, grau, braun oder gelb sein, der Strich ist weiß. Pyromorphit ist ein durchsichtiges bis durchscheinendes Mineral mit Harz- bis Diamantglanz.

• BILDUNG In der Oxidationszone von Bleigängen als sekundäres Mineral.

• TEST Pyromorphit ist in Säuren löslich.

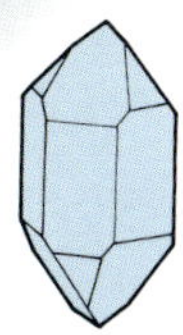

TRIGONAL/ HEXAGONAL

SG	Spaltbarkeit	Bruch
6,5 – 7,1	Sehr unvollkommen prismatisch	Uneben bis halbmuschelig

Gruppe	Zusammensetzung	Härte
Phosphate	$Fe_3(PO_4)_2 \cdot 8H_2O$	$1^1/_2-2$

Vivianit

Gebildet werden in der Regel gestreckte, prismatische oder tafelige Kristalle. Daneben kommt auch ein massiger, blättriger oder fibroser Habitus vor. Vivianit ist in frischem Zustand farblos, der Strich farblos bis bläulichweiß. Es handelt sich um ein durchsichtiges bis durchscheinendes Mineral mit Glas- bis Perlmutterglanz.

- BILDUNG In der Oxidationszone von eisen- und manganreichen Lagerstätten.

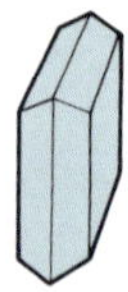
MONOKLIN

SG	Spaltbarkeit	Bruch
2,68	Sehr vollkommen	Uneben

Gruppe	Zusammensetzung	Härte
Phosphate	$Cu(UO_2)_2(PO_4)_2 \cdot 8-12H_2O$	$2-2^1/_2$

Torbernit

Torbernit bildet tafelige Kristalle. Andere Formen sind schuppige oder lamellenförmige Aggregate. Es hat eine grüne Farbe, der Strich ist blaßgrün. Torbernit ist ein durchsichtiges bis durchscheinendes Mineral mit Glas- bis Perlmutterglanz.

- BILDUNG Als sekundäres Uranmineral durch Alteration von Uraninit.
- TEST Torbernit ist radioaktiv und chemisch instabil.

TETRAGONAL

SG	Spaltbarkeit	Bruch
3,22	Sehr vollkommen basal	Uneben

Gruppe	Zusammensetzung	Härte
Phosphate	$Ca(UO_2)_2(PO_4)_2 \cdot 10-12H_2O$	$2-2^1/_2$

Autunit

Autunit bildet tafelige Kristalle, manchmal als Zwillinge. Es kommt auch als Krusten, Aggregate und Körner vor. Die Farbe ist gelb bis grün, der Strich gelb. Autunit ist durchsichtig bis durchscheinend, der Glanz glasig bis perlmuttern.

- BILDUNG Durch Alteration primärer Uranminerale.
- TEST Autunit ist radioaktiv.

TETRAGONAL

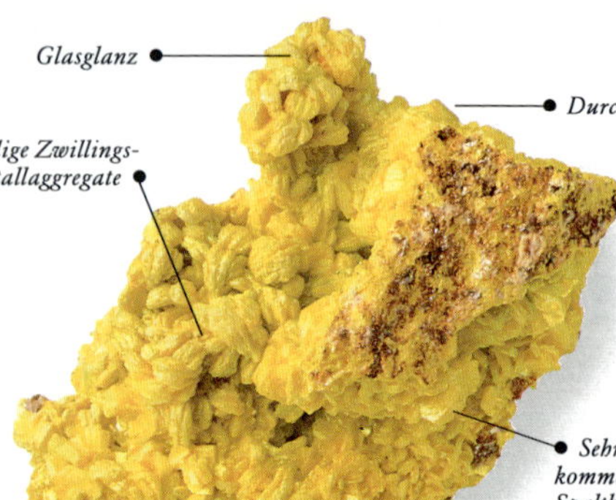

SG	Spaltbarkeit	Bruch
3,05–3,2	Sehr vollkommen basal	Uneben

Gruppe Phosphate	Zusammensetzung YPO_4	Härte 4–5

Xenotim

Xenotim bildet prismatische und pyramidale, aber auch gleichseitige Kristalle. In Aggregaten treten rauhe Kristalle auf, und manchmal bilden sich rosettenförmige Kristallaggregate. Zwillingskristalle sind selten. Die Farbe ist gelblichbraun oder grau, blaßgelb, grünlich oder rötlich, der Strich blaßbraun, er kann aber auch gelblichbraun sein. Xenotim ist durchscheinend bis opak und hat Glas- bis Harzglanz.

• Bildung In Pegmatiten und in vielen anderen sauren magmatischen Gesteinen, aber in geringen Anteilen. Xenotim bildet sich auch in metamorphen Gesteinen und in alpinen Gängen. Daneben findet es sich als detritisches Mineral in Sedimentgesteinen.

• Test Xenotim ähnelt sehr dem Zirkon, der aber viel härter ist.

TETRAGONAL

SG 4,4–5,1	Spaltbarkeit Sehr vollkommen prismatisch	Bruch Uneben

Gruppe Phosphate	Zusammensetzung $(Ce, La, Nd, Th)PO_4$	Härte $5-5^1/_2$

Monazit

Monazit bildet eine Reihe von Cer-, Lutetium- und Neodymmonazit. Die Kristalle sind tafelig oder prismatisch, in der Regel klein und verzwillingt. Die Kristallflächen sind häufig rauh oder verzwillingt. Der Habitus kann auch körnig sein. Monazit ist braun, rötlichbraun, gelblichbraun, rosa, gelb, grünlich oder nahezu weiß, der Strich weiß. Es handelt sich um ein durchsichtiges bis durchscheinendes Mineral mit Harz-, Wachs- oder Glasglanz.

• Bildung In Pegmatiten, metamorphen Gesteinen und Gängen. Es ist häufig in Seifenlagerstätten zu finden, so in Fluß- und Strandsanden. Sehr große Monazitkristalle, einige Kilogramm wiegend, wurden in Pegmatiten gefunden.

• Test Monazit ist ein leicht radioaktives Mineral.

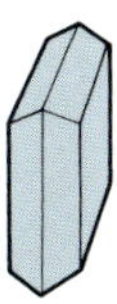

MONOKLIN

SG 4,6–5,4	Spaltbarkeit Vollkommen	Bruch Muschelig bis uneben

Gruppe	Zusammensetzung	Härte
Phosphate	$CuAl_6(PO_4)_4(OH)_8 \cdot 4H_2O$	5–6

Türkis

Türkis bildet selten Kristalle, die dann klein, kurz und prismatisch sind. Häufiger ist ein massiger, körniger, kryptokristalliner, stalaktitischer und konkretionärer Habitus. Es bildet auch Krusten und Äderchen. Türkis ist kräftig blau bis blaßblau, grünlichblau, grün und grau und hat einen weißen oder blaßgrünen Strich. Die Kristalle sind durchscheinend mit Glasglanz. Massige Formen sind opak und glänzen stumpf wachsartig.

- **Bildung** In magmatischen und sedimentären aluminiumreichen Gesteinen, die stark durch Oberflächenwasser alteriert sind.
- **Test** Türkis ist in erhitzter Salzsäure löslich.

TRIKLIN

SG	Spaltbarkeit	Bruch
2,6–2,8	Gut	Muschelig

Gruppe	Zusammensetzung	Härte
Phosphate	$Al_3(PO_4)_2(OH,F)_3 \cdot 5H_2O$	$3^1/_2$–4

Wavellit

Wavellit kommt lokal in winzigen prismatischen Kristallen vor. Es bildet auch nadelige, strahlige Aggregate, die oft radial angeordnet sind. Zusätzlich formt es Krusten. Die Farbe ist weiß bis grünlichweiß und grün, aber auch gelblichgrün bis gelb und gelblichbraun. Der Strich ist weiß. Wavellit ist ein durchsichtiges bis durchscheinendes Mineral mit Glas-, Harz- oder Perlmutterglanz.

- **Bildung** Auf Gesteinsbruch- und Fugenflächen als sekundäres Mineral.
- **Test** Wavellit löst sich in den meistens Säuren und ist nicht schmelzbar. Es gibt beim Erhitzen in einem geschlossenen Rohr Wasser ab.

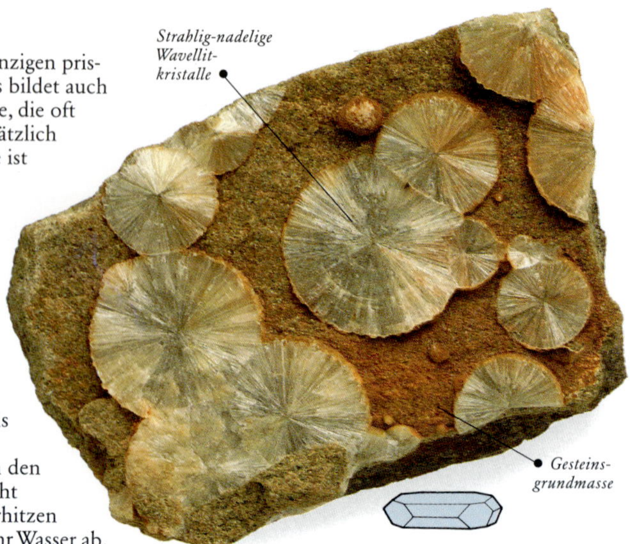

ORTHORHOMBISCH

SG	Spaltbarkeit	Bruch
2,36	Sehr vollkommen	Halbmuschelig bis uneben

Gruppe	Zusammensetzung	Härte
Phosphate	$Al(PO_4) \cdot 2H_2O$	$3^1/_2 - 4^1/_2$

Variscit

Pseudo-oktaedrische Kristalle werden nur selten gebildet. Meist kommt Variscit in massigem oder konkretionärem Habitus vor oder als Krusten und Adern. Die Farbe ist grün. Variscit ist durchsichtig bis durchscheinend mit Glasglanz, Wachsglanz oder stumpfem Glanz.

- Bildung Dort, wo phosphatreiches Wasser aluminiumhaltige Gesteine alteriert hat.
- Test Löslich in Säuren nach vorhergehendem Erhitzen.

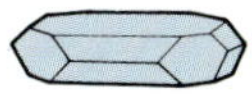
ORTHORHOMBISCH

SG	Spaltbarkeit	Bruch
2,6 – 2,9	Sehr vollkommen	Muschelig oder uneben bis splittrig

Gruppe	Zusammensetzung	Härte
Phosphate	$Ca_5(PO_4)_3(F, Cl, OH)$	5

Apatit

Apatit bildet prismatische oder tafelige Kristalle und einen massigen, kompakten und körnigen Habitus. Apatit hat häufig eine grüne Farbe, kann aber auch weiß, farblos, gelb, bläulich, rötlich, braun, grau oder purpurn sein. Der Strich ist weiß. Apatit ist durchsichtig bis durchscheinend mit Glas- bis Subharzglanz.

- Bildung In magmatischen Gesteinen und metamorphen Kalksteinen.
- Test Löslich in Salzsäure.

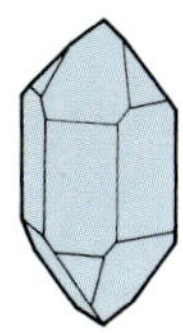
TRIGONAL/ HEXAGONAL

SG	Spaltbarkeit	Bruch
3,1 – 3,2	Unvollkommen	Muschelig bis uneben

Gruppe	Zusammensetzung	Härte
Phosphate	$CaBe(PO_4)(F, OH)$	$5 - 5^1/_2$

Herderit

Herderit kommt als prismatische oder tafelige Kristalle vor, die oft pseudo-rhombisch sind. Es bildet auch fibrose Aggregate. Herderit ist farblos, blaßgelb oder grünlichweiß. Es ist durchsichtig bis durchscheinend mit Glasglanz.

- Bildung In granitischen Pegmatiten.
- Test Herderit ist in den meisten Säuren löslich. Einige Stücke fluoreszieren unter UV-Licht.

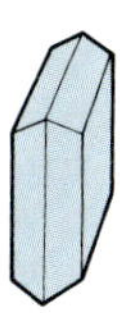
MONOKLIN

SG	Spaltbarkeit	Bruch
2,95 – 3,01	Unvollkommen	Halbmuschelig

Gruppe Arsenate	Zusammensetzung $Zn_2AsO_4(OH)$	Härte $3^1/_2$

Adamin

Adamin bildet gestreckte, tafelige oder gleichseitige Kristalle, die verzwillingt sein können. Es kann auch den Habitus einer speroidischen Masse haben. Normalerweise hat es eine kräftig gelbgrüne Farbe. Der Strich ist weiß. Adamin ist ein durchsichtiges bis durchscheinendes Mineral mit Glasglanz.

- Bildung In Oxidationszonen von Erzgängen. Adamin ist mit vielen anderen Mineralen vergesellschaftet, wie Calcit, Limonit und Malachit, ebenso mit Azurit, Smithsonit und Hemimorphit.
- Test Adamit ist in verdünnten Säuren löslich und fluoresziert manchmal unter UV-Licht. Schmelzbar.

Spheroidischer Adamin

Kristalliner Adamin

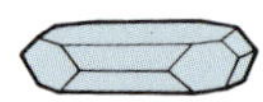

ORTHORHOMBISCH

SG 4,3–4,4	Spaltbarkeit Vollkommen	Bruch Halbmuschelig bis uneben

Gruppe Arsenate	Zusammensetzung $Ni_3(AsO_4)_2 \cdot 8H_2O$	Härte $1^1/_2–2^1/_2$

Annabergit

Annabergit bildet prismatische, gestreifte Kristalle. Andere Formen sind Krusten, erdige oder pulverige Massen. Annabergit ist weiß, grau, blaßgrün oder gelbgrün. Der Strich ist blasser als die Farbe. Es handelt sich um ein durchsichtiges bis durchscheinendes Mineral mit Glas- oder Perlmutterglanz.

- Bildung In alterierten Zonen von Nickelgängen.

MONOKLIN

SG 3,07	Spaltbarkeit Sehr vollkommen	Bruch Uneben

Gruppe	Zusammensetzung	Härte
Arsenate	$Cu_3(AsO_4)(OH)_3$	$2^1/_2$–3

Klinoklas

Klinoklaskristalle sind gestreckt oder tafelförmig, können aber auch rhomboedrisch sein, so daß sie als pseudo-rhomboedrisch beschrieben werden. Kristalle können isoliert oder als Rosetten auftreten. Klinoklas ist dunkel grünlichblau bis grünlichschwarz und hat einen bläulichgrünen Strich. Klinoklas ist durchsichtig bis durchscheinend. Auf Kristallflächen hat es Glasglanz, auf Bruchflächen Perlmutterglanz.

- Bildung Als Sekundärmineral in der Oxidationszone von Kupfersulfidlagerstätten an und unter der Erdoberfläche. Klinoklas ist bevorzugt mit Olivenit vergesellschaftet, einem Glied derselben Mineralgruppe.
- Test Klinoklas ist in Säuren löslich und verursacht beim Erhitzen Knoblauchgeruch.

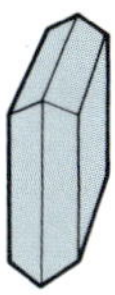

MONOKLIN

SG	Spaltbarkeit	Bruch
4,33	Sehr vollkommen	Uneben

Gruppe	Zusammensetzung	Härte
Arsenate	$Co_3(AsO_4)_2 \cdot 8H_2O$	$1^1/_2$–$2^1/_2$

Erythrin

Die prismatischen bis nadeligen Kristalle dieses Minerals sind oft gestreift oder bilden blättrige Aggregate. Erythrin kann auch in erdigem Habitus auftreten. Die Farbe ist tief purpurn bis blaßrosa, der Strich eine Tönung blasser als die Farbe. Das Mineral ist durchsichtig bis durchscheinend mit Diamant- bis Glas- oder Perlmutterglanz.

- Bildung In Cobaltgängen, die durch zirkulierende Fluide alteriert wurden und gleichzeitig oxidiert sind.
- Test Löslich in Salzsäure.

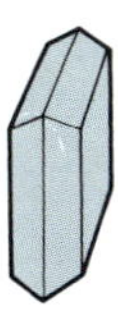

MONOKLIN

SG	Spaltbarkeit	Bruch
3,18	Sehr vollkommen	Uneben

Gruppe	Zusammensetzung	Härte
Arsenate	$Pb_5(AsO_4)_3Cl$	$3^1/_2$–4

Mimetit

Mimetit bildet nadelige und schmale prismatische Kristalle; manchmal haben sie Tonnenform und werden dann Kampylitkristalle genannt. Andere Formen sind traubenförmig, nierenförmig und körnig. Die Farbe von Mimetit reicht von Gelb, Orange und Braun bis Weiß, Farblos und Grünlich. Es hat einen weißen Strich. Dieses Mineral ist durchsichtig bis durchscheinend mit Glas- bis Harzglanz.

- **Bildung** In Oxidationszonen von Bleilagerstätten, die durch zirkulierende hydrothermale Fluide alteriert wurden. Es wird oft zusammen mit Pyromorphit, Vanadinit, Galenit, Anglesit, Hemimorphit und Arsenopyrit gefunden.
- **Test** Löslich in Salzsäure. Mimetit schmilzt leicht in der Flamme und riecht dabei stark nach Knoblauch.

PRISMATISCHER MIMETIT

KAMPYLIT

MONOKLIN

SG	Spaltbarkeit	Bruch
7,0–7,3	Keine	Halbmuschelig bis uneben

Gruppe	Zusammensetzung	Härte
Arsenate	$Cu_2(AsO_4)(OH)$	3

Olivenit

Olivenit bildet prismatische, nadelige oder tafelige Kristalle. Andere Formen sind kugelige oder nierenförmige Massen. Die Farbe ist olivgrün, braun, gelblich, grau oder weiß. Olivenit hat einen olivgrünen Strich. Der Name rührt von der Farbe her. Es ist ein durchscheinendes bis opakes Mineral mit Glas- bis Seidenglanz.

- **Bildung** In der Oxidationszone von Kupfersulfidlagerstätten. Olivenit kommt zusammen mit Malachit, Azurit, Calcit, Goethit und Dioptas, ebenso mit Scorodit vor.
- **Test** Es ist löslich in Säuren und entwickelt beim Erhitzen Knoblauchgeruch.

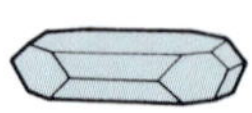

ORTHORHOMBISCH

SG	Spaltbarkeit	Bruch
4,4	Unvollkommen	Uneben bis muschelig

Gruppe Arsenate	Zusammensetzung $FeAsO_4 \cdot 2H_2O$	Härte $3^1/_2 - 4$

Scorodit

Scorodit bildet pyramidale, prismatische und tafelige Kristalle. Es kann auch in massigem oder erdigem Habitus auftreten. Die Farbe ist blaßgrün, graugrün, bläulichgrün, bräunlich, farblos, gelblich oder violett, der Strich weiß. Es handelt sich um ein durchsichtiges bis durchscheinendes Mineral und hat Glas- oder Harzglanz oder ist stumpf.

• Bildung In den Oxidationszonen von Arsenlagerstätten.

• Test Dieses Mineral ist in Salzsäure löslich, ebenso in Salpetersäure. Beim Erhitzen entsteht Knoblauchgeruch. In einem geschlossenen Rohr verursacht Erhitzen Wasserabgabe.

ORTHORHOMBISCH

SG 3,28	Spaltbarkeit Unvollkommen	Bruch Halbmuschelig

Gruppe Arsenate	Zusammensetzung $(Pb,Cu)_3(AsO_4)_2(OH)_2$	Härte $4^1/_2$

Bayldonit

Normalerweise bildet Bayldonit einen massigen Habitus, kann aber auch körnig oder pulverig sein. Die letzteren Erscheinungsformen kommen auf Gesteinsoberflächen vor. Es ist schwierig, eine Kristallform zu erkennen, es sei denn unter starker Vergrößerung. Dieses Mineral kommt auch als Krusten und gerundete Konkretionen vor, die eine fibrose, fadenförmige, interne Struktur haben. Die Farbe ist oft kräftig grasgrün, kann aber auch gelblich oder dunkelgrün sein. Eine Strichfarbe ist nicht bestimmt. Da Licht schwierig durch kristalline Stücke dringt, wird es als halbdurchscheinend beschrieben. Der Glanz ist harzig, die Oberfläche wirkt klebrig.

• Bildung Dieses Mineral bildet sich in der Oxidationszone von kupferführenden Lagerstätten. Bayldonit ist vergesellschaftet mit Olivenit, Azurit, Malachit und Mimetit.

• Test Bayldonit gibt Wasser ab, wenn es in einem geschlossenen Rohr erhitzt wird.

MONOKLIN

SG 5,6 – 5,7	Spaltbarkeit Keine	Bruch Uneben

Gruppe	Zusammensetzung	Härte
Vanadate	$K_2(UO_2)_2V_2O_8 \cdot 3H_2O$	2

Carnotit

Carnotitkristalle sind sehr klein und plattig. Carnotit bildet auch pulverige mikrokristalline Massen oder Krusten. Es ist kräftig gelb oder grünlichgelb gefärbt, der Strich gelb. Carnotit ist halbopak. Die Kristalle haben Perlmutterglanz, die Massen sind eher stumpf.

- **Bildung** Als Sekundärmineral vom Grundwasser abgelagert, welches durch Uranlagerstätten sickert.
- **Test** Carnotit ist radioaktiv und löst sich in Säuren.

MONOKLIN

SG	Spaltbarkeit	Bruch
4,75	Sehr vollkommen basal	Uneben

Gruppe	Zusammensetzung	Härte
Vanadate	$Ca(UO_2)_2V_2O_8 \cdot 5\text{-}8H_2O$	2

Tyuyamunit

Tyuyamunit bildet sehr kleine Schuppen und Latten. Andere Formen sind massig, kompakt und mikrokristallin. Die Farbe ist grünlichgelb bis gelb, der Strich gelb. Tyuyamunit ist durchscheinend bis opak und hat Wachs-, Perlmutter-, Diamant- oder stumpfen Glanz.

- **Bildung** Als sekundäres Alterationsprodukt von primären Uranmineralen.
- **Test** Es ist ein radioaktives Mineral.

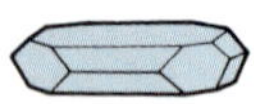
ORTHORHOMBISCH

SG	Spaltbarkeit	Bruch
3,3 – 3,6	Sehr vollkommen basal	Uneben

Gruppe	Zusammensetzung	Härte
Vanadate	$Cu_3V_2O_7(OH)_2 \cdot 2H_2O$	$3^1/_2$

Volborthit

Volborthit bildet krustige Schuppen, oft mit dreieckigem oder hexagonalem Umriß. Zwillingslamellen sind häufig. Es kommt auch in rosettenartigen oder Honigwabenaggregaten vor. Die Farbe ist grün, gelb oder braun, der Strich unbestimmt. Volborthit ist durchscheinend mit Glas- oder Perlmutterglanz.

- **Bildung** Ein Alterationsprodukt anderer Vanadiumminerale.
- **Test** Löslich in Säuren.

MONOKLIN

SG	Spaltbarkeit	Bruch
3,42	Sehr vollkommen basal	Uneben

Gruppe Vanadate	Zusammensetzung $Pb_5(VO_4)_3Cl$	Härte 3

VANADINIT

Die prismatischen Vanadinitkristalle sind manchmal hohl. Die Farbe reicht von kräftig Rot und Rotorange bis Bräunlichrot, Braun oder Gelb. Der Strich kann weiß oder gelblich sein. Vanadinit ist ein durchsichtiges bis durchscheinendes Mineral mit Harz- bis Subdiamantglanz.

- BILDUNG In der Oxidationszone von Bleilagerstätten.
- TEST Vanadinit liefert bei Tests mit Säuren und bei Erwärmen eine Reihe charakteristischer Resultate. Es schmilzt leicht in der Flamme und ist in Salpetersäure löslich. Wird die erhaltene Lösung eingetrocknet, bleibt ein rotes Residuat zurück, während verwandte Minerale einen weißen Rückstand bilden.

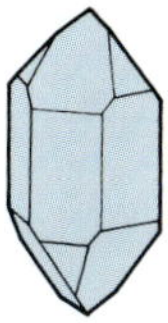

TRIGONAL/
HEXAGONAL

SG 6,88	Spaltbarkeit Keine	Bruch Muschelig bis uneben

Gruppe Vanadate	Zusammensetzung $Pb(Zn,Cu)(VO_4)(OH)$	Härte $3-3^1/_2$

DESCLOIZIT

Descloizit bildet pyramidale, tafelige oder prismatische Kristalle. Diese haben oft rauhe oder unebene Flächen. Es kommt auch als Krusten, fedrige Aggregate und traubenförmige Massen vor. Die Farbe ist orangerot bis rötlichbraun oder schwarzbraun, der Strich gelblichbraun oder rötlichbraun. Descloizit ist durchsichtig bis durchscheinend und hat Glas- bis Fettglanz.

- BILDUNG Als sekundäres Mineral in Zonen von Erzgängen und Lagerstätten, die durch Oxidation alteriert wurden.
- TEST Descloizit ist in Salz- und Salpetersäure löslich. Descloizit schmilzt leicht in der Flamme.

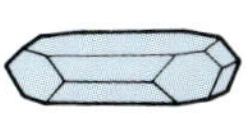

ORTHORHOMBISCH

SG 6,24–6,26	Spaltbarkeit Keine	Bruch Uneben bis muschelig

Silikate

Silikate sind Verbindungen von Metallelementen mit einzelnen oder verknüpften Si-O-Tetraedern $(SiO_4)^{4-}$. Strukturell lassen sich die Silikate in sechs Gruppen unterteilen: Die Neosilikate haben einen isolierten $(SiO_4)^{4-}$-Tetraeder, der mit einem Kation verbunden ist. Sorosilikate enthalten zwei Tetraeder, die sich ein Sauerstoffatom teilen. Bei Cyclosilikaten sind die Tetraeder zu Ringen verbunden. In den Inosilikaten bilden die Tetraeder einfache oder doppelte Ketten. Die Phyllosilikate haben schichtartige Strukturen, bei denen die Tetraeder über drei gemeinsame Sauerstoffatome verbunden sind. Tectosilikate sind Gerüstsilikate, bei denen die Tetraeder über alle vier Sauerstoffatome verbunden sind.

Silikate bilden die größte und häufigste Gruppe der Minerale, da primäre Silikate die Hauptbestandteile der magmatischen und metamorphen Gesteine sind. Silikate sind meist hart, durchsichtig bis durchscheinend und haben eine durchschnittliche Dichte.

Gruppe	Zusammensetzung	Härte
Silikate	$Fe_2SiO_4 - Mg_2SiO_4$	$6^1/_2$–7

Olivin

Diese Mineralreihe bildet dicke, tafelige Kristalle, häufig mit keilförmigen Enden. Der Habitus kann auch massig, kompakt oder körnig sein. Die Farbe ist grün, grünlichgelb, gelblichbraun, braun und weiß, der Strich farblos. Es handelt sich um durchsichtige bis durchscheinende Minerale mit Glasglanz. Die Edelsteinvarietät von Forsterit wird Peridot genannt.

- Bildung Das Endglied der Olivinreihe, Forsterit, bildet sich in basischen und ultrabasischen magmatischen Gesteinen, ebenso in Marmor. Forsterit ist magnesiumreich. Fayalit, das andere eisenreiche Endglied, bildet sich in sauren magmatischen Gesteinen, die schnell abgekühlt sind.
- Test Olivin löst sich in Salzsäure, wobei sich die Lösung gelb färbt.

Peridot

Forsterit

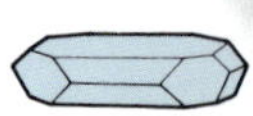

Orthorhombisch

SG	Spaltbarkeit	Bruch
3,27–4,32	Unvollkommen	Muschelig

Gruppe	Zusammensetzung	Härte
Silikate	$Mg_3Al_2(SiO_4)_3$	$7-7^1/_2$

Pyrop

Dieser Granat bildet dodekaedrische oder trapezoedrische Kristalle. Pyrop kommt auch in gerundeten Körnern vor. Die Farbe reicht von Rosa und Purpurrot bis Karminrot oder Schwarz. Der Strich ist weiß. Das Mineral ist durchsichtig bis durchscheinend und hat Glasglanz.

- Bildung Pyrop bildet sich in zahlreichen ultrabasischen, magmatischen Gesteinen, z. B. in Peridotit. Es kommt aber auch in assoziierten Serpentiniten vor.
- Test Es schmilzt leicht und ist in Säuren nahezu unlöslich.

KUBISCH

SG	Spaltbarkeit	Bruch
3,5–3,8	Keine	Muschelig

Gruppe	Zusammensetzung	Härte
Silikate	$Ca_3Al_2(SiO_4)_3$	$6^1/_2-7$

Grossular

Grossular bildet dodekaedrische oder trapezoedrische Kristalle. Der Habitus kann auch massig, kompakt oder körnig sein. Die Farbe variiert stark und reicht von Grün, Gelblichgrün, Gelb, Braun, Rot, Orange, Rötlichbraun, Weiß, Rosa bis Grau oder Schwarz. Es hat einen weißen Strich. Grossular ist durchsichtig bis nahezu opak mit Glas- bis Harzglanz.

- Bildung In einer Anzahl metamorpher Gesteine, meist jedoch in Marmor.
- Test Unlöslich in Säuren.

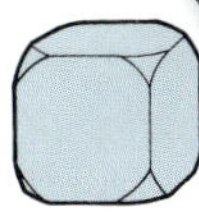

KUBISCH

SG	Spaltbarkeit	Bruch
3,4–3,6	Keine	Uneben bis muschelig

Gruppe	Zusammensetzung	Härte
Silikate	$Fe_3Al_2(SiO_4)_3$	$7-7^1/_2$

Almandin

Almandin bildet dodekaedrische, rhombendodekaedrische oder trapezoedrische Kristalle. Es tritt auch in massigem, körnigem oder kompaktem Habitus auf. Die Farbe kann dunkelrot bis rötlichbraun und bräunlichschwarz sein. Es hat einen weißen Strich, ist durchsichtig bis durchscheinend und glänzt wie Glas oder Harz.

- Bildung In regionalmetamorphen Gesteinen, beispielsweise in Schiefern.
- Test Es ist in Säuren unlöslich und schmilzt leicht.

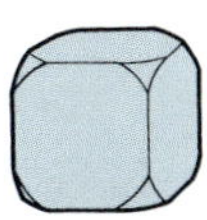

KUBISCH

SG	Spaltbarkeit	Bruch
4,1–4,3	Keine	Uneben bis muschelig

Gruppe Silikate	Zusammensetzung $(Mg,Fe)_7(SiO_4)_3(F,OH)_2$	Härte 6

HUMIT

Humit bildet kleine, stummelige Kristalle mit einem variierenden, sehr verschiedenartigen Habitus. Die Farbe ist weiß, gelb, dunkelorange oder braun. Humit ist durchsichtig bis durchscheinend und hat auf frischen Kristalloberflächen Glasglanz.

• BILDUNG In kontaktmetamorphen Kalksteinen und in einigen Mineralgängen. Humit kommt zusammen mit vielen Mineralen vor, wie Calcit, Graphit, Spinell, Diopsid, Idokras, Granat und anderen Mineralen metamorpher Kalksteine. Die Humitgruppe besteht aus Humit, Klinohumit, Norbergit und Chondrodit.

• TEST Zur Identifizierung sind keine weiteren Tests erforderlich.

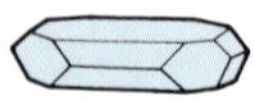

ORTHORHOMBISCH

SG 3,24	Spaltbarkeit Unvollkommen	Bruch Uneben

Gruppe Silikate	Zusammensetzung $(Mg,Fe)_5(SiO_4)_2(F,OH)_2$	Härte $6-6\frac{1}{2}$

CHONDRODIT

Chondrodit gehört zur Humitgruppe. Es bildet sehr verschiedenartige Kristalle, die in Lamellenzwillingen auftreten. Der Habitus kann auch massig sein. Die Farbe ist gelb, rot oder braun. Chondrodit ist ein durchsichtiges bis durchscheinendes Mineral und hat Glasglanz.

• BILDUNG In Kalksteinen, die durch Kontaktmetamorphose alteriert sind. Manchmal kommt es in den seltenen calcitreichen magmatischen Karbonatiten vor.

• TEST Chondrodit ist in heißer Salzsäure löslich und bildet beim Abkühlen der Lösung einen gelartigen Niederschlag. Es ist nicht schmelzbar.

MONOKLIN

SG 3,16–3,26	Spaltbarkeit Unvollkommen	Bruch Uneben

Gruppe	Zusammensetzung	Härte
Silikate	$Al_2SiO_4(F,OH)_2$	8

Topas

Topas bildet gut geformte prismatische Kristalle, die eine beachtliche Größe erreichen und über 100 Kilogramm wiegen können. Topas bildet auch massigen, körnigen und säuligen Habitus. Die Farbe des Minerals ist sehr variabel: es kann weiß, farblos, grau, gelb, orange, braun, bläulich, grünlich, purpurn oder rosa sein. Der Strich ist farblos. Topas ist ein durchsichtiges bis durchscheinendes Mineral und hat Glasglanz.

- Bildung Am häufigsten in Pegmatiten. Topas bildet sich auch in Adern und Hohlräumen granitischer Gesteine. Es ist mit einer Vielzahl von Mineralen vergesellschaftet (z. B. Quarz).
- Test Unlöslich in Säuren; nicht schmelzbar in der Flamme.

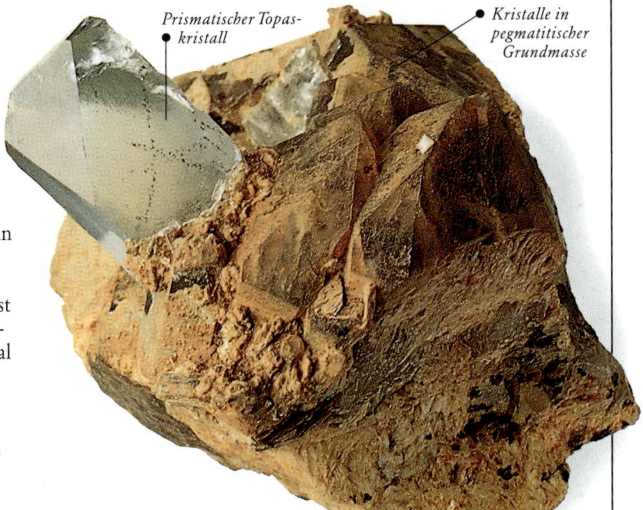

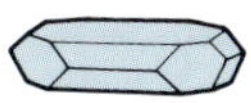

ORTHORHOMBISCH

SG	Spaltbarkeit	Bruch
3,49 – 3,57	Sehr vollkommen	Halbmuschelig bis uneben

Gruppe	Zusammensetzung	Härte
Silikate	Zn_2SiO_4	$5^1/_2$

Willemit

Hexagonale prismatische Kristalle, die oft in einem Rhomboeder enden, sind typisch für dieses Mineral. Es kann auch in massigem, fibrosem, kompaktem und körnigem Habitus auftreten. Willemit ist weiß, farblos, grau, grün, gelb, braun oder rötlich, der Strich farblos. Willemit ist durchsichtig bis durchscheinend und hat Glas- bis Harzglanz.

- Bildung In der Oxidationszone von Zinkerzlagerstätten, in Gängen durch sekundäre Alteration und in metamorphen Kalksteinen.
- Test Es kann phosphoreszierend sein und ist in Salzsäure löslich. Unter UV-Licht zeigt es eine kräftig grüne Fluoreszenz.

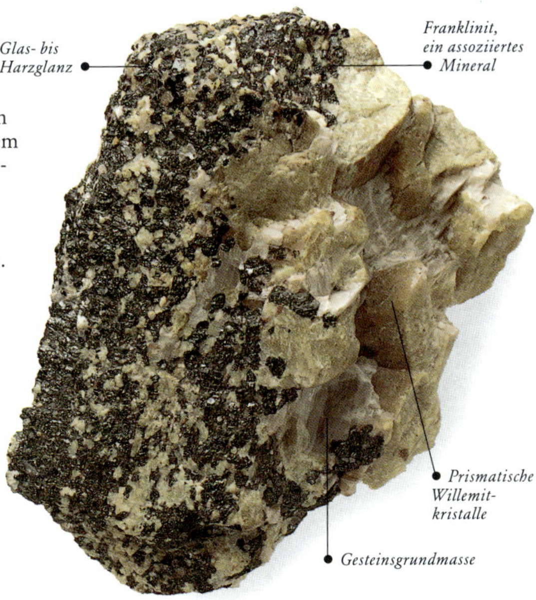

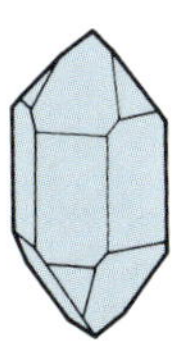

TRIGONAL/
HEXAGONAL

SG	Spaltbarkeit	Bruch
3,89 – 4,19	Basal	Uneben

Gruppe Silikate	Zusammensetzung $(Fe, Mg, Zn)_2 Al_9 (Si, Al)_4 O_{22} (OH)_2$	Härte $7-7^1/_2$

Staurolith

Staurolith zeigt kurze prismatische Kristalle, die oft kreuzförmige Zwillinge bilden. Die Farbe ist dunkelbraun, rötlichbraun, gelblichbraun oder bräunlichschwarz, der Strich farblos bis grau. Staurolith ist durchscheinend bis nahezu opak und hat Glas- bis Harzglanz.

- Bildung Tief in der Erdkruste in regionalmetamorphen Gesteinen, wie Gneisen und Glimmerschiefern, die extremen Temperaturen und Drucken ausgesetzt waren. Es ist assoziiert mit metamorphen Mineralen, wie Kyanit, Muskovit, Granat und Quarz.
- Test Einige Varietäten haben Manganspuren, so daß sie schmelzbar sind.

MONOKLIN

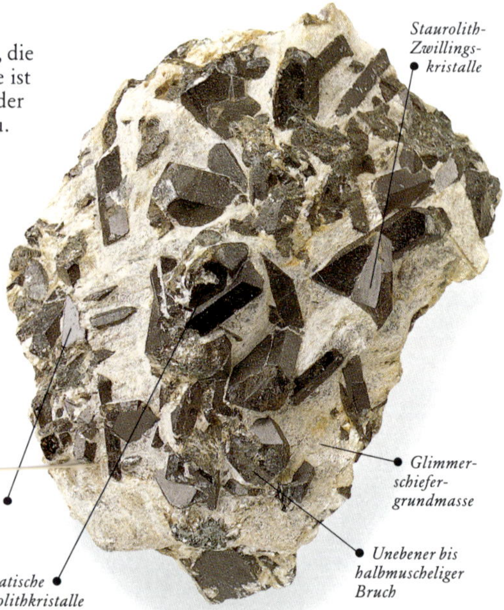

SG 3,65 – 3,83	Spaltbarkeit Vollkommen	Bruch Uneben bis halbmuschelig

Gruppe Silikate	Zusammensetzung $(Fe, Mg, Mn)_2 Al_4 Si_2 O_{10} (OH)_4$	Härte $6^1/_2$

Chloritoid

Chloritoidkristalle sind selten. Wenn diese vorkommen, sind sie tafelig oder pseudo-hexagonal und oft verzwillingt. Chloritoid bildet meist schichtigen oder massigen Habitus oder Schuppen und Platten. Es ist dunkelgrau oder grünlich bis grünlichschwarz. Der Strich ist nicht bestimmt. Das durchscheinende Mineral hat auf Bruchflächen Perlmutterglanz.

- Bildung In regionalmetamorphen Gesteinen, wie Schiefern und Phylliten. Chloritoid wird auch in Pegmatiten gebildet. Assoziierte Minerale sind Muskovit, Chlorit, Granat, Staurolith (oben) und Kyanit.
- Test Chloritoid ist in konzentrierter Schwefelsäure löslich, nicht aber in Salzsäure. Es ist schwer schmelzbar.

TRIKLIN / MONOKLIN

SG 3,6	Spaltbarkeit Sehr vollkommen	Bruch Uneben

Gruppe	Zusammensetzung	Härte
Silikate	$ZrSiO_4$	$7^1/_2$

Zirkon

Zirkon bildet prismatische Kristalle mit bipyramidalen Enden, aber auch strahlig-fibrose Aggregate. Zwillingsbildung ist häufig. Andere Formen sind unregelmäßige Körner. Zirkon ist farblos, rot, braun, gelb, grün oder grau und durchsichtig bis opak mit Glas-, Diamant- oder Fettglanz.

• Bildung In magmatischen Gesteinen, wie Syenit und in einigen metamorphen Gesteinen. Zirkon kommt auch in vielen detritischen Sedimentgesteinen vor, wo es das Endprodukt von Verwitterung und Erosion zirkonführender Gesteine ist.

• Test Zirkon ist oft radioaktiv, da es geringe Gehalte von Uran und Thorium aufweist.

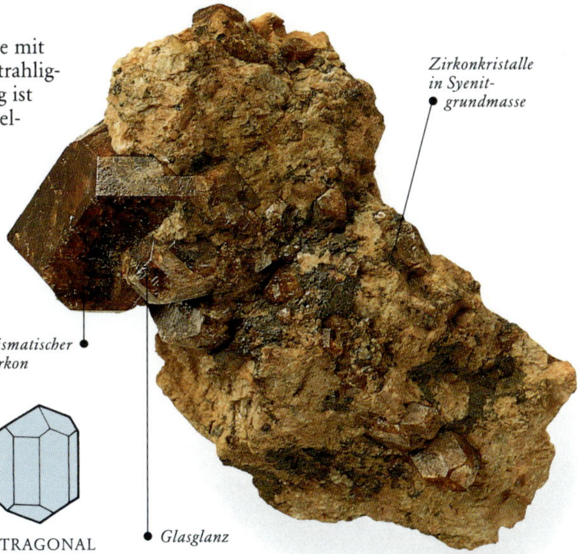

TETRAGONAL

SG	Spaltbarkeit	Bruch
4,6–4,7	Unvollkommen	Uneben bis muschelig

Gruppe	Zusammensetzung	Härte
Silikate	Al_2SiO_5	$6^1/_2$–$7^1/_2$

Andalusit

Andalusit bildet prismatische Kristalle, die einen nahezu quadratischen Querschnitt haben. (Chiastolith ist eine Varietät von Andalusit mit einem kreuzförmigen Querschnitt.) Andalusit kommt auch in massigem, fibrosem oder säuligem Habitus vor. Die Farbe ist rosa, rötlich, bräunlich, weißlich, grau oder grünlich, der Strich farblos. Das Mineral ist durchsichtig bis nahezu opak und hat Glasglanz.

• Bildung In Graniten und Pegmatiten sowie in vielen metamorphen Gesteinen. Es kommt zusammen mit Kyanit, Cordierit, Sillimanit und Korund vor.

• Test Andalusit ist in allen Flüssigkeiten unlöslich und in der Flamme nicht schmelzbar.

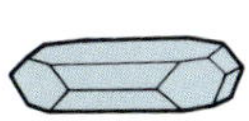

ORTHORHOMBISCH

SG	Spaltbarkeit	Bruch
3,13–3,16	Vollkommen prismatisch	Uneben bis halbmuschelig

Gruppe	Zusammensetzung	Härte
Silikate	Al_2SiO_5	$6^1/_2 - 7^1/_2$

Sillimanit

Sillimanit bildet lange prismatische Kristalle mit einem nahezu quadratischen Querschnitt. Es kann auch in fibrosen Massen auftreten. Die Farbe von Sillimanit variiert von Weiß, Farblos, Grau, Gelblich, Bräunlich und Grünlich bis Bläulich. Der Strich ist farblos. Es handelt sich um ein durchsichtiges bis durchscheinendes Mineral, das Glas- bis Seidenglanz zeigt.

- Bildung Sillimanit bildet sich in metamorphen und ebenso in einigen magmatischen Gesteinen.
- Test Sillimanit ist nicht schmelzbar und in Säuren unlöslich.

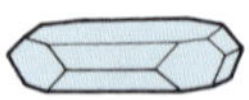

ORTHORHOMBISCH

SG	Spaltbarkeit	Bruch
3,23 – 3,27	Sehr vollkommen	Uneben

Gruppe	Zusammensetzung	Härte
Silikate	Al_2SiO_3	$5^1/_2 - 7$

Kyanit

Trimorph mit Sillimanit und Andalusit, bildet Kyanit gestreckte, abgeflachte und blättrige Kristalle. Es kommt auch in massigem oder fibrosem Habitus vor. Die Farbe ist blau, weiß, grau, grün, gelb, rosa oder nahezu schwarz und variiert oft in einem Kristall. Es hat einen farblosen Strich und ist durchsichtig bis durchscheinend mit Glasglanz oder Perlmutterglanz auf Spaltflächen.

- Bildung Kyanit bildet sich in vielen metamorphen Gesteinen. Die Anwesenheit in Schiefern erlaubt Geologen, die Temperatur- und Druckbedingungen der Entstehung abzuschätzen.
- Test Senkrecht zur Spaltfläche ist die Härte 6 – 7, aber nur 4 – 5 entlang der Spaltflächen.

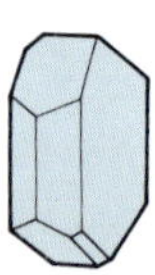

TRIKLIN

SG	Spaltbarkeit	Bruch
3,53 – 3,67	Sehr vollkommen	Uneben

Gruppe	Zusammensetzung	Härte
Silikate	$CaTiSiO_5$	$5-5^1/_2$

Sphen

Die von Titanit gebildeten Kristalle sind keilförmig oder prismatisch und meist verzwillingt. Das Mineral kommt auch in massigem, lamellenförmigem und kompaktem Habitus vor. Die Farbe kann braun, gelb, grün, grau, rot oder schwarz sein und variiert oft in einem einzigen Kristall. Es existiert auch eine farblose Form. Der Strich ist weiß, und es handelt sich um ein durchsichtiges bis nahezu opakes Mineral mit Diamant- bis Harzglanz.

- Bildung Sphen kommt in vielen magmatischen Gesteinen als akzessorisches Mineral vor.
- Test Sphen ist in Schwefelsäure löslich.

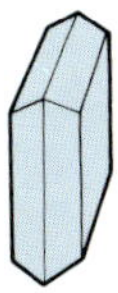

MONOKLIN

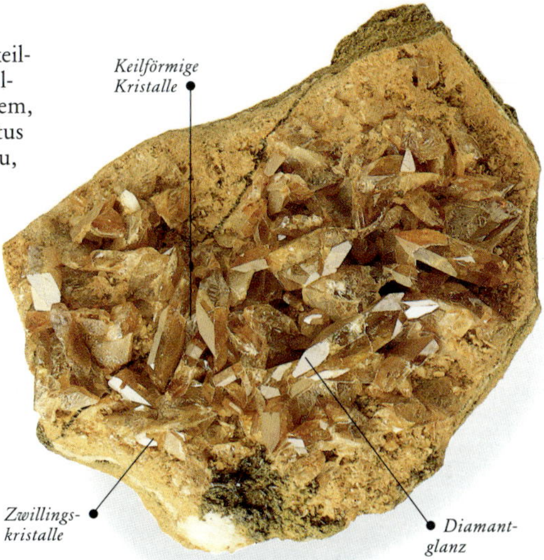

SG	Spaltbarkeit	Bruch
3,45 – 3,55	Vollkommen	Muschelig

Gruppe	Zusammensetzung	Härte
Silikate	$Al_7(BO_3)(SiO_4)_3O_3$	$8^1/_2$

Dumortierit

An den wenigen Lokationen, wo Dumortierit Kristalle bildet, sind diese prismatisch. Der übliche Habitus ist jedoch massig, fibros, strahlig oder säulig. Die Farbe kann blau, violett, rosa oder braun sein, der Strich ist weiß. Dumortierit ist ein durchsichtiges bis durchscheinendes Mineral mit Glas- bis stumpfem Glanz.

- Bildung Dumortierit wird in grobkörnigen, sauren, magmatischen Gesteinen gebildet, aber auch in Pegmatiten. Aluminiumreiche Gesteine enthalten häufig Dumortierit, besonders wenn sie durch Kontaktmetamorphose alteriert wurden. Die sehr grobkörnigen Pegmatiten entstehen in einiger Tiefe der Erdkruste durch besonders langsam abkühlende magmatische Fluide, die reich an chemischen Komponenten sind.
- Test In Säure unlöslich und nicht schmelzbar.

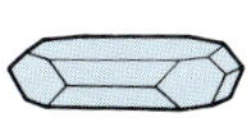

ORTHORHOMBISCH

SG	Spaltbarkeit	Bruch
3,41	Gut	Uneben

Gruppe	Zusammensetzung	Härte
Silikate	$BeAlSiO_4(OH)$	$7^1/_2$

EUKLAS

Euklas bildet prismatische Kristalle. Es kann farblos, weißlich, blaßgrün, blau oder blaßblau sein. Der Strich ist weiß. Euklas ist durchsichtig bis durchscheinend und hat auf den Kristallflächen Glasglanz.

- BILDUNG In granitischen Pegmatiten. Es kann auch in alluvialen Seifenlagerstätten auftreten.
- TEST Euklas ist in Säuren unlöslich und schwer schmelzbar.

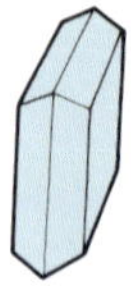
MONOKLIN

SG	Spaltbarkeit	Bruch
3,05 – 3,10	Sehr vollkommen	Muschelig

Gruppe	Zusammensetzung	Härte
Silikate	$K_2Ca_4Al_2Be_4Si_{24}O_{60} \cdot H_2O$	$5^1/_2$ – 6

MILARIT

Milarit bildet prismatische Kristalle. Es ist farblos, bräunlich, blaßgrün oder gelblichgrün mit einem weißen Strich. Milarit kann durchsichtig bis durchscheinend sein und hat Glasglanz.

- BILDUNG Milarit bildet sich in alpinen Gängen und Pegmatiten.
- TEST Beim Erhitzen in einem geschlossenen Rohr gibt Milarit Wasser ab.

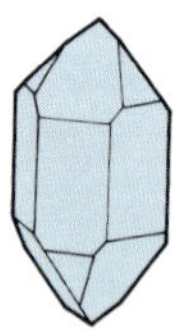
TRIGONAL/ HEXAGONAL

SG	Spaltbarkeit	Bruch
2,46 – 2,61	Keine	Muschelig bis uneben

Gruppe	Zusammensetzung	Härte
Silikate	$Na_4(Ca,Ce)_2(Fe^{2+}Mn^{2+}Y)ZrSi_8O_{22}(OH,Cl)_2$	5 – $5^1/_2$

EUDIALYT

Eudialytkristalle sind tafelig, rhomboedrisch oder prismatisch. Eudialyt ist gelblichbraun bis bräunlichrot, rot oder rosa und hat einen farblosen Strich. Es handelt sich um ein durchscheinendes Mineral mit Glasglanz oder stumpfem Glanz.

- BILDUNG In grobkörnigen sauren und intermediären magmatischen Gesteinen.
- TEST Dieses Mineral löst sich leicht in Säuren.

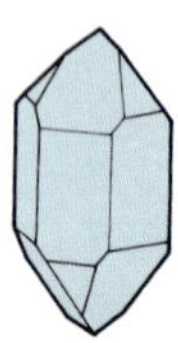
TRIGONAL/ HEXAGONAL

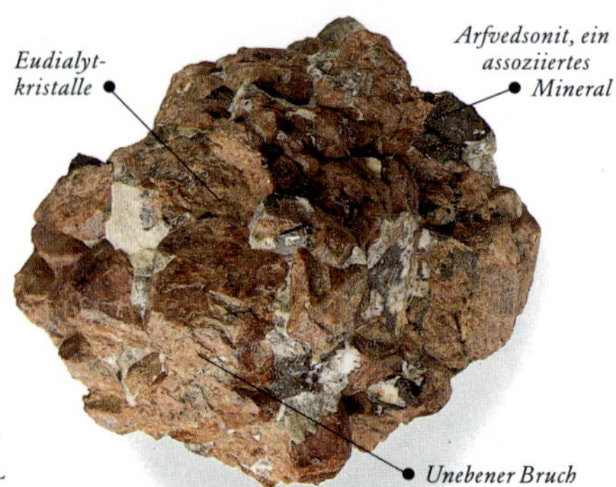

SG	Spaltbarkeit	Bruch
2,74 – 2,98	Unvollkommen	Uneben

Gruppe Silikate	Zusammensetzung $CaBSiO_4(OH)$	Härte $5-5^1/_2$

Datolith

Datolith bildet kurze, prismatische, sehr variable Kristalle, aber auch körnige oder kompakte Massen. Es kann farblos, weiß, blaßgelb, blaßgrün, rosa oder rötlich sein, bei Unreinheiten entsteht eine braune Tönung. Der Strich ist farblos. Datolith ist durchsichtig bis durchscheinend und hat Glasglanz.

• Bildung Dieses Mineral bildet sich in Gängen und Hohlräumen von basaltischen magmatischen Gesteinen. Es kommt zusammen mit Quarz und Calcit vor.

• Test Datolith ist in Säuren löslich und färbt die Flamme grün.

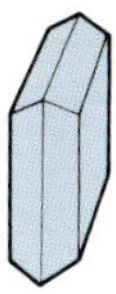

MONOKLIN

SG 2,8–3,0	Spaltbarkeit Keine	Bruch Uneben bis muschelig

Gruppe Silikate	Zusammensetzung Y_2FeBe_2,Si_2O_{10}	Härte $6^1/_2-7$

Gadolinit

Gadolinitkristalle sind prismatisch, kommen aber nur selten vor. Gadolinit liegt meist in massigem oder kompaktem Habitus vor. Die Farbe variiert von Schwarz bis Grünlichschwarz, Braun und manchmal Hellgrün mit einem grünlichgrauen Strich. Es ist ein durchscheinendes bis durchsichtiges Mineral mit Glas- bis Fettglanz.

• Bildung In grobkörnigen intermediären magmatischen Gesteinen. Gadolinit kann auch in sauren Magmatiten und Pegmatiten gefunden werden, die durch sich langsam abkühlendes Magma entstanden. Das Mineral kommt gemeinsam mit anderen Mineralen wie Allanit und Fluorit vor und wurde auch schon in Schiefern und anderen regionalmetamorphen Gesteinen entdeckt.

• Test Gadolinit ist ein radioaktives Mineral, das sich in Säuren löst und dabei einen gelartigen Niederschlag zurückläßt. Obwohl es beim Erhitzen nicht schmilzt, wird es flockig und braun.

MONOKLIN

SG 4,0–4,65	Spaltbarkeit Keine	Bruch Muschelig

Gruppe	Zusammensetzung	Härte
Silikate	$Ca_2(Al, Fe)_3(SiO_4)_3(OH)$	6–7

Epidot

Epidot bildet in der Regel prismatische, oft gestreifte Kristalle, es kommen aber auch dicke, tafelige und nadelige Kristalle vor. Andere Formen sind massig, körnig und fibros. Die Farbe ist gelblichgrün bis grün, bräunlichgrün bis grünlichschwarz oder schwarz, der Strich farblos oder grau. Epidot ist ein durchsichtiges bis nahezu opakes Mineral und hat Glasglanz.

- **Bildung** In metamorphen und magmatischen Gesteinen.
- **Test** Epidot ist unlöslich und schmilzt leicht.

MONOKLIN

SG	Spaltbarkeit	Bruch
3,35–3,50	Sehr vollkommen	Uneben

Gruppe	Zusammensetzung	Härte
Silikate	$Ca_2Al_3(SiO_4)_3(OH)$	$6^1/_2$–7

Zoisit

Zoisit bildet prismatische Kristalle, die oft tiefe vertikale Streifen haben. Es kommt aber auch in massigem, kompaktem und säuligem Habitus vor. Die Farbe kann weiß, grau, grün, grünlichbraun, rosa (Thulit), farblos, blau oder purpurn (Tanzanit) sein. Der Strich ist farblos. Es handelt sich um ein durchsichtiges bis durchscheinendes Mineral mit Glasglanz.

- **Bildung** In vielen Gesteinen, beispielsweise in metamorphen Sedimenten und Graniten.
- **Test** Unlöslich in Säuren.

THULIT

ZOISIT

ORTHORHOMBISCH

SG	Spaltbarkeit	Bruch
3,55	Sehr vollkommen	Uneben bis muschelig

Gruppe Silikate	Zusammensetzung $Ca_2Al_3(SiO_4)_3(OH)$	Härte $6^1/_2$

KLINOZOISIT

Klinozoisitkristalle sind prismatisch und oft tief gestreift. Das Mineral bildet aber auch nadelige Kristalle und massigen, körnigen und fibrosen Habitus. Es kann grau, gelb, blaßgrün, rosa oder farblos sein. Der Strich ist farblos oder grau. Es handelt sich um ein durchsichtiges bis durchscheinendes Mineral mit Glasglanz.

- BILDUNG In kontaktmetamorphen Kalksteinen und regionalmetamorphen Gesteinen.
- TEST Unlöslich in Säuren.

MONOKLIN

SG 3,21–3,38	Spaltbarkeit Sehr vollkommen	Bruch Uneben

Gruppe Silikate	Zusammensetzung $Ca_2Al(Si,Al)O_7$	Härte 5–6

GEHLENIT

Gehlenit zählt zur Melilithgruppe und zeigt neben kurzen, prismatischen Kristallen auch massigen oder körnigen Habitus. Gehlenit kann graugrün, braun, gelb oder farblos sein. Der Strich ist unbestimmt. Es ist durchsichtig bis durchscheinend mit Glas- bis Harzglanz.

- BILDUNG Gehlenit bildet sich in basaltischen Laven und kontaktmetamorphen Kalksteinen.
- TEST Löslich in starken Säuren.

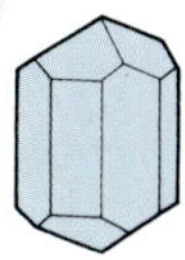
TETRAGONAL

SG 3,04	Spaltbarkeit Vollkommen	Bruch Uneben bis muschelig

Gruppe Silikate	Zusammensetzung $Ca_2MgSi_2O_7$	Härte 5–6

AKERMANIT

Akermanit bildet prismatische Kristalle, häufig als Zwillinge. Es kommt auch in massigem und körnigem Habitus vor. Akermanit variiert von Farblos bis Grau, Braun und Grün und ist durchsichtig bis durchscheinend mit Glas- bis Harzglanz.

- BILDUNG In thermal metamorphen unreinen Kalksteinen.
- TEST Akermanit ist in starken Säuren löslich, wobei die Lösung sich gelb färbt.

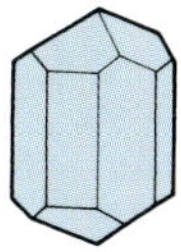
TETRAGONAL

SG 2,94	Spaltbarkeit Vollkommen	Bruch Uneben bis muschelig

Gruppe	Zusammensetzung	Härte
Silikate	$Zn_4Si_2O_7(OH)_2 \cdot H_2O$	$4^1/_2$–5

Hemimorphit

Hemimorphit bildet dünne, tafelige Kristalle mit vertikaler Streifung. Die Kristalle haben an den Enden unterschiedliche Formen, weshalb sie als hemimorph bezeichnet werden. Hemimorphit kommt auch in massigem, kompaktem, körnigem, traubenförmigem, stalaktitischem, fibrosem oder überkrustendem Habitus vor. Die Farbe kann weiß, farblos, blau, grünlich, grau, gelblich oder braun sein, der Strich ist farblos. Hemimorphit ist durchsichtig bis durchscheinend und hat Glas- bis Seidenglanz.

- Bildung In den Oxidationszonen von Zinkgängen. Hemimorphit kommt in Mineralgängen zumeist mit anderen Mineralen vor, wie Smithsonit, Galenit, Calcit, Anglesit, Sphalerit, Cerrusit und Aurichalcit.
- Test Beim Erhitzen in einem geschlossenen Rohr gibt das Mineral Wasser ab. Es ist in Säuren löslich, wobei die Lösung sich gelb färbt.

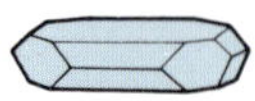

ORTHORHOMBISCH

Traubenförmiger Hemimorphit

Kristalliner Hemimorphit

Grüner Hemimorphit

SG	Spaltbarkeit	Bruch
3,4–3,5	Sehr vollkommen	Uneben bis muschelig

Gruppe	Zusammensetzung	Härte
Silikate	$Ca_{10}Mg_2Al_4(SiO_4)_5(Si_2O_7)_2(OH)_4$	6–7

VESUVIAN

Auch als Idokras bekannt. Vesuvian bildet kurze prismatische und pyramidale Kristalle. Es kann auch in massigem, körnigem, säuligem und kompaktem Habitus auftreten. Vesuvian ist grün, braun, weiß, gelb, rot oder purpurn. Eine blaue Varietät wird Cyprin genannt; Californit ist weiß oder gelb. Vesuvian ist durchsichtig bis durchscheinend und hat Glas- bis Harzglanz. Die durchsichtige Form zählt zu den Halbedelsteinen. Hauptfundort ist der Vesuv in Italien.

- BILDUNG In unreinen Kalksteinen, die durch Kontaktmetamorphose alteriert sind. Es kommt auch in wenigen magmatischen Gesteinen vor, so in Nephelin-Syenit. Vesuvian wird zusammen mit Mineralen, wie Diopsid, Epidot, Granat, Calcit, Phlogopit und Wollastonit, gefunden.
- TEST Vesuvian ist in Säuren praktisch unlöslich.

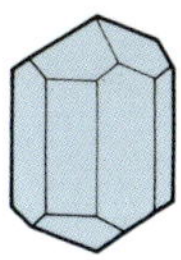

TETRAGONAL

IDOKRAS

CYPRIN

CALIFORNIT

SG	Spaltbarkeit	Bruch
3,33–3,45	Unvollkommen	Uneben bis muschelig

Gruppe Silikate	Zusammensetzung $Be_3Al_2Si_6O_{18}$	Härte 7–8

Beryll

Beryll liegt in prismatischen Kristallen vor, die manchmal in kleinen Pyramiden enden. Die Kristalle sind häufig parallel zur Länge gestreift und können beachtliche Größe erreichen: bekannt sind Kristalle mit bis zu 5,5 m Länge. Beryll bildet auch massigen, kompakten und säuligen Habitus. Die Farbe variiert stark und bedingt unterschiedlich benannte Varietäten. Beryll kann farblos, weiß, grün (Smaragd), gelb (Heliodor), rosa (Morganit), rot und blau (Aquamarin) sein. Der Strich ist weiß. Beryll ist durchsichtig bis durchscheinend mit Glasglanz.

- Bildung In Pegmatiten, Graniten und regionalmetamorphen Gesteinen.
- Test Beryll ist nur schwer schmelzbar, kleine Bruchstücke bilden gerundete Kanten.

Beryll

Smaragd

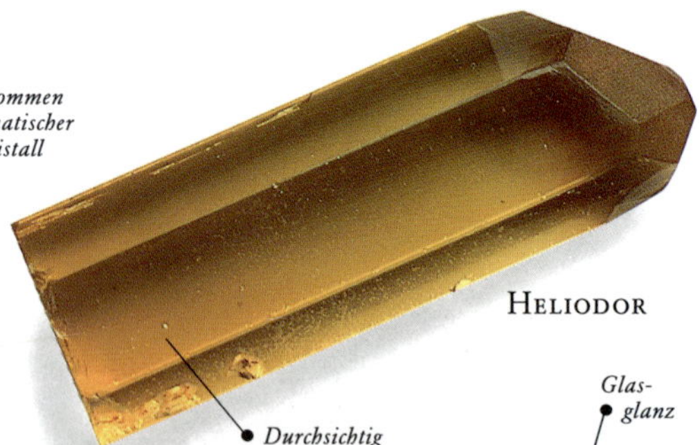

Heliodor

Aquamarin

Morganit

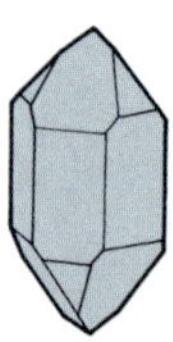
TRIGONAL/ HEXAGONAL

SG 2,6–2,9	Spaltbarkeit Unvollkommen	Bruch Uneben bis muschelig

Gruppe	Zusammensetzung	Härte
Silikate	Na(Mg, Fe, Li, Mn, Al)$_3$ Al$_6$ (BO$_3$)$_3$ Si$_6$ · O$_{18}$ (OH, F)$_4$	7–7 1/2

Turmalin

Die prismatischen Kristalle dieser Gruppe sind vertikal gestreift. Der Querschnitt der Kristalle kann gerundet dreieckig sein. Turmalin bildet auch massigen und kompakten Habitus. Sieben verschiedene Spezies machen die Turmalingruppe aus: Elbait (vielfarbig), Schörl (schwarz), Buergerit und Dravit (braun), Rubellit (rosa), Chromdravit (grün) und Uvit (schwarz, braun, gelbgrün). Die Kristalle sind am einen Ende oft rosa und grün am anderen. Sie können beachtliche Größe erreichen. Der Strich ist farblos. Turmalin ist durchsichtig bis opak und hat Glasglanz.

- **Bildung** In Graniten und Pegmatiten, ebenso in einigen metamorphen Gesteinen. Turmalin wird zusammen mit vielen Mineralen gefunden, so mit Beryll, Zirkon, Quarz und Feldspat.
- **Test** Diese Gruppe ist in Säuren unlöslich. Die dunklen Varietäten sind schwerer schmelzbar als die grünen und roten.

RUBELLIT

ELBAIT

TURMALIN

SCHÖRL

TRIGONAL/ HEXAGONAL

SG	Spaltbarkeit	Bruch
3,0–3,2	Sehr unvollkommen	Uneben bis muschelig

Gruppe	Zusammensetzung	Härte
Silikate	$Ca Fe^{2+}_2 Fe^{3+} (SiO_4)_2 (OH)$	$5^1/_2$ – 6

Ilvait

Ilvaitkristalle sind dick und prismatisch und haben im Querschnitt Diamantform. Die Kristallflächen können vertikal gestreift sein. Ilvait kommt auch in massigem, säuligem und kompaktem Habitus vor. Es ist ein sehr dunkel gefärbtes Mineral, oft schwarz bis graubraun oder bräunlichschwarz. Der Strich ist schwarz, häufig mit einer grünlichen oder bräunlichen Tönung. Es handelt sich um ein opakes Mineral mit stumpfem, submetallischem Glanz, das manchmal jedoch glänzend erscheint.

• Bildung In Gesteinen, die durch Magma intrudiert sind oder Kontakt mit Lava hatten, so daß sie kontaktmetamorph überprägt sind. Seltener auch in magmatischen Gesteinen, wie Syenit.

• Test Ilvait ist in Salzsäure löslich, die Lösung ist gelb gefärbt. In der Flamme ist es leicht schmelzbar.

ORTHORHOMBISCH

SG	Spaltbarkeit	Bruch
3,8 – 4,1	Vollkommen	Uneben

Gruppe	Zusammensetzung	Härte
Silikate	$Cu SiO_2 (OH)_2$	5

Dioptas

Dioptas bildet prismatische Kristalle, oft mit rhomboedrischen Enden. Es kommt aber auch in kristallinen Aggregaten oder in massigem Habitus vor. Die Farbe ist auffallend smaragdgrün bis tief blaugrün, der Strich blaß grünlichblau. Dioptas ist durchsichtig bis durchscheinend mit Glasglanz.

• Bildung In Oxidationszonen von Kupfergängen und in Hohlräumen umgebender Gesteine. Dioptas ist meist mit Limonit, Chrysokoll, Cerussit und Wulfenit assoziiert.

• Test Löslich in Salzsäure, Salpetersäure und Ammoniak. Nicht schmelzbar.

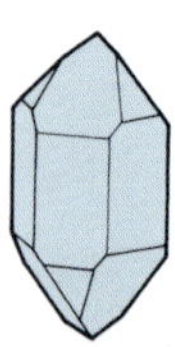

TRIGONAL/
HEXAGONAL

SG	Spaltbarkeit	Bruch
3,28 – 3,35	Sehr vollkommen	Uneben bis muschelig

Gruppe Silikate	Zusammensetzung $Mg_2Al_4Si_5O_{18}$	Härte 7–7½

Cordierit

Cordieritkristalle sind kurz und prismatisch und häufig Zwillinge. Andere Formen sind massig und körnig. Die Farbe kann blau, aber auch grünlich, gelblich, grau oder braun sein. Der Strich ist farblos. Cordierit ist durchsichtig bis durchscheinend und hat Glasglanz.

- Bildung In magmatischen und kontaktmetamorphen Gesteinen.
- Test An dünnen Kanten in der Flamme schmelzbar.

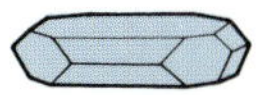

ORTHO-RHOMBISCH

SG 2,53–2,78	Spaltbarkeit Vollkommen	Bruch Muschelig

Gruppe Silikate	Zusammensetzung $Ca_2(Fe^{2+},Mn^{2+})Al_2BSi_4O_{15}(OH)$	Härte 6–7

Axinit

Axinitkristalle sind tafelig und keilförmig, andere Formen hingegen massig und lamellenförmig. Die Farbe von Axinit variiert von Rötlichbraun, Gelb, Farblos, Blau, Violett bis Grau, der Strich ist farblos. Es ist durchsichtig bis durchscheinend und hat Glasglanz.

- Bildung In kalkigen Gesteinen, die kontaktmetamorph sind.
- Test Axinit schmilzt leicht.

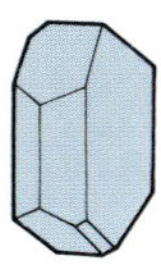

TRIKLIN

SG 3,2–3,4	Spaltbarkeit Gut	Bruch Uneben bis muschelig

Gruppe Silikate	Zusammensetzung $BaTiSi_3O_9$	Härte 6–6½

Benitoit

Benitoitkristalle sind pyramidal oder tafelig. Benitoit kann blau, purpurn, rosa, weiß oder farblos sein, häufig aber auch mehrfarbig. Der Strich ist farblos. Es handelt sich um ein durchsichtiges bis durchscheinendes Mineral mit Glasglanz.

- Bildung In Serpentiniten und Schiefern.
- Test Es fluoresziert unter kurzwelligem UV-Licht blau.

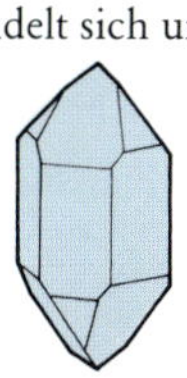

TRIGONAL/HEXAGONAL

SG 3,64–3,68	Spaltbarkeit Unvollkommen	Bruch Muschelig bis uneben

Gruppe Silikate	Zusammensetzung $Mg_2Si_2O_6$	Härte 5–6

Enstatit

Als Mitglied der Pyroxengruppe bildet Enstatit selten prismatische Kristalle, meist zeigt es massigen, fibrosen oder lamellenartigen Habitus. Es kann farblos, grün, braun oder gelblich sein und hat einen farblosen oder grauen Strich. Enstatit ist ein durchsichtiges bis nahezu opakes Mineral mit Glas- oder Perlmutterglanz.

- **Bildung** In basischen und ultrabasischen magmatischen Gesteinen.
- **Test** Unlöslich und nahezu nicht schmelzbar.

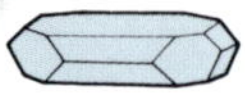

SG 3,2–3,4	Spaltbarkeit Gut	Bruch Uneben

Gruppe Silikate	Zusammensetzung $(Mg,Fe)_2Si_2O_6$	Härte 5–6

Hypersthen

Dieses Pyroxenmineral bildet selten prismatische Kristalle, meist jedoch einen massigen oder lamellenförmigen Habitus. Die Farbe ist bräunlichgrün oder schwarz, der Strich bräunlichgrau. Es handelt sich um ein durchscheinendes bis opakes Mineral mit submetallischem Glanz.

- **Bildung** In (ultra-) basischen Gesteinen.
- **Test** Hypersthen ist schmelzbar.

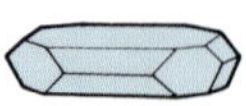

SG 3,4–3,8	Spaltbarkeit Gut	Bruch Uneben

Gruppe Silikate	Zusammensetzung $CaMgSi_2O_6$	Härte $5^1/_2$–$6^1/_2$

Diopsid

Dieses Pyroxenmineral bildet kurze prismatische Kristalle, oft als Zwillinge. Andere Formen sind massig, lamellenförmig, körnig und säulig. Es ist farblos, weiß, grau, grün, grünlichschwarz, gelblichbraun oder rötlichbraun, der Strich weiß oder grau. Es handelt sich um ein durchsichtiges bis nahezu opakes Mineral mit Glasglanz.

- **Bildung** In vielen metamorphen Gesteinen und in basischen, magmatischen Gesteinen.
- **Test** Es ist in Säuren unlöslich.

SG 3,22–3,38	Spaltbarkeit Gut	Bruch Uneben

Gruppe	Zusammensetzung	Härte
Silikate	$CaFeSi_2O_6$	6

Hedenbergit

Hedenbergitkristalle sind kurz prismatisch und häufig Zwillinge. Der üblichere Habitus ist massig, blättrig oder lamellenförmig. Die Farbe variiert von Bräunlichgrün, Graugrün oder Dunkelgrün bis Grauschwarz oder Schwarz. Der Strich ist weiß oder grau. Das Mineral ist durchscheinend bis nahezu opak mit Glas- bis Harz- oder stumpfem Glanz.

- **Bildung** In Marmor und einer Vielzahl magmatischer Gesteine.
- **Test** Dieser Pyroxen ist unlöslich, schmilzt aber leicht.

MONOKLIN

SG	Spaltbarkeit	Bruch
3,50–3,56	Gut	Uneben bis muschelig

Gruppe	Zusammensetzung	Härte
Silikate	$(Ca,Na)(Mg,Fe,Al,Ti)(Si,Al)_2O_6$	$5^1/_2$–6

Augit

Der Pyroxen Augit kommt in kurzen, prismatischen Kristallen vor, oft als Zwillinge. Er bildet auch massigen, kompakten und körnigen Habitus. Die Farbe ist grau, grünlich oder schwarz, der Strich graugrün. Es handelt sich um ein durchscheinendes bis nahezu opakes Mineral mit Glas- bis stumpfem Glanz.

- **Bildung** In vielen basischen und ultrabasischen magmatischen und in hochgradig metamorphen Gesteinen.
- **Test** In Säuren meist unlöslich.

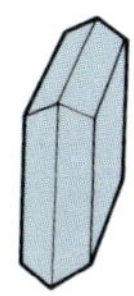

MONOKLIN

SG	Spaltbarkeit	Bruch
3,23–3,52	Gut	Uneben bis muschelig

Gruppe	Zusammensetzung	Härte
Silikate	$NaFeSi_2O_6$	6

Aegirin

Als Mitglied der Pyroxengruppe bildet Aegirin lange, vertikal gestreifte, prismatische Kristalle, oft als Zwillinge. Es kommt auch in fibrosen Aggregaten vor. Die Farbe ist dunkelgrün, grünlichschwarz, schwarz oder rötlichbraun. Es hat einen blaß gelblichgrauen Strich und ist durchscheinend bis opak mit Glas- bis Harzglanz.

- **Bildung** In intermediären magmatischen Gesteinen und in metamorphen Gesteinen.
- **Test** Schmilzt leicht.

MONOKLIN

SG	Spaltbarkeit	Bruch
3,55–3,60	Gut	Uneben

Gruppe	Zusammensetzung	Härte
Silikate	$LiAlSi_2O_6$	$6^1/_2 - 7^1/_2$

Spodumen

Spodumen bildet prismatische Kristalle, die oft abgeflacht, verzwillingt und vertikal gestreift sind. Sie können eine beachtliche Größe erreichen. Es kommt aber auch in spaltbaren Massen vor. Die Farbe variiert stark und kann farblos, weiß, grau, gelblich, grünlich, smaragdgrün (Hiddenit), rosa oder lila (Kunzit) sein. Der Strich ist weiß. Spodumen ist durchsichtig bis durchscheinend mit Glasglanz.

- **Bildung** In granitischen Pegmatiten. Zu finden mit anderen Pegmatitmineralen, wie Feldspat, den Glimmern Muskovit, Biotit und Lepidolith, Quarz, Columbit-Tantalit, Beryll, Turmalin und Topas. Es ist metastabil und oft partiell oder ganz zu Ton oder Glimmern alteriert zu finden.
- **Test** Spodumen ist ein unlösliches Mineral. Es schmilzt, die Flamme infolge des Lithiumgehaltes rot färbend.

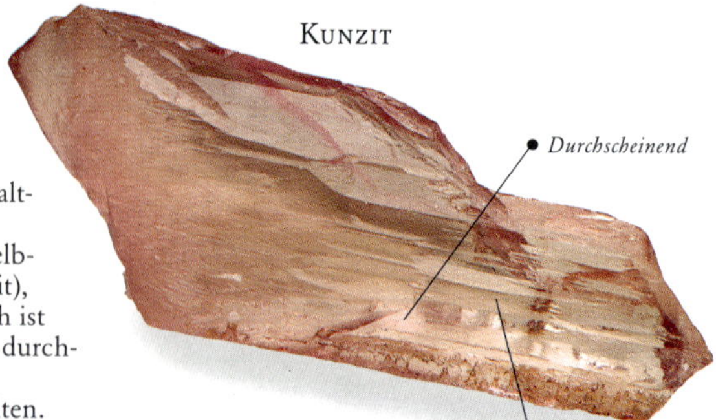

KUNZIT

SPODUMEN

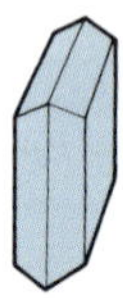
MONOKLIN

SG	Spaltbarkeit	Bruch
3,0 – 3,2	Sehr vollkommen	Uneben

Gruppe	Zusammensetzung	Härte
Silikate	$Na(Al,Fe)Si_2O_6$	6 – 7

Jadeit

Jadeit bildet nur selten Kristalle. Diese sind dann klein, prismatisch und gestreckt. Meist sind sie gestreift und oft verzwillingt. Jadeit kommt meist in massigem oder körnigem Habitus vor. Die Farbe ist typisch grün, kann aber auch weiß, grau und durch Eisenoxide bedingt braun oder gelb sein. Der Strich ist farblos. Jadeit ist ein bedeutender Schmuckstein und ist durchscheinend mit Glas- bis Fettglanz.

- **Bildung** In serpentinisierten ultrabasischen Magmatiten, einigen Schiefern und in schmalen Gängen sowie linsenförmigen Einschlüssen von Kieselsäuregestein und Grauwacke.
- **Test** Jadeit ist unlöslich.

MONOKLIN

SG	Spaltbarkeit	Bruch
3,24	Gut	Splittrig

Gruppe Silikate	Zusammensetzung $Ca_2(Mg,Fe)_4Al(Si_7Al)O_{22}(OH,F)_2$	Härte 5–6

Hornblende

Hornblende, ein Amphibol, bildet prismatische Kristalle, oft mit hexagonalem Querschnitt und meist verzwillingt. Es kommt auch in massigem, kompaktem, körnigem, säuligem, blättrigem und fibrosem Habitus vor. Hornblende ist grün, grünlichbraun oder schwarz, der Strich weiß oder grau. Das Mineral ist durchscheinend bis opak, sein Glanz glasig.

- Bildung In magmatischen Gesteinen, auch in dem metamorphen Gestein Amphibolit.
- Test Unlöslich und schwer schmelzbar.

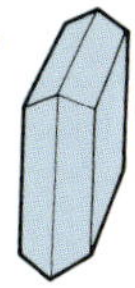
MONOKLIN

SG 3,28–3,41	Spaltbarkeit Sehr vollkommen	Bruch Uneben

Gruppe Silikate	Zusammensetzung $(Mg,Fe)_7Si_8O_{22}(OH)_2$	Härte $5^1/_2$–6

Anthophyllit

Anthophyllit, ein Amphibol, bildet selten prismatische Kristalle. Es kommt in der Regel in massigem, fibrosem oder lamellenförmigem Habitus vor. Die Farbe ist weiß bis grau, grünlich, bräunlichgrün und braun, der Strich hingegen farblos oder braun. Anthophyllit ist durchsichtig bis fast opak und hat Glasglanz.

- Bildung In kristallinen Schiefern und Gneisen.
- Test Unlöslich und schwer schmelzbar.

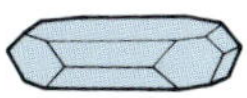
ORTHORHOMBISCH

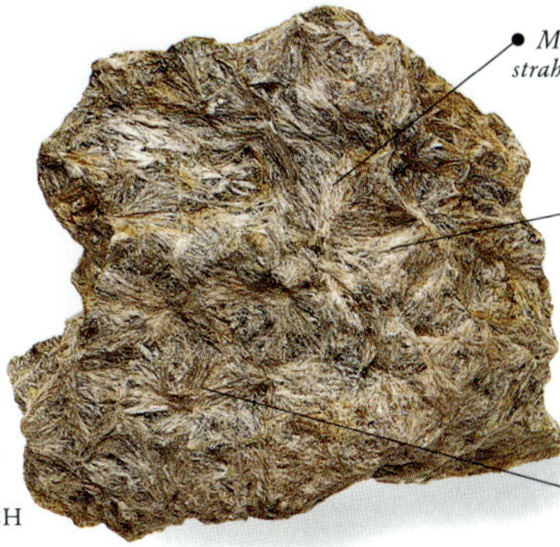

SG 2,85–3,57	Spaltbarkeit Sehr vollkommen	Bruch Uneben

Gruppe Silikate	Zusammensetzung $(Fe,Mg)_7Si_8O_{22}(OH)_2$	Härte 5–6

Grunerit

Grunerit ist das Endglied der Cummingtonit-Grunerit-Amphibol-Reihe und bildet fibrose oder lamellenförmige Kristalle, die oft in strahligen Aggregaten vorliegen. Oft treten diese als Zwillinge auf. Grunerit ist grau, dunkelgrün oder braun und durchscheinend bis nahezu opak mit Seidenglanz.

- Bildung In Gesteinen, die kontaktmetamorph überprägt sind.
- Test Es ist unlöslich.

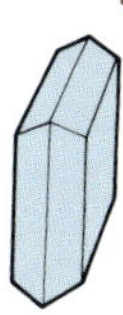
MONOKLIN

SG 3,44–3,60	Spaltbarkeit Gut	Bruch Uneben

Gruppe Silikate	Zusammensetzung $Na_2(Mg,Fe)_3Al_2Si_8O_{22}(OH)_2$	Härte 6

Glaukophan

Glaukophan zählt zur Amphibolgruppe und bildet schlanke, prismatische Kristalle. Andere Formen sind massig, fibros und körnig. Die Farbe kann braun, blau, bläulichschwarz oder lavendelblau sein. Der Strich ist graublau. Glaukophan ist ein durchscheinendes Mineral mit Glas- oder Perlmutterglanz.

- Bildung In metamorphen Gesteinen, besonders unter niedrigen Temperaturen und hohen Druckbedingungen.
- Test Es ist in Säuren unlöslich und schmilzt schnell zu grünfarbenem Glas.

SG 3,08 – 3,15	Spaltbarkeit Sehr vollkommen	Bruch Uneben bis muschelig

Gruppe Silikate	Zusammensetzung $Na_3(Fe^{2+},Mg)_4Fe^{3+}Si_8O_{22}(OH)_2$	Härte 5

Riebeckit

Riebeckit kommt in langen, prismatischen Kristallen mit paralleler Streifung vor. Es kann auch massig, fibros und asbestförmig (Krokydolith) sein. Die Farbe ist dunkelblau bis schwarz, der Strich nicht bestimmt. Riebeckit ist durchscheinend und hat Glas- oder Seidenglanz.

- Bildung In vielen magmatischen Gesteinen und in Schiefern.
- Test Schmilzt leicht.

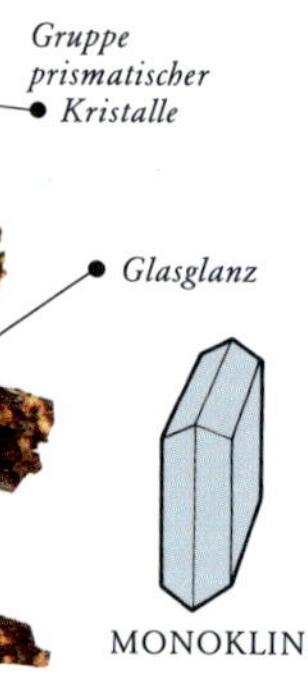

SG 3,32 – 3,38	Spaltbarkeit Sehr vollkommen	Bruch Uneben

Gruppe Silikate	Zusammensetzung $Ca_2(Mg,Fe)_5Si_8O_{22}(OH)_2$	Härte 5 – 6

Aktinolith

Aktinolithkristalle bilden lange, blättrige Stücke, oft als Zwillinge. Aktinolith kann lamellenförmige und säulige Aggregate bilden, oft strahlig, und einen massigen, fibrosen oder körnigen Habitus aufweisen. Die Farbe ist hell bis schwärzlichgrün, der Strich weiß. Aktinolith ist durchsichtig bis nahezu opak und hat Glasglanz. Die kompakte Varietät wird Nephrit genannt und ist eine Jadeform.

- Bildung In Schiefern und Amphiboliten.
- Test Unlöslich in Salzsäure.

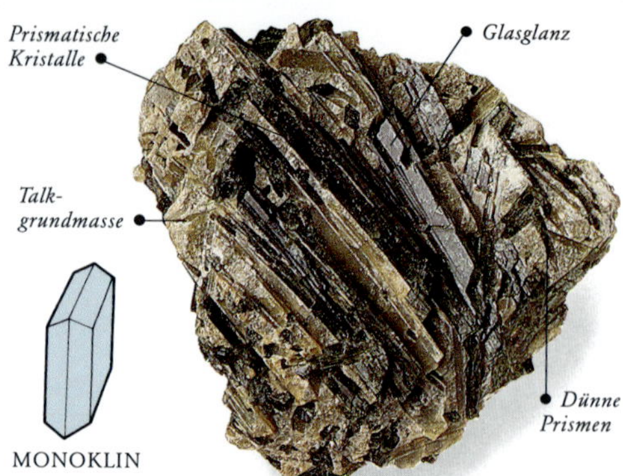

SG 3,0 – 3,44	Spaltbarkeit Gut	Bruch Uneben bis halbmuschelig

Gruppe Silikate	Zusammensetzung $Ca_2(Mg,Fe)_5Si_8O_{22}(OH)_2$	Härte 5–6

TREMOLIT

Tremolit kommt in langen, blättrigen Kristallen vor, häufig als Zwillinge. Es bildet auch körnige, fibrose oder federartige Aggregate, häufig strahlig, und hat einen massigen oder körnigen Habitus. Tremolit ist farblos, grau, grün, rosa oder braun, der Strich weiß. Tremolit ist durchsichtig bis durchscheinend und hat Glasglanz. Es bildet eine Reihe mit Aktinolith.

- BILDUNG In kontaktmetamorphen Dolomiten und in Serpentiniten.
- TEST Unlöslich in Säuren.

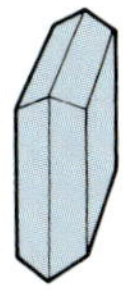

MONOKLIN

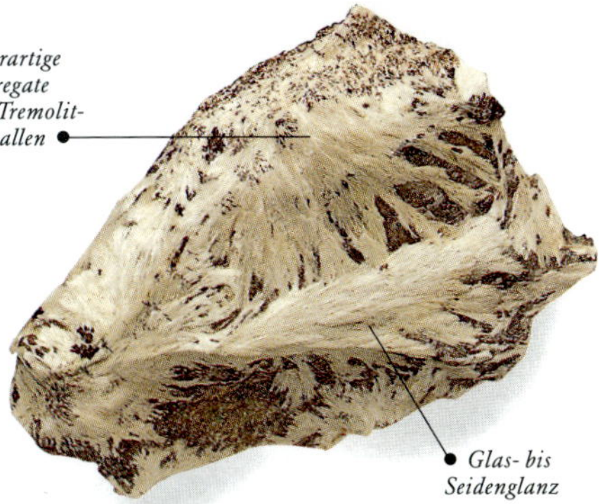

SG 2,9–3,2	Spaltbarkeit Gut	Bruch Uneben bis halbmuschelig

Gruppe Silikate	Zusammensetzung $Na_3(Fe,Mg)_4FeSi_8O_{22}(OH)_2$	Härte 5–6

ARFVEDSONIT

Dieses Mineral bildet prismatische und tafelige Kristalle, häufig in Aggregaten, meist als Zwillinge. Die Farbe ist grünlichschwarz bis schwarz, der Strich dunkel bläulichgrau. Arfvedsonit ist meist opak und hat Glasglanz.

- BILDUNG In magmatischen Gesteinen, besonders in Syenit. Auch in regionalmetamorphen Gesteinen, wie Schiefern.
- TEST Unlöslich in Säuren. Schmilzt leicht und bildet magnetisches, schwarzes Glas.

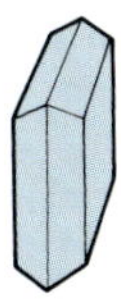

MONOKLIN

SG 3,37–3,50	Spaltbarkeit Sehr vollkommen	Bruch Uneben

Gruppe Silikate	Zusammensetzung $Na_2Ca(Mg,Fe)_5Si_8O_{22}(OH)_2$	Härte 5–6

RICHTERIT

Richterit bildet lange und prismatische Kristalle. Die Farbe kann braun, gelb, bräunlichrot oder blaß- bis dunkelgrün sein. Der Strich ist blaßgelb. Richterit ist durchscheinend bis durchsichtig und hat auf frischen Oberflächen Glasglanz.

- BILDUNG In extrusiven alkalireichen magmatischen Gesteinen und in kontaktmetamorphen Kalksteinen.
- TEST Richterit ist in Säuren nahezu unlöslich, aber schmilzt leicht in der Flamme.

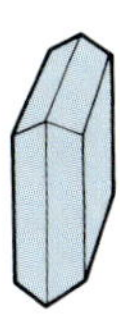

MONOKLIN

SG 2,97–3,13	Spaltbarkeit Sehr vollkommen	Bruch Uneben

Gruppe Silikate	Zusammensetzung $(Mn^{2+}, Fe^{2+}, Mg, Ca)SiO_3$	Härte $5^1/_2 - 6^1/_2$

Rhodonit

Rhodonit kommt in tafeligen Kristallen vor, häufig mit gerundeten Kanten, aber auch in massigem, kompaktem und körnigem Habitus. Die Farbe ist rosa bis rosenrot und kann auch bräunlichrot sein. Manganreiche Alterationsprodukte bewirken oft eine schwarze Äderung. Der Strich ist weiß. Es handelt sich um ein durchsichtiges bis durchscheinendes Mineral. Rhodonit hat Glasglanz auf Kristallflächen und Perlmutterglanz auf Spaltflächen.

• Bildung Rhodonit bildet sich in metamorphen Gesteinen, die reich an Mangan sind, sowie in metasomatisch alterierten Sedimenten. Dazu gehören auch Skarn und Marmor, besonders wenn es sich um einen ursprünglich unreinen Kalkstein handelt.

• Test Rhodonit schmilzt leicht. Dieser Vorgang hinterläßt eine glasige Substanz, die farbig sein kann.

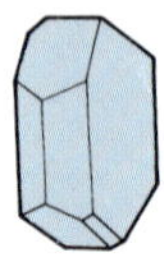

TRIKLIN

SG 3,57–3,76	Spaltbarkeit Sehr vollkommen	Bruch Muschelig bis uneben

Gruppe Silikate	Zusammensetzung $NaCa_2Si_3O_8(OH)$	Härte $4^1/_2 - 5$

Pektolith

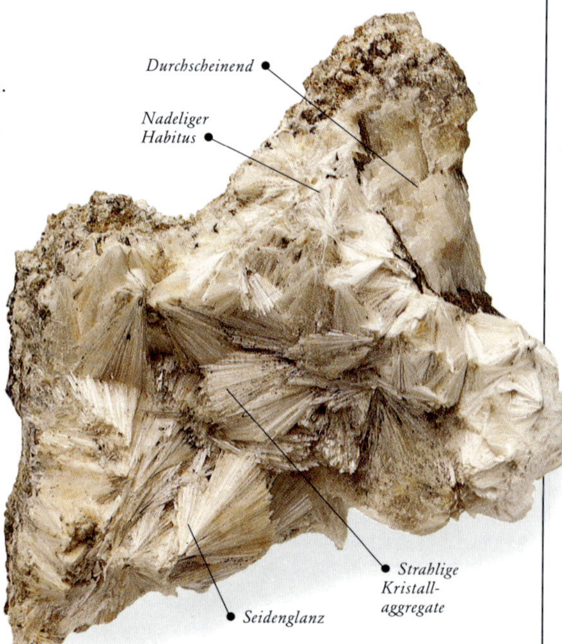

Pektolith bildet Aggregate nadeliger Kristalle, die oft kugelige Massen bilden. Es kann auch tafelige Kristalle zeigen. Pektolith ist weiß, grau oder farblos, der Strich weiß. Es ist durchscheinend mit Glas- oder Seidenglanz auf sauberen Oberflächen.

• Bildung Pektolith bildet sich in Hohlräumen basaltischer Laven, oft zusammen mit Zeolithmineralen wie Heulandit, Phillipsit, Analcim, Chabazit und Natrolith. Diese Hohlräume sind in der Regel Blasen, die in der Lava gasgefüllt waren. Wenn die Blasen gefüllt sind, sehen sie mandelförmig aus, so daß das Gestein als Mandelstein bezeichnet wird.

• Test Pektolith bildet mit Salzsäure ein Gel. Beim Erhitzen in einem geschlossenem Rohr gibt es Wasser ab.

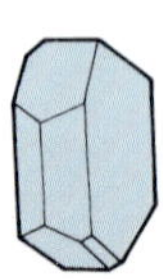

TRIKLIN

SG 2,74–2,88	Spaltbarkeit Sehr vollkommen	Bruch Uneben

Gruppe Silikate	Zusammensetzung $CaSiO_3$	Härte $4^1/_2$–5

Wollastonit

Wollastonitkristalle sind tafelig und häufig verzwillingt. Wollastonit bildet auch einen massigen, fibrosen, körnigen und kompakten Habitus. Die Farbe ist weiß bis grau und manchmal blaßgrün oder farblos. Der Strich ist weiß. Es handelt sich um ein durchsichtiges bis durchscheinendes Mineral mit Glas- bis Perlmutterglanz auf frischen Flächen.

• Bildung Durch Metamorphose unreiner Kalksteine. Dabei ist Wollastonit assoziiert mit Brucit und Epidot. Diese Minerale bilden in Marmor oft kräftig gefärbte Adern. Wollastonit kommt auch in einigen magmatischen und in regionalmetamorphen Gesteinen vor, wie Tonschiefern, Phylliten und Schiefern.

• Test Wollastonit ist in Säuren löslich, wobei Silica aus der Zusammensetzung abgeschieden wird. Das Mineral schmilzt leicht.

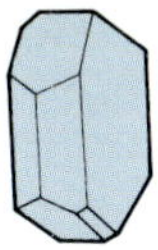
TRIKLIN

SG 2,87–3,09	Spaltbarkeit Sehr vollkommen	Bruch Splittrig

Gruppe Silikate	Zusammensetzung $KNa_2Li(Fe^{2+},Mn^{2+})_2Ti_2Si_8O_{24}$	Härte 5–6

Neptunit

Neptunit bildet prismatische Kristalle mit quadratischem Querschnitt. Die Farbe ist schwarz, es kann jedoch auch einige tief rötlichbraune interne Reflexionen zeigen. Der Strich ist rötlichbraun. Neptunit ist ein fast opakes Mineral mit Glasglanz.

• Bildung Als akzessorisches Mineral in intermediären plutonischen Magmatiten, wie Nephelin-Syenit, und in Pegmatiten ähnlicher chemischer Zusammensetzung. Es bildet sich auch in Serpentiniten, wo es mit den Mineralen Benitoit, Natrolith und Joaquinit assoziiert ist.

• Test In Salzsäure ist Neptunit unlöslich. In der Flamme ist es nicht schmelzbar.

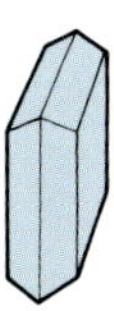
MONOKLIN

SG 3,19–3,23	Spaltbarkeit Sehr vollkommen	Bruch Muschelig

Gruppe Silikate	Zusammensetzung $(Mg,Fe)_3Si_2O_5(OH)_4$	Härte $2\frac{1}{2}-3\frac{1}{2}$

Antigorit

Antigoritkristalle sind winzig und flockig oder lattenförmig. Antigorit kommt auch in massigem, fibrosem oder schichtigem Habitus vor. Es ist weiß, gelb, grün oder braun, der Strich weiß. Antigorit ist durchscheinend bis opak mit Harz- oder Perlmutterglanz.

- BILDUNG In Serpentiniten, die aus ultrabasischen magmatischen Gesteinen entstehen.
- TEST Antigorit ist nur schwer schmelzbar.

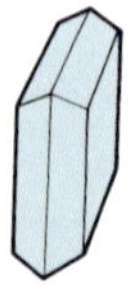

MONOKLIN

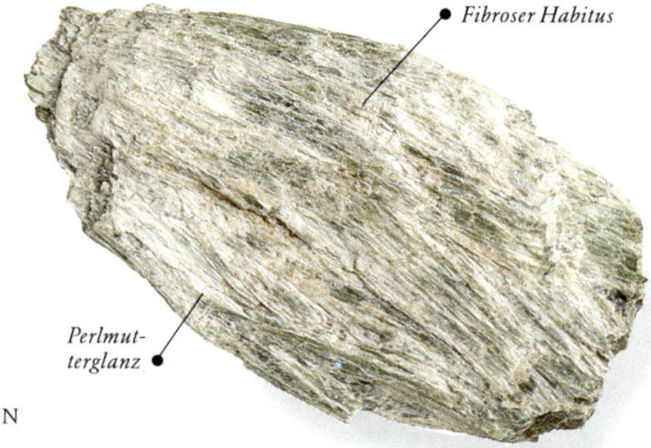

SG 2,61	Spaltbarkeit Sehr vollkommen basal	Bruch Muschelig oder splittrig

Gruppe Silikate	Zusammensetzung $Mg_3Si_2O_5(OH)_4$	Härte $2\frac{1}{2}$

Chrysotil

Chrysotil bildet massigen und fibrosen Habitus. Die fibrose Varietät von Chrysotil (eine Form des Asbests) läßt sich in flexible Fasern aufspalten. Die Farbe ist weiß, grau, grün, gelb oder braun. Es ist durchscheinend mit Seiden- oder Fettglanz.

- BILDUNG In Serpentiniten, durch Alteration ultrabasischer Gesteine.
- TEST Chrysotil löst sich in Salzsäure.

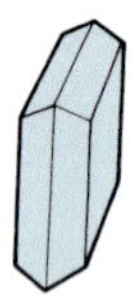

MONOKLIN

SG 2,53	Spaltbarkeit Keine	Bruch Uneben

Gruppe Silikate	Zusammensetzung $Mg_3Si_4O_{10}(OH)_2$	Härte 1

Talk

Talk bildet dünne, tafelige Kristalle. Es kann aber auch in massigem, kompaktem, schichtigem oder fibrosem Habitus auftreten. Die Farbe variiert von Blaß- bis Dunkelgrün über Grau und Bräunlich bis Weiß. Der Strich ist weiß. Talk ist durchscheinend mit einem stumpfen bis Perlmutter- oder Fettglanz.

- BILDUNG Durch Alteration ultrabasischer Gesteine und in Dolomiten.
- TEST Talk ist leicht anzukratzen und fühlt sich fettig an.

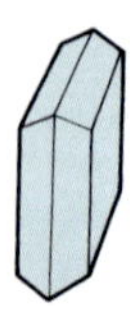

MONOKLIN

SG 2,58–2,83	Spaltbarkeit Sehr vollkommen	Bruch Uneben

Gruppe	Zusammensetzung	Härte
Silikate	$(Cu, Al)_2 H_2 Si_2 O_5 (OH)_4 \cdot nH_2O$	2–4

Chrysokoll

Chrysokoll bildet nadelige mikroskopische Kristalle in strahligen Gruppen oder dichten Aggregaten. Es kommt auch in massigem, erdigem, kryptokristallinem und traubenförmigem Habitus vor. Die Farbe ist grün, blau und blaugrün. Chrysokoll kann infolge von Unreinheiten auch braun oder schwarz sein. Der Strich ist weiß. Dieses Mineral ist durchscheinend bis nahezu opak mit Glasglanz bis erdigem Glanz.

- Bildung Chrysokoll bildet sich in Alterationszonen von Kupferlagerstätten. Es kommt zusammen mit Azurit, Malachit und Cuprit vor. Es ist ein wichtiges Mineral für die Erzprospektion, da es auf nahe Kupferlagerstätten hinweist.
- Test Chrysokoll zersetzt sich in Salzsäure.

MONOKLIN

SG	Spaltbarkeit	Bruch
2,0–2,4	Keine	Uneben bis muschelig

Gruppe	Zusammensetzung	Härte
Silikate	$Be_2 SiO_4$	$7^1/_2$–8

Phenakit

Phenakit bildet prismatische oder rhomboedrische Kristalle, oft als Zwillinge. Es kommt auch in körnigem oder nadeligem Habitus vor oder als strahlige fibrose Spherulite. Phenakit kann farblos, gelb, rosa oder braun sein und hat einen weißen Strich. Phenakit ist ein durchsichtiges Mineral mit Glasglanz.

- Bildung In hydrothermalen Gängen und in granititschen Magmatiten. Dazu gehören auch Pegmatite und Greisen (alterierte Granite). Es kann auch in Schiefern auftreten. In diesem Fall ist Phenakit mit Beryll, Chrysoberyll, Topas, Quarz und Apatit assoziiert.
- Test Phenakit ist in Säuren unlöslich und nicht schmelzbar.

TRIGONAL/ HEXAGONAL

SG	Spaltbarkeit	Bruch
2,93–3,00	Vollkommen	Muschelig

Gruppe	Zusammensetzung	Härte
Silikate	$KAl_2(Si_3Al)O_{10}(OH,F)_2$	$2^1/_2$–4

Muskovit

Muskovit bildet tafelige, pseudo-hexagonale Kristalle, die oft als Zwillinge ausgebildet sind. Der Habitus kann auch lamellenförmig und kryptokristallin sein. Muskovit tritt auch in schuppigen und kompakten Massen und in verstreuten Flocken auf. Es variiert von Farblos zu Weiß oder Grau und kann auch gelb, grün, braun, rot oder violett getönt sein. Der Strich ist farblos. Es handelt sich um ein durchsichtiges bis durchscheinendes Mineral mit Glas- bis Perlmutterglanz.

• Bildung In magmatischen Gesteinen, besonders mit saurer Zusammensetzung, wie Graniten, und in metamorphen Gesteinen, wie Schiefern und Gneisen. Ein bestimmter Schiefer wird Glimmerschiefer genannt, da er extrem reich an Muskovit ist.

• Test Muskovit ist in Säuren unlöslich.

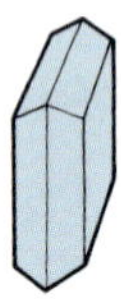

MONOKLIN

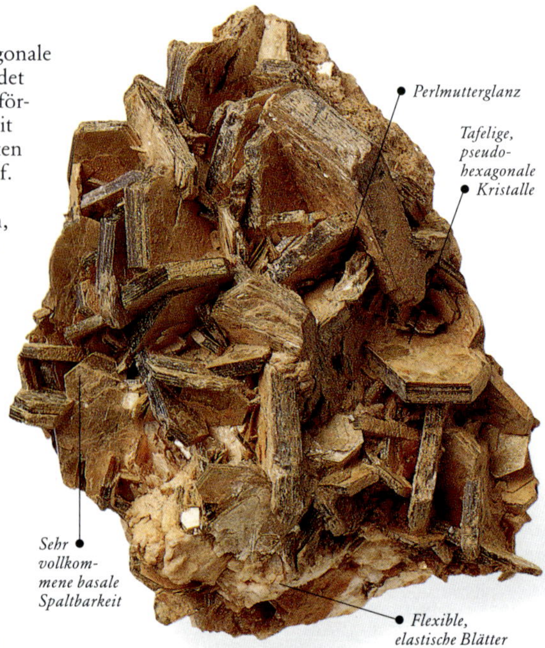

SG	Spaltbarkeit	Bruch
2,77–2,88	Sehr vollkommen basal	Uneben

Gruppe	Zusammensetzung	Härte
Silikate	$K(Li,Al)_3(Si,Al)_4O_{10}(F,OH)_2$	$2^1/_2$–3

Lepidolith

Lepidolith liegt als tafelige, pseudo-hexagonale Kristalle vor, aber auch als schuppige Aggregate und spaltbare Massen. Die Farbe ist rosa, purpurn, grau, weiß oder farblos. Der Strich ist ebenfalls farblos. Lepidolith ist ein durchsichtiges bis durchscheinendes Mineral mit Perlmutterglanz.

• Bildung In sauren magmatischen Gesteinen wie Graniten und Pegmatiten. Dieses Mineral ist oft mit Turmalin, Amblygonit und Spodumen assoziiert. Lepidolith kann auch in zinnreichen Mineralgängen gefunden werden.

• Test Lepidolith färbt die Flamme rot und ist in Säuren unlöslich.

MONOKLIN

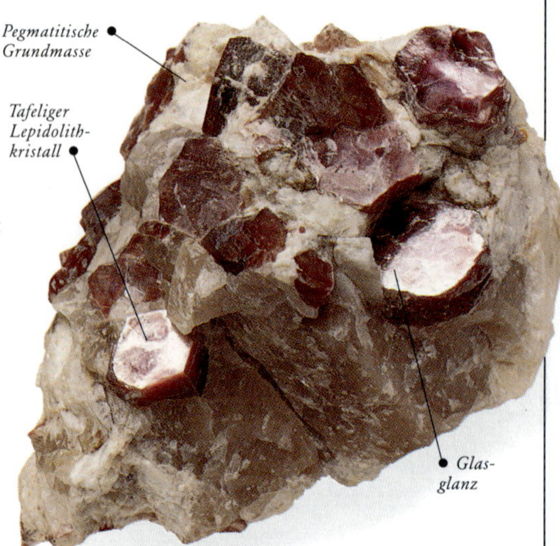

SG	Spaltbarkeit	Bruch
2,8–3,3	Sehr vollkommen basal	Uneben

Gruppe Silikate	Zusammensetzung $K(Mg,Fe^{2+})_3(Al,Fe^{3+})Si_3O_{10}(OH,F)_2$	Härte $2^1/_2-3$

Biotit

Die tafeligen oder kurzen prismatischen Kristalle von Biotit haben oft einen pseudo-hexagonalen Umriß. Die Farbe variiert von Schwarz, Dunkelbraun bis Rötlichbraun, Grün und sehr selten Weiß. Der Strich ist farblos. Es handelt sich um ein durchsichtiges bis nahezu opakes Mineral mit leuchtendem oder glasigem Glanz.

- Bildung Sowohl in magmatischen als auch in metamorphen Gesteinen.
- Test Biotit ist in konzentrierter Schwefelsäure löslich.

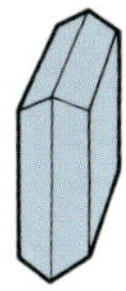

MONOKLIN

SG 2,7–3,4	Spaltbarkeit Sehr vollkommen basal	Bruch Uneben

Gruppe Silikate	Zusammensetzung $KMg_3Si_3AlO_{10}(OH,F)_2$	Härte $2-2^1/_2$

Phlogopit

Phlogopit bildet prismatische und pseudo-hexagonale Kristalle, die oft zugespitzt und manchmal verzwillingt sind. Phlogopit kann farblos, gelblichbraun, bräunlichrot, grünlich oder weiß sein. Der Strich ist farblos. Es handelt sich um ein durchsichtiges bis durchscheinendes Mineral mit Perlmutterglanz.

- Bildung In ultrabasischen und metamorphen Gesteinen.
- Test Phlogopit löst sich in konzentrierter Schwefelsäure.

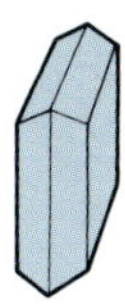

MONOKLIN

SG 2,76–2,90	Spaltbarkeit Sehr vollkommen basal	Bruch Uneben

Gruppe Silikate	Zusammensetzung $(K,Na)(Fe,Al,Mg)_2(Si,Al)_4O_{10}(OH)_2$	Härte 2

Glaukonit

Glaukonit bildet winzige lattenförmige Kristalle. Es kommt auch als gerundete, körnige Aggregate vor. Meist hat es eine stumpfgrüne Farbe, kann aber auch gelblichgrün oder bläulichgrün sein. Glaukonit ist ein durchscheinendes bis opakes Mineral mit stumpfem bis glitzerndem Glanz.

- Bildung Dieses Mineral bildet sich in marinen Sedimentschichten.
- Test Glaukonit gibt beim Erhitzen Wasser ab.

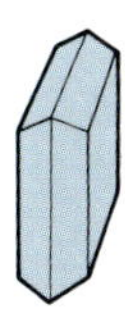

MONOKLIN

SG 2,4–2,95	Spaltbarkeit Sehr vollkommen	Bruch Uneben

Gruppe	Zusammensetzung	Härte
Silikate	$(Mg,Fe,Al)_3(Al,Si)_4O_{10}(OH)_2 \cdot 4H_2O$	$1^1/_2$

Vermiculit

Vermiculit bezeichnet eine Gruppe von Mineralen. Ein typisches Beispiel bildet plattige, tafelige Kristalle mit pseudo-hexagonalem Umriß. Die Farbe variiert von Grünlich bis Goldgelb. Der Strich ist blaßgelb. Es handelt sich um ein durchscheinendes Mineral mit Glasglanz.

- **Bildung** Durch die Alteration von Biotit und Phlogopit.
- **Test** Beim Erhitzen dehnt es sich zu einer verdrehten, wurmähnlichen Form aus.

SG	Spaltbarkeit	Bruch
2,3	Sehr vollkommen	Uneben

Gruppe	Zusammensetzung	Härte
Silikate	$(Fe^{2+},Mg,Fe^{3+})_5Al(Si_3Al)O_{10}(OH,O)_8$	$2-2^1/_2$

Klinochlor

Klinochlorkristalle sind tafelig mit hexagonalem Querschnitt. Klinochlor kommt auch in massigem, schichtigem, schuppigem, körnigem oder erdigem Habitus vor. Es kann weiß bis gelblich oder farblos, ebenso auch grün sein. Der Strich ist farblos bis grünlichweiß. Es handelt sich um ein durchsichtiges bis opakes Mineral mit Perlmutterglanz.

- **Bildung** In vielen metamorphen Gesteinen, besonders in Schiefern.
- **Test** Löslich in starken Säuren.

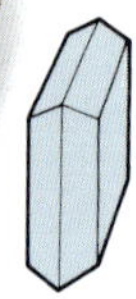

MONOKLIN

SG	Spaltbarkeit	Bruch
2,63 – 2,98	Sehr vollkommen	Uneben

Gruppe	Zusammensetzung	Härte
Silikate	$(Mg,Fe)_3Fe_3(Al,Si_3)O_{10}(OH)_8$	3

Chamosit

In kompaktem oder massigem Habitus vorkommend, kann Chamosit auch oolithisch sein. Die Farbe reicht von Grünlich bis Schwarz. Der Strich ist weiß oder blaßgrün. Chamosit ist ein durchscheinendes Mineral mit Glasglanz oder erdigem Glanz.

- **Bildung** Chamosit bildet sich in verschiedenen Sedimentgesteinen wie Eisenstein und Tonen, wo es gemeinsam mit Siderit (Eisencarbonat) vorkommt.
- **Test** Chamosit gibt beim Erhitzen Wasser ab.

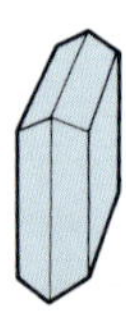

MONOKLIN

SG	Spaltbarkeit	Bruch
3 – 3,4	Nicht bestimmt	Uneben

Gruppe	Zusammensetzung	Härte
Silikate	$Al_2 Si_2 O_5 (OH)_4$	2–2½

Kaolinit

Die Gruppe von Mineralen, zu denen Kaolinit, Nakrit und Halloysit gehören, bildet sehr kleine pseudo-hexagonale Plättchen oder Schuppen. Sie können auch massigen oder kompakten Habitus haben und erdige oder tonige Massen bilden. Kaolinit variiert von Weiß und Farblos bis Gelblich, Bräunlich, Rötlich oder Bläulich. Der Strich ist weiß. Die Kaolinit-Gruppe ist durchsichtig bis durchscheinend und hat Perlmutter- bis stumpfen oder erdigen Glanz.

• Bildung Durch die Alteration von Feldspat oder anderer aluminiumreicher Silikate. Es entsteht bei Verwitterung in humiden Regionen oder in größerem Ausmaß durch hydrothermale Fluide, die das Gestein durchströmen. Dabei wird Granit zu einer unverfestigten Masse aus Quarz, Glimmern und weißem Kaolinitton umgewandelt.

• Test Die Minerale dieser Gruppe sind in feuchtem Zustand plastisch, beim Erhitzen in geschlossenem Rohr geben sie Wasser ab. Zur genauen Kaolinitbestimmung sind spezielle optische Methoden notwendig.

Kaolinit

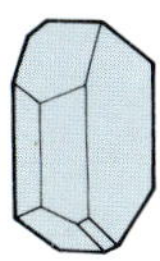

Triklin

Nakrit

Halloysit

SG	Spaltbarkeit	Bruch
2,6–2,63	Sehr vollkommen basal	Uneben

Gruppe Silikate	Zusammensetzung $Ca_2Al_2Si_3O_{10}(OH)_2$	Härte 6–6½

Prehnit

Prehnit bildet prismatische, tafelige oder pyramidale Kristalle, kommt aber meist in traubenförmigem, nierenförmigem, stalaktitischem, körnigem oder kompaktem Habitus vor. Die Farbe ist in der Regel grün, kann aber auch weiß, farblos, gelb oder grau sein. Der Strich ist farblos. Prehnit ist durchsichtig bis durchscheinend mit Glas- oder Perlmutterglanz.

- **Bildung** In Höhlen basaltischer Laven.
- **Test** Prehnit gibt beim Erhitzen Wasser ab.

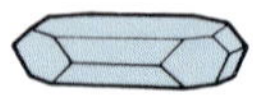

ORTHORHOMBISCH

SG 2,90–2,95	Spaltbarkeit Vollkommen	Bruch Uneben

Gruppe Silikate	Zusammensetzung $(Ni,Mg)_6Si_4O_{10}(OH)_8$	Härte 2–4

Garnierit

Garnieritkristalle sind meist lamellenförmig. Es kann auch mikrokristalline Krusten und einen massigen Habitus bilden. Die kräftiggrüne Farbe ist charakteristisch. Der Strich ist hellgrün. Es ist durchsichtig bis opak und hat Fett-, Wachs- oder erdigen Glanz.

- **Bildung** Alteration von Nickelsulfiden durch Fluide in magmatischen Gesteinen.
- **Test** Garnierit ist nicht schmelzbar.

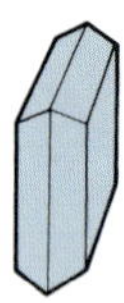

MONOKLIN

SG 2,3–2,5	Spaltbarkeit Keine	Bruch Splittrig

Gruppe Silikate	Zusammensetzung $Mg_4Si_6O_{15}(OH)_2 \cdot 6H_2O$	Härte 2–2½

Sepiolith

Sepiolith kommt in massigem, fibrosem, kompaktem, erdigem und knolligem (Meerschaum) Habitus vor. Die Farbe kann weiß, rötlich, gelblich, grau oder bläulichgrün sein. Der Strich ist weißlich. Sepiolith ist ein opakes Mineral mit stumpfem Glanz.

- **Bildung** Durch die Alteration der Minerale in Serpentinit.
- **Test** Sepiolith kommt oft als schwimmende poröse Massen vor.

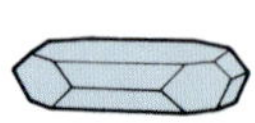

ORTHORHOMBISCH

SG 2,0	Spaltbarkeit Nicht bestimmt	Bruch Uneben

Gruppe	Zusammensetzung	Härte
Silikate	$KCa_4Si_8O_{20}(F,OH) \cdot 8H_2O$	$4^1/_2$ – 5

Apophyllit

Die durch Apophyllit gebildeten Kristalle sind pseudo-kubisch, pyramidal, tafelig oder prismatisch. Das Mineral bildet auch massigen, lamellenförmigen oder körnigen Habitus. Apophyllit kann weiß, farblos, gelb, rosa oder grün sein. Es hat einen weißen Strich. Dieses Mineral ist durchsichtig bis durchscheinend mit Glas- oder Perlmutterglanz auf frischen Spaltflächen.

- Bildung Gebildet durch gasreiche basaltische Laven in hydrothermalen Gängen und in Blasenhohlräumen. Es ist assoziiert mit Mineralen wie Zeolith, Gryolit, Calcit, Quarz, Stilbit, Analcim, Prehnit und Skolezit.
- Test Apophyllit färbt die Flamme violett. In Salzsäure ist es löslich. Beim Erhitzen in geschlossenem Rohr gibt es Wasser ab.

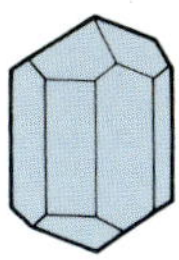

TETRAGONAL

SG	Spaltbarkeit	Bruch
2,3 – 2,5	Sehr vollkommen	Uneben

Gruppe	Zusammensetzung	Härte
Silikate	$NaCa_{16}(Si_{23}Al)O_{60}(OH)_5 \cdot 15H_2O$	3 – 4

Gyrolit

Gyrolit bildet strahlige, lamellenförmige Kristalle, Spheroide oder Konkretionen. Gyrolit kann weiß oder farblos sein. Es ist durchsichtig bis durchscheinend und hat Glasglanz.

- Bildung Durch die Alteration von Calciumsilikat-Mineralen. Als sekundäres Mineral ist Gyrolit assoziiert mit Apophyllit und kommt in Hohlräumen von Gesteinen vor, besonders von Basalten. Es wurden Gyrolit-Spheroide mit einer Größe von bis zu 5 cm und Büschel bis zu 30 cm gefunden.
- Test Beim Erhitzen in einem geschlossenen Rohr gibt Gyrolith Wasser ab.

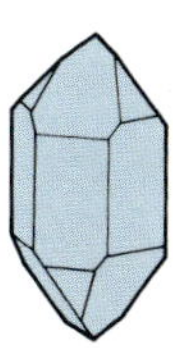

TRIGONAL/ HEXAGONAL

SG	Spaltbarkeit	Bruch
2,34 – 2,45	Sehr vollkommen	Uneben

Gruppe Silikate	Zusammensetzung $Al_2Si_4O_{10}(OH)_2$	Härte 1 – 2

Pyrophyllit

Pyrophyllit bildet tafelige, gestreckte Kristalle, die oft verbogen sind. Es kommt meist in schichtigen, fibrosen, strahligen und lamellenförmigen Massen vor. Die Farbe variiert von Weiß, Grau, Bläulich, Gelblich über Grünlich bis Grünlichbraun, der Strich ist weiß. Pyrophyllit ist durchsichtig bis durchscheinend. Auf frischen Kristallflächen hat es Perlmutterglanz, dieser wird jedoch mit der Zeit stumpf.

- Bildung In kristallinen Schiefern zusammen mit Talk, Andalusit, Sillimanit und Lazulit.
- Test Pyrophyllit fühlt sich, ähnlich wie Talk, fettig an. Beim Erhitzen flockt es und ist in den meisten Flüssigkeiten unlöslich.

MONOKLIN

SG 2,65 – 2,90	Spaltbarkeit Sehr vollkommen	Bruch Uneben

Gruppe Silikate	Zusammensetzung $(K,Na)_3(Fe,Mn)_7Ti_2Si_8O_{24}(O,OH)_7$	Härte 3

Astrophyllit

Astrophyllit bildet blättrige Kristalle, häufig in Sterngruppen. Die Farbe variiert von Bronzegelb bis Goldgelb, der Strich ist blaß grünlichbraun. Astrophyllit ist in dünnen Blättchen durchscheinend und glänzt submetallisch bis perlmuttern.

- Bildung In Hohlräumen magmatischer Gesteine, besonders in Syenit, einem grobkörnigen Gestein intermediärer Zusammensetzung. Es kommt auch in anderen plutonischen Gesteinen vor. Astrophyllit ist assoziiert mit Quarz, Feldspat, Zirkon, Riebeckit, Sphen, Glimmer und Akmit.
- Test In Säuren löst sich Astrophyllit nur langsam. In der Flamme schmilzt es zu einer dunklen, glasigen Substanz, die leicht magnetisch ist. Wenn Astrophyllit spaltet, lassen sich die entstehenden dünnen Blättchen leicht brechen.

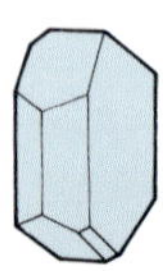

TRIKLIN

SG 3,3 – 3,4	Spaltbarkeit Sehr vollkommen	Bruch Uneben

Gruppe	Zusammensetzung	Härte
Silikate	$(Na, K)AlSi_3O_8$	$6-6^1/_2$

ANORTHOKLAS

Anorthoklas gehört zu den Alkali-Feldspäten und bildet kurze prismatische oder tafelige Kristalle, häufig als Zwillinge. Es kann auch in massigem, lamellenförmigem, körnigem oder kryptokristallinem Habitus auftreten. Anorthoklas ist gelblich, farblos, rötlich, weiß, grau oder grünlich. Er hat einen weißen Strich und ist durchsichtig bis durchscheinend mit Glasglanz.

• BILDUNG Hauptsächlich in vulkanischen magmatischen Gesteinen.

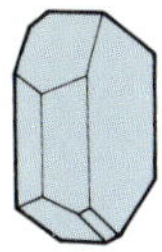

TRIKLIN

SG	Spaltbarkeit	Bruch
2,56–2,62	Sehr vollkommen	Uneben

Gruppe	Zusammensetzung	Härte
Silikate	$KAlSi_3O_8$	$6-6^1/_2$

MIKROKLIN

Mikroklin ist ein Alkali-Feldspat und bildet tafelige oder häufiger kurze prismatische Kristalle, oft als Zwillinge. Es kommt auch in massigem Habitus vor. Die Farbe kann grau, weiß, gelblich, rötlich oder rosa sein. Die grünfarbene Varietät von Mikroklin wird Amazonit genannt. Der Strich ist weiß. Es handelt sich um ein durchsichtiges bis durchscheinendes Mineral mit Glasglanz, auf den Spaltflächen hat es Perlmutterglanz.

• BILDUNG Meist in magmatischen Gesteinen, vor allem Graniten, Pegmatiten und Syeniten. Es kommt auch in einigen metamorphen Gesteinen vor, besonders in Schiefern. Zusätzlich kann Mikroklin in hydrothermalen Gängen und Gegenden der Kontaktmetamorphose gefunden werden. Es ist oft mit Quarz und Albit in Pegmatiten assoziiert.

• TEST Mikroklin ist nur in Flußsäure löslich, die mit größter Vorsicht zu handhaben ist. Es ist in der Flamme nicht schmelzbar.

AMAZONIT

MIKROKLIN

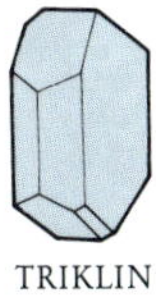

TRIKLIN

SG	Spaltbarkeit	Bruch
2,55–2,63	Sehr vollkommen	Uneben

Gruppe Silikate	Zusammensetzung $KAlSi_3O_8$	Härte 6

SANIDIN

In der Alkali-Feldspat-Gruppe bildet dieses Mineral prismatische oder tafelige Kristalle, die oft verzwillingt sind. Sanidin ist weißlich oder farblos, der Strich weiß. Es handelt sich um ein durchscheinendes Mineral mit Glasglanz auf den Kristallflächen.

- BILDUNG In einer Vielzahl vulkanischer Gesteine, wie Trachyt und Rhyolith. Sanidin kann auch in verschiedenen kontaktmetamorphen Gesteinen vorkommen.
- TEST Sanidin ist in den meisten Säuren unlöslich, aber löst sich vollständig in Flußsäure. Beim Gebrauch dieser Säure muß mit größter Vorsicht gearbeitet werden!

MONOKLIN

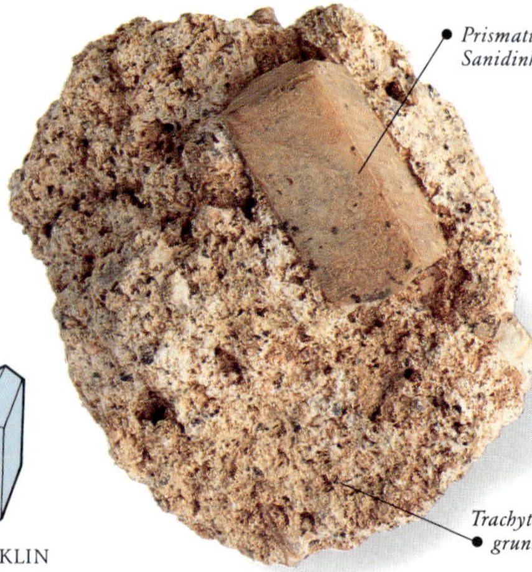

SG 2,56 – 2,62	Spaltbarkeit Sehr vollkommen	Bruch Muschelig bis uneben

Gruppe Silikate	Zusammensetzung $NaAlSi_3O_8$	Härte $6 - 6^1/_2$

ALBIT

Das bei niedriger Temperatur gebildete natriumreiche Endglied der Plagioklas-Feldspat-Reihe bildet tafelige, oft plattige Kristalle, häufig als Zwillinge. Es kann auch massigen, körnigen oder lamellenartigen Habitus haben. Die Blätter sind oft gebogen. Albit ist in der Regel weiß oder farblos, kann aber auch bläulich, grau, grünlich oder rötlich sein. Der Strich ist weiß. Es ist durchsichtig bis durchscheinend mit Glas- bis Perlmutterglanz.

- BILDUNG Albit ist Hauptkomponente vieler magmatischer Gesteine, wie Granit, Pegmatit, Rhyolith, Andesit und Syenit. Albit kommt aber auch in einigen metamorphen Gesteinen, so in Schiefern und Gneisen, und in sedimentären Gesteinen vor. Zusätzlich kann es in hydrothermalen Gängen gebildet werden. In einigen Fällen ist es das Ergebnis der Alteration anderer Feldspäte durch den Prozeß der Albitisierung.
- TEST Albit ist schwer schmelzbar und färbt die Flamme gelb.

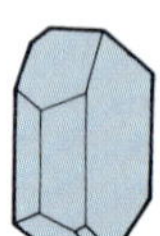

TRIKLIN

SG 2,60 – 2,63	Spaltbarkeit Vollkommen	Bruch Uneben

Gruppe Silikate	Zusammensetzung $(Na,Ca)Al_{1-2}Si_{3-2}O_8$	Härte 6 – 6 1/2

LABRADORIT

Als Mitglied der Plagioklas-Feldspat-Reihe bildet Labradorit selten Kristalle; diese sind dann tafelig und häufig Zwillinge. Andere Formen sind massig, körnig oder kompakt. Labradorit ist blau, grau, weiß oder farblos, und häufig zeigt sich auf den Spaltflächen ein reiches Farbenspiel. Der Strich ist weiß. Es handelt sich um ein durchscheinendes Mineral mit Glasglanz.

• BILDUNG Labradorit ist ein bedeutender Bestandteil einiger magmatischer und metamorpher Gesteine. Hierzu gehören Basalt, Gabbro, Diorit, Andesit, Norit und Amphibolit. Labradorit ist häufig in intermediären und basischen Gesteinen anzutreffen, aber nur selten in granitischen.

• TEST Charakteristisch für Labradorit ist das Schillern oder Farbenspiel auf gebrochenen Flächen. Pulverisiert löst sich Labradorit in Säuren.

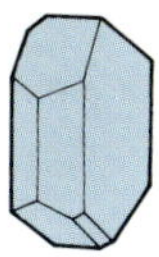

TRIKLIN

SG 2,69 – 2,72	Spaltbarkeit Sehr vollkommen	Bruch Uneben bis muschelig

Gruppe Silikate	Zusammensetzung $CaAl_2Si_2O_8$	Härte 6 – 6 1/2

ANORTHIT

Das Hochtemperaturendglied der Plagioklas-Feldspat-Reihe bildet kurze prismatische Kristalle, oft als Zwillinge. Andere Formen sind lamellenförmig oder massig. Anorthit ist grau, weiß, rosa oder farblos und hat einen weißen Strich. Es handelt sich um ein durchsichtiges bis durchscheinendes Mineral mit Glasglanz.

• BILDUNG In vielen magmatischen Gesteinen, besonders basischer Zusammensetzung, bei hohen Temperaturen gebildet. Zu diesen Gesteinen gehören Basalt, Gabbro, Dolerit und Peridotit. Dieser calciumreiche Feldspat geht in natriumreichen Albit über, der bei niedrigeren Temperaturen entsteht. Anorthit bildet sich auch in einigen metamorphen Gesteinen.

• TEST Anorthit ist in Salzsäure löslich.

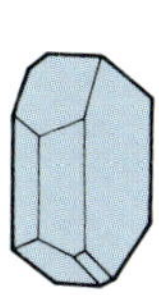

TRIKLIN

SG 2,74 – 2,76	Spaltbarkeit Sehr vollkommen	Bruch Muschelig bis uneben

Gruppe Silikate	Zusammensetzung $(Na, Ca)Al_{1\text{-}2}Si_{3\text{-}2}O_8$	Härte $6 - 6^1/_2$

Andesin

Andesin, ein Mitglied der Plagioklas-Feldspat-Reihe, bildet manchmal tafelige Kristalle, oft als Zwillinge. Meist ist der Habitus massig, kompakt oder körnig. Das Mineral ist grau, weiß oder farblos, der Strich weiß. Andesin ist durchsichtig bis durchscheinend mit Glasglanz auf frischen Kristallflächen.

- Bildung In intermediären magmatischen Gesteinen und in vielen metamorphen Gesteinen. Hierzu gehören Andesit und Amphibolit. Dieses Glied der Plagioklasreihe steht zwischen calciumreichem Anorthit und natriumreichem Albit.
- Test Natrium färbt die Flamme gelb, während Calcium sie ziegelrot färbt. Beide Farben erscheinen in Abhängigkeit von der Temperatur.

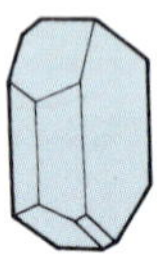
TRIKLIN

SG 2,66 – 2,68	Spaltbarkeit Sehr vollkommen	Bruch Uneben bis muschelig

Gruppe Silikate	Zusammensetzung $(Na, Ca)Al_{1\text{-}2}Si_{3\text{-}2}O_8$	Härte $6 - 6^1/_2$

Oligoklas

Als Mitglied der Plagioklas-Feldspat-Reihe bildet Oligoklas tafelige Kristalle, oft als Zwillinge. Üblicherweise ist der Habitus massig, körnig oder kompakt. Es kann grau, weiß, grünlich, gelblich, braun, rötlich oder farblos sein, der Strich ist weiß. Oligoklas ist durchsichtig bis durchscheinend und hat Glasglanz.

- Bildung In vielen magmatischen und metamorphen Gesteinen. Zu den magmatischen gehören plutonische und vulkanische Gesteine, wie saure Granite und Pegmatite, intermediärer Syenit, Trachyt und Andesit sowie basischer Basalt. In metamorphen Umgebungen bildet sich Oligoklas in hochgradig regionalmetamorphen Gneisen und Schiefern.
- Test Oligoklas kann durch Einschlüsse bedingte leuchtende Reflexionen zeigen.

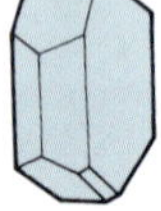
TRIKLIN

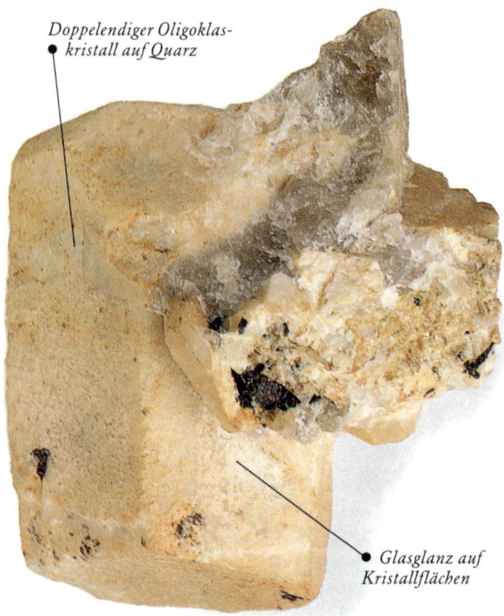

SG 2,63 – 2,67	Spaltbarkeit Sehr vollkommen	Bruch Uneben bis muschelig

Gruppe Silikate	Zusammensetzung $KAlSi_3O_8$	Härte $6-6^1/_2$

ORTHOKLAS

Als bedeutendes gesteinsbildendes Mineral zeigt Orthoklas prismatische oder tafelige Kristalle, oft als Zwillinge. Andere Formen sind massig, lamellenförmig und körnig. Es ist weiß, rötlich, farblos, gelb, grau oder grün und hat einen weißen Strich. Orthoklas ist ein durchsichtiges bis durchscheinendes Mineral mit Glas- bis Perlmutterglanz.

- BILDUNG In vielen magmatischen und metamorphen Gesteinen. Zu den Magmatiten gehören Granit, Pegmatit, Rhyolith, Trachyt und Syenit; metamorphe Beispiele sind Gneise und Schiefer. Dieses Mineral kann auch in einigen sedimentären Gesteinen auftreten.
- TEST Orthoklas ist in Säuren unlöslich und fast nicht schmelzbar.

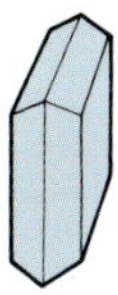

MONOKLIN

SG 2,55–2,63	Spaltbarkeit Sehr vollkommen	Bruch Uneben bis muschelig

Gruppe Silikate	Zusammensetzung $(Na,Ca)Al_{1-2}Si_{3-2}O_8$	Härte $6-6^1/_2$

BYTOWNIT

Dieses Mitglied der Plagioklas-Feldspat-Reihe bildet tafelige Kristalle, oft als Zwillinge. Häufiger ist der Habitus massig, kompakt oder körnig. Es ist weiß, grau, bräunlich oder farblos und hat einen weißen Strich. Bytownit ist durchsichtig bis durchscheinend mit Glasglanz.

- BILDUNG Als wesentliche Komponente vieler magmatischer Gesteine, wie Dolerit, Basalt, Gabbro, Norit und Anorthosit. Bytownit findet sich auch in metamorphen Gesteinen, wie Gneisen und Schiefern, die durch Regionalmetamorphose gebildet wurden.
- TEST Ebenso wie die anderen Mitglieder der Plagioklasreihe zeigt Bytownit polysynthetische Zwillinge. Dies ermöglicht es, ihn von Orthoklas zu unterscheiden, der nur einfache Zwillinge bildet.

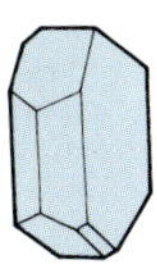

TRIKLIN

SG 2,72–2,74	Spaltbarkeit Sehr vollkommen	Bruch Uneben bis muschelig

Gruppe	Zusammensetzung	Härte
Silikate	$(Na,Ca)_{4\text{-}8}Al_6Si_6(O,S)_{24}(SO_4Cl)_{1\text{-}2}$	$5^1/_2$–6

HAUYN

Die von Hauyn gebildeten dodekaedrischen oder oktaedrischen Kristalle sind oft verzwillingt. Es kommt aber auch als gerundete Körner vor. Die Farbe reicht von Blau bis Weiß, Grün, Gelb oder Rot. Der Strich ist bläulich oder weiß. Hauyn ist durchsichtig bis durchscheinend und hat Glas- bis Fettglanz.

- BILDUNG Hauyn bildet sich in siliziumarmen Laven.
- TEST Löslich in Säuren, wobei die Lösung sich gelb färbt.

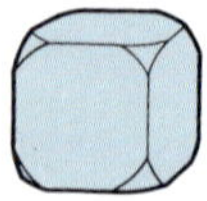

KUBISCH

SG	Spaltbarkeit	Bruch
2,44–2,50	Unvollkommen	Uneben bis muschelig

Gruppe	Zusammensetzung	Härte
Silikate	$(Na,Ca)_{7\text{-}8}(Al,Si)_{12}O_{24}[(SO_4),Cl_2(OH)_2]$	5–$5^1/_2$

LASURIT

Lasuritkristalle sind dodekaedrisch, oktaedrisch oder würfelig, kommen aber selten vor. Der übliche Habitus ist massig oder kompakt, die Farbe dunkelblau, azurblau, violettblau oder grünlichblau. Der Strich ist kräftig blau. Ein durchscheinendes Mineral mit stumpfem Glanz.

- BILDUNG In durch Wärme überprägten Kalksteinen.
- TEST Lasurit löst sich in Salzsäure, wobei sich ein Geruch nach faulen Eiern entwickelt.

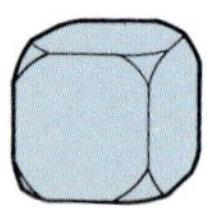

KUBISCH

SG	Spaltbarkeit	Bruch
2,4–2,5	Unvollkommen	Uneben bis muschelig

Gruppe	Zusammensetzung	Härte
Silikate	$Na_8Al_6Si_6O_{24}Cl_2$	$5^1/_2$–6

SODALITH

Sodalith bildet dodekaedrische Kristalle, oft als Zwillinge. Es kann auch in massigem oder körnigem Habitus mit einer internen konzentrischen Struktur auftreten. Sodalith variiert von Hell- bis Dunkelblau, obwohl es auch weiß, farblos, gelblich, grünlich oder rötlich sein kann. Der Strich ist farblos. Es handelt sich um ein durchsichtiges bis durchscheinendes Mineral mit Glas- bis Fettglanz.

- BILDUNG In einigen magmatischen Gesteinen, wie Syenit.
- TEST Löslich in Salz- und Salpetersäure.

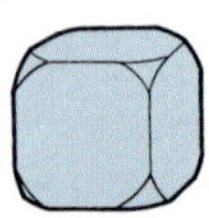

KUBISCH

SG	Spaltbarkeit	Bruch
2,14–2,40	Unvollkommen	Uneben bis muschelig

Gruppe Silikate	Zusammensetzung $KAlSi_2O_6$	Härte $5^1/_2-6$

Leucit

Leucit bildet trapezoedrische Kristalle, die gestreifte Flächen haben können. Zwillingsbildung ist häufig. Es kann auch massigen oder körnigen Habitus haben oder als verstreute Körner auftreten. Leucit variiert von Weiß über Grau bis Farblos, der Strich ist farblos. Es handelt sich um ein durchsichtiges bis durchscheinendes Mineral mit Glasglanz.

• Bildung In Laven basischer Zusammensetzung, besonders kaliumreichen, wie Basalten und Phonolithen. Dieses Mineral alteriert ziemlich schnell und findet sich deshalb kaum in Laven, die geologisch alt sind.

• Test Leucit löst sich in Salzsäure. Über 625°C wandelt Leucit seine Struktur vom tetragonalen zum kubischen System um.

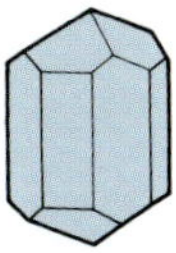

TETRAGONAL

SG 2,5	Spaltbarkeit Sehr unvollkommen	Bruch Muschelig

Gruppe Silikate	Zusammensetzung $(Na,K)AlSiO_4$	Härte $5^1/_2-6$

Nephelin

Nephelin bildet prismatische hexagonale Kristalle, häufig als Zwillinge. Es kann in kompaktem, massigem oder körnigem Habitus auftreten. Nephelin variiert von Weiß, Farblos und Grau bis Gelblich, Dunkelgrün und Bräunlichrot. Der Strich ist weiß. Es ist durchsichtig bis durchscheinend und hat Glas- bis Fettglanz.

• Bildung In vielen siliziumarmen alkalinen magmatischen Gesteinen, besonders von intermediärer Zusammensetzung. Es ist zu finden in Syeniten (Nephelin-Syenit) und Pegmatiten, lokal auch in Schiefern und Gneisen.

• Test In Salzsäure bildet Nephelin ein Gel. Es färbt die Flamme infolge des Natriumgehalts in seiner Struktur gelb.

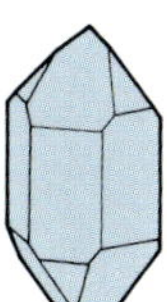

TRIGONAL/
HEXAGONAL

SG 2,5–2,7	Spaltbarkeit Unvollkommen	Bruch Muschelig

Gruppe	Zusammensetzung	Härte
Silikate	$Na_8Al_6Si_6O_{24}(SO_4)$	$5^1/_2$–6

Nosean

Nosean bildet dodekaedrische Kristalle, häufiger aber einen massigen oder körnigen Habitus. Die Farbe variiert stark von Grau, Bläulich und Braun bis Farblos und Weiß. Nosean hat einen farblosen Strich. Es handelt sich um ein durchsichtiges bis durchscheinendes Mineral mit Glasglanz auf frischen Oberflächen.

• BILDUNG In siliziumarmen Laven. Hierzu gehören die intermediären Gesteine wie Phonolith, in welchem die Minerale der Sodalithgruppe häufig größere Kristalle in der Grundmasse bilden, so daß eine porphyrische Struktur entsteht. Lokal kommt Nosean auch in vulkanischen Bomben vor.

• TEST Nosean bildet beim Kontakt mit Säuren ein Gel.

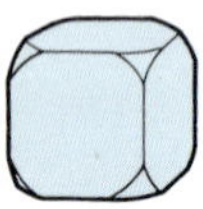

KUBISCH

SG	Spaltbarkeit	Bruch
2,3–2,4	Unvollkommen	Uneben bis muschelig

Gruppe	Zusammensetzung	Härte
Silikate	$Na_6Ca_2Al_6Si_6O_{24}(CO_3)_2$	5–6

Cancrinit

Cancrinit bildet selten prismatische Kristalle. Der übliche Habitus ist massig. Es ist weiß, gelb, orange, rosa, rötlich oder bläulich und hat einen farblosen Strich. Es handelt sich um ein durchsichtiges bis durchscheinendes Mineral mit Glas-, Perlmutter- oder Fettglanz.

• BILDUNG In einer Vielzahl magmatischer Gesteine. Hierzu gehören alkalireiche Gesteine, wo es primär oder als Alterationsprodukt von Nephelin auftritt. Es ist häufig mit Sodalith in Syenit vergesellschaftet. Cancrinit ist auch in hochgradig regionalmetamorphen Gesteinen zu finden, so in Gneisen.

• TEST Cancrinit löst sich unter Schäumen in Salzsäure, läßt aber ein Silicagel zurück.

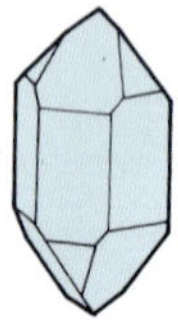

TRIGONAL/ HEXAGONAL

SG	Spaltbarkeit	Bruch
2,42–2,51	Sehr vollkommen	Uneben

Gruppe	Zusammensetzung	Härte
Silikate	$(Na,Ca,K)_4Al_3(Al,Si)_3Si_6O_{24}(Cl,F,OH,CO_3,SO_4)$	$5^1/_2$ – 6

SKAPOLITH

Calciumreicher Mejonit und natriumreicher Marialith bilden die Reihe der Minerale, die Skapolith genannt wird. Diese Gruppe zeigt prismatische Minerale, aber auch massigen und körnigen Habitus. Skapolith kann farblos, weiß, grau, bläulich, grünlich, gelblich, bräunlich, rosa oder violett sein. Es hat einen farblosen Strich und ist durchsichtig bis durchscheinend mit Glas-, Perlmutter- oder Harzglanz.

- BILDUNG In magmatischen Gesteinen, deren ursprünglich basische Zusammensetzung alteriert ist, und in metamorphen Gesteinen, so in hochgradigen Schiefern und Gneisen.
- TEST Löslich in Salzsäure.

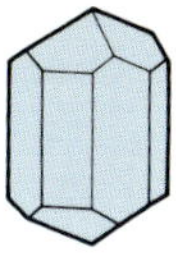

TETRAGONAL

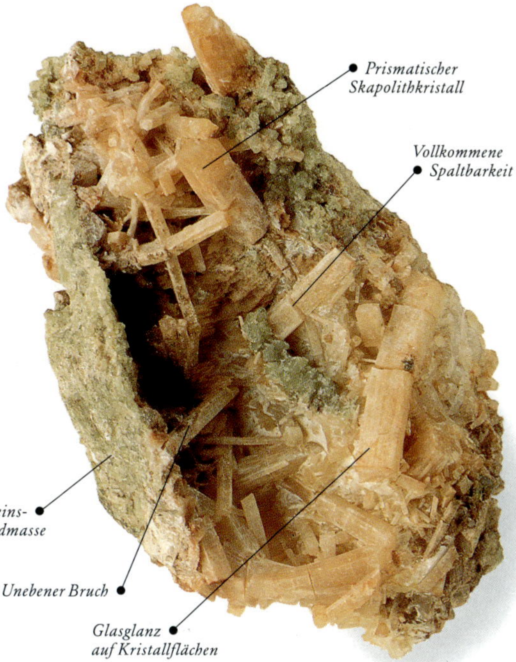

SG	Spaltbarkeit	Bruch
2,50 – 2,78	Vollkommen	Uneben bis muschelig

Gruppe	Zusammensetzung	Härte
Silikate	$LiAlSi_4O_{10}$	6 – $6^1/_2$

PETALITH

Petalith bildet selten kleine Kristalle, oft als Zwillinge. Häufiger kommt Petalith in großen, spaltbaren Massen vor. Es kann weiß, grau, rosa, gelb oder farblos sein, der Strich ist weiß. Es handelt sich um ein durchsichtiges bis durchscheinendes Mineral mit Glas- bis Perlmutterglanz.

- BILDUNG In sehr grobkörnigen, sauren magmatischen Gesteinen. Es ist vergesellschaftet mit vielen anderen Mineralen, wie Quarz, Lepidolith, Spodumen und anderen lithiumreichen Mineralen.
- TEST Petalith färbt die Flamme karminrot und ist unlöslich.

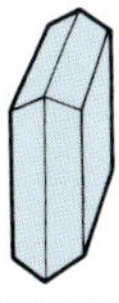

MONOKLIN

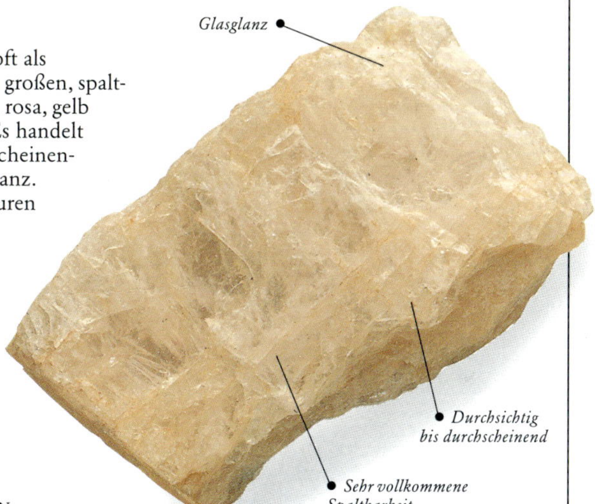

SG	Spaltbarkeit	Bruch
2,3 – 2,5	Sehr vollkommen	Halbmuschelig

Gruppe	Zusammensetzung	Härte
Silikate	$NaAlSi_2O_6 \cdot H_2O$	$5-5\frac{1}{2}$

Analcim

Dieses Zeolithmineral kommt in gut geformten Trapezoedern, Ikositetraedern und abgewandelten Würfeln vor, bildet aber auch massigen, körnigen und kompakten Habitus. Es kann weiß, farblos, grau, rosa, gelblich oder grünlich sein und hat einen weißen Strich. Analcim ist durchsichtig bis durchscheinend mit Glasglanz.

• Bildung In basaltischen Magmatiten und durch die Alteration von Sodalith und Nephelin. Analcim findet sich auch in detritischen Sedimenten, und zwar zusammen mit anderen Zeolithen und Calcit.

• Test Beim Erhitzen schmilzt Analcim und färbt die Flamme gelb. Es ist in Säuren löslich und gibt beim Erhitzen in einem geschlossenen Rohr Wasser ab.

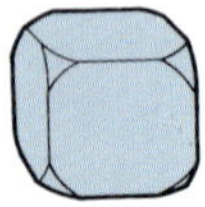

KUBISCH

SG	Spaltbarkeit	Bruch
2,22–2,29	Sehr unvollkommen	Halbmuschelig

Gruppe	Zusammensetzung	Härte
Silikate	$CaAl_2Si_4O_{12} \cdot 6H_2O$	4–5

Chabasit

Als ein typisches Mitglied der Zeolithgruppe bildet Chabasit pseudokubische, rhomboedrische Kristalle, oft als Zwillinge. Die Farbe kann weiß, gelblich, rosa, rötlich, grünlich oder farblos sein, der Strich ist farblos. Es handelt sich um ein durchsichtiges bis durchscheinendes Mineral mit Glasglanz.

• Bildung In Hohlräumen basaltischer Laven und einigen Kalksteinen. Es ist assoziiert mit anderen Zeolithen, wie Harmotom, Phillipsit, Heulandit und Skolezit, sowie mit Quarz und Calcit. Es kann aber auch in einigen metamorphen Gesteinen vorkommen, so in Schiefern und rund um heiße Quellen in Mineralkrusten, die aus heißen Fluiden ablagerten.

• Test Beim Erhitzen in geschlossenem Rohr gibt es Wasser ab.

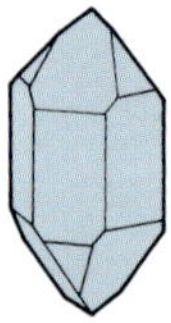

TRIGONAL/
HEXAGONAL

SG	Spaltbarkeit	Bruch
2,05–2,16	Unvollkommen	Uneben

Gruppe	Zusammensetzung	Härte
Silikate	$(Ba,K)_{1-2}(Si,Al)_8O_{16} \cdot 6H_2O$	4 ½

Harmotom

Harmotom, ein Zeolithmineral, bildet pseudo-tetragonale oder pseudo-orthorhombische Zwillingskristalle und strahlige Aggregate. Die Farbe kann weiß, grau, rosa, gelb, braun oder farblos sein. Der Strich ist weiß. Harmotom ist durchsichtig bis durchscheinend und hat Glasglanz.

- **Bildung** In Blasen basaltischer Laven.
- **Test** Harmotom ist schmelzbar und in Salzsäure löslich.

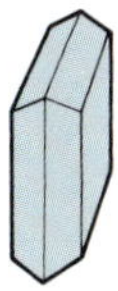

MONOKLIN

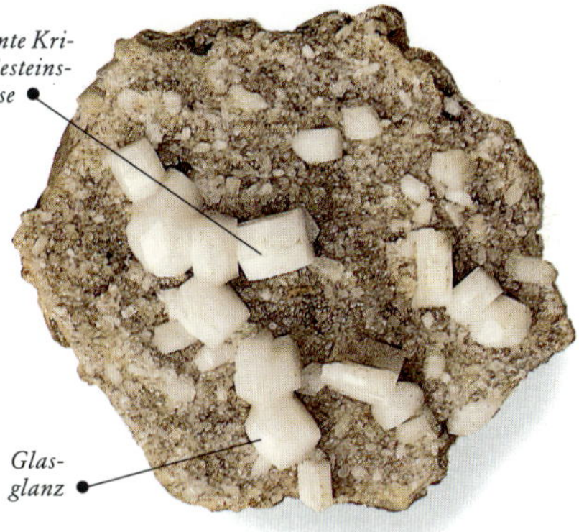

SG	Spaltbarkeit	Bruch
2,41–2,50	Vollkommen	Uneben bis halbmuschelig

Gruppe	Zusammensetzung	Härte
Silikate	$(Na,Ca)_{2-3}Al_3(Al,Si)_2Si_{13}O_{36} \cdot 12H_2O$	3 ½–4

Heulandit

Dieser Zeolith kommt als tafelige, trapezoedrische Kristalle vor, bildet aber auch massigen und körnigen Habitus. Heulandit kann weiß, grau, gelb, rosa, rot, orange, farblos und braun sein und hat einen farblosen Strich. Es ist durchsichtig bis durchscheinend mit Glas- bis Perlmutterglanz.

- **Bildung** In Blasen von Basalten.
- **Test** Heulandit ist schmelzbar und löslich in Salzsäure.

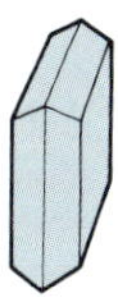

MONOKLIN

SG	Spaltbarkeit	Bruch
2,1–2,2	Sehr vollkommen	Uneben

Gruppe	Zusammensetzung	Härte
Silikate	$CaAl_2Si_4O_{12} \cdot 4H_2O$	3–4

Laumontit

Dieses Zeolithmineral bildet prismatische Kristalle, kommt aber auch in massigem, fibrosem, säuligem und strahligem Habitus vor. Es ist weiß, grau, bräunlich, rosa oder gelblich, der Strich farblos. Es hat Glas- bis Perlmutterglanz und ist durchsichtig bis opak.

- **Bildung** In Hohlräumen von Basalten.
- **Test** Löslich in Salzsäure, die Lösung färbt sich gelb.

MONOKLIN

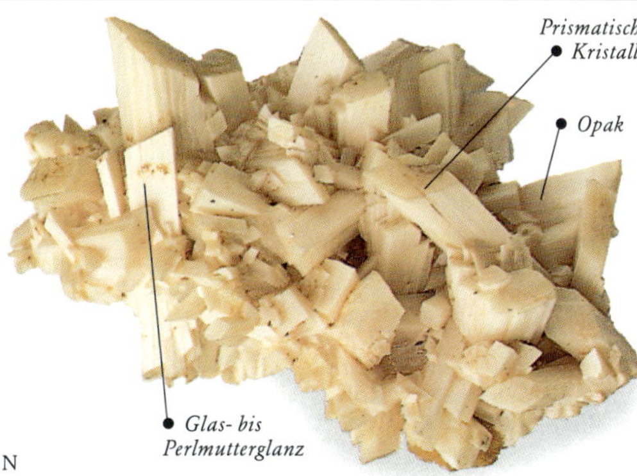

SG	Spaltbarkeit	Bruch
2,2–2,4	Sehr vollkommen	Uneben

Gruppe	Zusammensetzung	Härte
Silikate	$Na_2Al_2Si_3O_{10} \cdot 2H_2O$	5–5 1/2

Natrolith

Dieses Zeolithmineral bildet schmale oder nadelige prismatische Kristalle, die vertikal gestreift sind. Es kann auch in fibrosem, strahligem, massigem, kompaktem oder körnigem Habitus auftreten. Die Farbe ist weiß, grau, gelblich, rötlich oder farblos, der Strich weiß. Es handelt sich um ein durchsichtiges bis durchscheinendes Mineral mit Glas- bis Perlmutterglanz.

- **Bildung** In Blasen von Basalten.
- **Test** Natrolith bildet mit Säuren ein Gel.

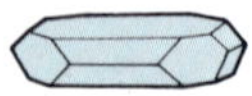

ORTHORHOMBISCH

SG	Spaltbarkeit	Bruch
2,20–2,26	Sehr vollkommen	Uneben

Gruppe	Zusammensetzung	Härte
Silikate	$Na_2Ca_2Al_6Si_9O_{30} \cdot 8H_2O$	5

Mesolith

Dieses Zeolithmineral kommt als fibrose oder nadelige Kristalle vor, die Büschel oder kompakte Massen bilden. Es tritt stets als Zwillinge auf. Das Mineral ist weiß oder farblos und durchsichtig mit Glas- oder Seidenglanz.

- **Bildung** In Blasen basaltischer Laven.
- **Test** Mit Säuren bildet Mesolith Gel. Beim Erhitzen in einem geschlossenen Rohr gibt es Wasser ab.

MONOKLIN

SG	Spaltbarkeit	Bruch
2,2–2,3	Sehr vollkommen	Uneben

Gruppe	Zusammensetzung	Härte
Silikate	$(K,Na,Ca)_{1-2}(Si,Al)_8O_{16} \cdot 6H_2O$	4–4 1/2

Phillipsit

Dieser Zeolith kommt als Zwillingskristall vor und ist weiß, farblos, rötlich oder gelblich. Es handelt sich um ein durchsichtiges bis durchscheinendes Mineral mit Glasglanz.

- **Bildung** In Blasenhohlräumen von Basalten, in Tiefseelagerstätten und rund um heiße Quellen.
- **Test** Phillipsit ist löslich in Säuren. Es hat zwei vollkommene Spaltbarkeiten.

MONOKLIN

SG	Spaltbarkeit	Bruch
2,2	Vollkommen	Uneben

Gruppe	Zusammensetzung	Härte
Silikate	$CaAl_2Si_3O_{10} \cdot 3H_2O$	5

Skolezit

Dieses Zeolithmineral bildet vertikal gestreifte, dünne, prismatische Kristalle. Skolezit kann auch in strahlig-fibrosen Massen auftreten. Die Farbe ist weiß, gelblich oder farblos. Es handelt sich um ein durchsichtiges bis durchscheinendes Mineral mit Glas- bis Seidenglanz.

- Bildung In Hohlräumen basaltischer Laven.
- Test Beim Erhitzen kräuselt es sich in wurmähnlichen Formen und schmilzt.

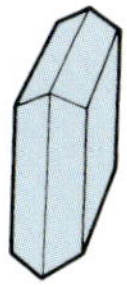

MONOKLIN

SG	Spaltbarkeit	Bruch
2,27	Sehr vollkommen	Uneben

Gruppe	Zusammensetzung	Härte
Silikate	$NaCa_2Al_5Si_{13}O_{36} \cdot 14H_2O$	3 1/2 – 4

Stilbit

Dieses Zeolithmineral bildet rhombische Kristalle, oft als kreuzförmige Durchdringungszwillinge. Andere Formen sind blättrige, kugelige und strahlige Massen. Die Farbe ist weiß, grau, gelblich, rosa, rötlich, orange oder braun, der Strich farblos. Stilbit ist ein durchsichtiges bis durchscheinendes Mineral mit Glas- oder Seidenglanz.

- Bildung In Hohlräumen basaltischer und anderer Laven.
- Test Stilbit ist in Salzsäure löslich.

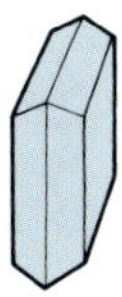

MONOKLIN

SG	Spaltbarkeit	Bruch
2,09 – 2,40	Sehr vollkommen	Uneben

Gruppe	Zusammensetzung	Härte
Silikate	$NaCa_2Al_5Si_5O_{20} \cdot 6H_2O$	5 – 5 1/2

Thomsonit

Dieses Zeolithmineral bildet nadelige prismatische Kristalle, häufiger aber lamellenförmige oder strahlige Aggregate. Die Farbe ist weiß, farblos, gelblich, rosa oder grünlich. Es hat einen farblosen Strich und ist durchsichtig bis durchscheinend mit Glas- und Perlmutterglanz.

- Bildung In Hohlräumen von Laven.
- Test Thomsonit ist in Salzsäure löslich, wobei die Lösung sich gelb färbt.

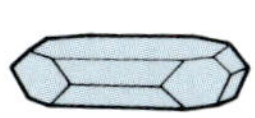

ORTHORHOMBISCH

SG	Spaltbarkeit	Bruch
2,25 – 2,40	Sehr vollkommen	Uneben bis halbmuschelig

GESTEINE

MAGMATISCHE GESTEINE

MAGMATISCHE GESTEINE bilden sich durch die Kristallisation aus ehemals geschmolzenem Material. Dieses wird als Magma bezeichnet – wenn es die Oberfläche erreicht, nennt man es Lava. In erster Linie handelt es sich um eine Silikatschmelze, die neben Silizium und Sauerstoff die Elemente Aluminium, Eisen, Calcium, Natrium, Kalium und Magnesium enthält. Kristallisiert das Magma oder die Lava, entstehen Silikatminerale, die zusammen das magmatische Gestein aufbauen.

Gruppe	Herkunft	Korngröße	Kristallform
Magmatisch	Intrusiv	Grob	Xenomorph, idiomorph

ROSA GRANIT

Das häufigste intrusive Gestein, der Granit, ist sauer. Er hat einen Gesamt-Siliziumdioxidgehalt von mehr als 65 % und einen Quarzgehalt von mindestens 20 %. Kalifeldspäte (Orthoklas, Mikroklin) sind in der Regel stärker vertreten als Plagioklase (natriumreich) und häufig rosafarben. Glimmer kommen als dunkler Biotit und als silbriger Muskovit vor. Hornblende kann ebenfalls enthalten sein.

• GEFÜGE Granit ist ein grobkörniges Gestein mit Kristallen, die größer als 5 mm im Durchmesser sind.

• HERKUNFT In erheblicher Tiefe der Erdkruste gebildet.

Klassifikation	Vorkommen	Farbe
Sauer	Pluton	Hell

Gruppe	Herkunft	Korngröße	Kristallform
Magmatisch	Intrusiv	Grob	Xenomorph, idiomorph

WEISSER GRANIT

Ein hoher Siliziumdioxidgehalt – über 65 % Gesamtsilizium und nicht weniger als 20 % Quarz – klassifizieren den Granit als saures Gestein. Kalifeldspäte (Orthoklas und Mikroklin) dominieren und haben eine weiße Farbe. Oft ist auch albitischer Plagioklas vorhanden. Dunkler Biotit und Hornblende geben dem Gestein ein geflecktes Aussehen. Heller, glitzernder Muskovit ist ebenso häufig vertreten.

• GEFÜGE Ein grobkörniges Gestein mit idiomorphen Feldspat- und Glimmerkristallen und meist xenomorphem Quarz.

• HERKUNFT In plutonischen Umgebungen.

Klassifikation	Vorkommen	Farbe
Sauer	Pluton	Hell

Gruppe	Herkunft	Korngröße	Kristallform
Magmatisch	Intrusiv	Grob	Xenomorph, idiomorph

Porphyrischer Granit

Ein granitisches Gestein mit mehr als 65 % Siliziumdioxid und mindestens 20 % Quarz. Es enthält rosafarbenen Orthoklas und weißen Mikroklin oder albitischen Feldspat. Biotitkristalle und Quarz sind sichtbar. Hornblende kann mit zu dem gesprenkelten Aussehen beitragen.

- Gefüge Granit kann körnig oder porphyrisch sein. Die Einsprenglinge bestehen meist aus Feldspat.
- Herkunft Durch Abkühlung von Magma in zwei Schritten.

Klassifikation	Vorkommen	Farbe
Sauer	Pluton	Hell

Gruppe	Herkunft	Korngröße	Kristallform
Magmatisch	Intrusiv	Grob	Xenomorph, idiomorph

Graphischer Granit

Als saures magmatisches Gestein enthält dieser Granit 20 % Quarz und über 65 % Gesamtsilizium. Er besteht aus Kalifeldspat (Orthoklas und Mikroklin), Albit, grauem Quarz und einigen dunklen Biotiten.

- Gefüge Grobkörnig, mit graphischem Gefüge.
- Herkunft Gebildet durch die zeitgleiche Kristallisation von Quarz und Kalifeldspat.

Klassifikation	Vorkommen	Farbe
Sauer	Pluton	Hell

Gruppe	Herkunft	Korngröße	Kristallform
Magmatisch	Intrusiv	Grob	Xenomorph, idiomorph

Hornblende-Granit

Dieses granitische Gestein enthält mehr als 20 % Quarz und über 65 % Siliziumdioxid. Kalifeldspat (Orthoklas und Mikroklin) überwiegen gegenüber den Plagioklasen. Hornblende kommt in kleinen Massen und als prismatische Kristalle vor. Im Gestein ist auch Glimmer vorhanden.

- Gefüge Grobkörnig mit gleich großen Kristallen, so daß ein gleichmäßiges Gefüge entsteht.
- Herkunft Aus verschiedenen Tiefen der Erdkruste.

Klassifikation	Vorkommen	Farbe
Sauer	Pluton	Mittel

Gruppe Magmatisch	Herkunft Intrusiv	Korngröße Grob	Kristallform Xenomorph, idiomorph

Adamellit

Als saures Gestein enthält Adamellit mehr als 65 % Siliziumdioxid und über 20 % Quarz. Es beinhaltet einen großen Anteil Feldspäte, wobei Kalifeldspat (Orthoklas und Mikroklin) und Plagioklas etwa in gleicher Menge vorliegen. Biotit verleiht dem Adamellit ein gesprenkeltes Aussehen. In der Matrix sind kleine graue Quarzkörner zu finden.

- Gefüge Adamellit ist ein grobkörniges Gestein mit fast gleichkörnigen Kristallen (Körner gleicher Größe), es kann aber auch porphyrisch sein. Die Kristalle sind groß genug, um sie mit bloßem Auge zu betrachten. Die meisten Kristalle sind idiomorph, die Quarze xenomorph.
- Herkunft Kristallisiert in Magmen, die mit großen Plutonen assoziiert sind.

Klassifikation Sauer	Vorkommen Pluton	Farbe Hell

Gruppe Magmatisch	Herkunft Intrusiv	Korngröße Mittel	Kristallform Xenomorph, idiomorph

Weisser Mikrogranit

Ein saures Gestein mit einem Anteil von mehr als 65 % Gesamtsilizium und über 20 % Quarz. Es enthält mehr Kalifeldspat (Orthoklas und Mikroklin) als Plagioklase. Mögliche Bestandteile sind auch dunkler Biotit und/oder heller Muskovit. Flecken von Biotit können dem Mikrogranit eine dunklere Farbe geben.

- Gefüge Mittelkörnig mit Kristallen von 5 – 0,5 mm im Durchmesser. Dadurch ist die Mineralbestimmung erschwert. Die Kristalle sind in der Regel gleichkörnig, aber viele sind xenomorph und manchmal aufgrund schnellerer Abkühlung porphyrisch.
- Herkunft In den äußeren Rändern von Pegmatiten. Durch die Kristallisation von Magma in mittlerer Tiefe auch als kleine Intrusionen wie Gänge und Dykes.

Klassifikation Sauer	Vorkommen Dyke, Gang	Farbe Hell, Mittel

Gruppe Magmatisch	Herkunft Intrusiv	Korngröße Mittel	Kristallform Xenomorph, idiomorph

Rosafarbener Mikrogranit

Ein saures Gestein mit mehr als 65 % Siliziumdioxid und über 20 % Quarz. Wenn der dominierende Feldspat rosafarbener Orthoklas ist, beeinflußt dies die Farbe des Gesteins. Enthält der Mikrogranit Biotit, erscheint dieser in dunklen Flecken. Die grauen Quarzkörner in der Grundmasse sind oft xenomorph.

- Gefüge Mittelkörnig, mit Kristallen von 5 – 0,5 mm im Durchmesser. Die Kristalle sind meist gleichkörnig.
- Herkunft In der Regel in Dykes und Gängen aus kristallisierendem Magma gebildet.

Klassifikation Sauer	Vorkommen Dyke, Gang	Farbe Hell, Mittel

Gruppe Magmatisch	Herkunft Intrusiv	Korngröße Mittel	Kristallform Xenomorph, idiomorph

Porphyrischer Mikrogranit

Dieses saure Gestein setzt sich aus mehr als 65 % Gesamtsilizium und über 20 % Quarz zusammen. Wie in anderen Graniten enthält der porphyrische Granit mehr Kalifeldspat (Orthoklas und Mikroklin) als Plagioklas. Dieses Handstück zeigt helle Feldspat-Einsprenglinge in einer Matrix, die dunklen Biotit aufweist.

- Gefüge Es handelt sich um ein mittelkörniges Gestein mit Kristallen von 5 – 0,5 mm im Durchmesser. Ein porphyrisches Gefüge ist üblich. Die Einsprenglinge haben meist eine gute Kristallform und sind entlang der Fließrichtung eingeregelt. Die Einsprenglinge sind in der Regel idiomorphe Feldspäte. Das porphyrische Gefüge kann die Kristallisierung in einem Muttermagma anzeigen.
- Herkunft Porphyrische Mikrogranite bilden sich in kleinen Intrusionen wie Gängen und Dykes.

Klassifikation Sauer	Vorkommen Dyke, Gang	Farbe Mittel

Gruppe Magmatisch/met	Herkunft Auswürfl.	Korngröße Fein	Kristallform Xenomorph, idiomorph

Xenolith

Xenolith bezeichnet ein Gesteinsfragment in einem magmatischen Gesteinskörper, das eine andere Zusammensetzung und Herkunft hat. In der Regel wurde er von Magma mitgerissen und teilweise alteriert. In einigen Fällen kann der Fremdgesteinseinschluß vollständig assimiliert werden und ist dann nicht mehr als solcher erkennbar. Dieses Handstück zeigt eine dunkle Lavamasse in rosa Granit.

- Gefüge Der Xenolith ist ein mittel- bis feinkörniges Gestein mit Kristallen von ca. 0,5 mm im Durchmesser. Der Granit ist grobkörnig mit Kristallen von über 5 mm Größe.
- Herkunft Xenolithe kommen in vielen magmatischen Gesteinen verschiedener Bildungsmilieus vor.

Klassifikation Sauer bis basisch	Vorkommen Pluton, Vulkan	Farbe Dunkel

Gruppe Magmatisch	Herkunft Intrusiv	Korngröße Mittel	Kristallform Xenomorph, Idiomorph

Quarzporphyr

Ein saures Gestein mit mehr als 65 % Gesamtsilizium und über 10 % Quarz. Es enthält Einsprenglinge von Quarz und Alkalifeldspat (meist Orthoklas) in einer mikrokristallinen Matrix. In Quarzporphyr überwiegen die Orthoklase gegenüber den Plagioklasen. In diesem Handstück sind auch einige Hornblendeflecken sichtbar.

- Gefüge Dies ist ein mittelkörniges Gestein, das allerdings einige größere Kristalle (Einsprenglinge) wichtiger Minerale in einer feinkörnigeren Grundmasse enthält. Die Kristalle der Matrix sind nahezu gleichkörnig. Als porphyrisches Gestein wurde der Quarzporphyr wahrscheinlich in zwei Stadien während der Magmenabkühlung gebildet.
- Herkunft Quarzporphyr bildet kleinere Intrusivstrukturen, so Gänge und Dykes durch Abkühlung von intrudierten Magmen. Meist kommen sie nicht in großer Tiefe vor.

Klassifikation Sauer	Vorkommen Dyke, Gang	Farbe Hell, mittel

Gruppe Magmatisch	Herkunft Intrusiv	Korngröße Sehr grob	Kristallform Idiomorph

Feldspat-Pegmatit

Dieses saure Gestein hat eine Mineralzusammensetzung wie ein Granit. Es weist einen hohen Anteil an Feldspäten auf, grauen Quarz und dunkle Glimmer oder Amphibole. Der Gesamt-Siliziumdioxidgehalt liegt über 65 %.

- Gefüge Infolge des langsamen Abkühlens sind Pegmatite sehr grobkörnig: einige können Kristalle von mehreren Metern Durchmesser haben. In diesem Stück ist die Masse von weißem Feldspat über 10 cm lang. Die Minerale können leicht ohne Lupe bestimmt werden.
- Herkunft Feldspat-Pegmatit wird in plutonischen Umgebungen gebildet, oft in Dykes oder Gängen. Pegmatite werden bevorzugt an den Rändern granitischer Intrusionen konzentriert.

Klassifikation Sauer	Vorkommen Pluton, Dyke, Gang	Farbe Hell

Gruppe Magmatisch	Herkunft Magma	Korngröße Sehr grob	Kristallform Idiomorph

Glimmer-Pegmatit

Glimmer-Pegmatit ist ein saures Gestein granitischer Zusammensetzung mit mehr als 65 % Gesamtsilizium und über 20 % Quarz. Weißer Muskovit kann in großen Schichten gebildet werden (über 6 cm Stärke). Zusätzlich ist Feldspat und Biotit vorhanden. Generell wird die Bezeichnung Pegmatit auf Gesteine saurer Zusammensetzung bezogen.

- Gefüge Pegmatite erhalten ihre grobe Korngröße durch sehr langsames Abkühlen. Mehrere Meter lange Kristalle sind keine Seltenheit.
- Herkunft Innerhalb der Erdkruste in magmatischen Umgebungen. Langsames Abkühlen des Magmas kann im späten Stadium Fluide zurücklassen, die seltenere chemische Elemente transportieren, aus denen Pegmatite kristallisieren.

Klassifikation Sauer	Vorkommen Pluton, Dyke, Gang	Farbe Hell

Gruppe Magmatisch	Herkunft Intrusiv	Korngröße Sehr grob	Kristallform Idiomorph

Turmalin-Pegmatit

Dieses Gestein hat eine saure Zusammensetzung, ähnlich der des Granits, mit mehr als 20 % Quarz und über 65 % Gesamtsilizium. Ein hoher Anteil von grauem Quarz, rosa Kalifeldspat und dunklem Biotit kann enthalten sein. Bei den dunklen prismatischen Kristallen handelt es sich um ein Borosilikatmineral, den Turmalin.

- Gefüge Turmalin-Pegmatit besteht aus sehr grobkörnigen Kristallen, einige in diesem Handstück sind mehr als 5 – 6 cm lang. Die meisten sind idiomorph (gute Kristallform). Turmalin bildet große, gestreifte, prismatische Kristalle.
- Herkunft Turmalin-Pegmatite entstehen in großen Intrusionen, ebenso in Gängen und Lagen. Das Gestein bildet sich durch sehr langsame Magmen-Abkühlung in einiger Tiefe der Erdkruste.

Klassifikation Sauer	Vorkommen Pluton, Dyke, Gang	Farbe Hell

Gruppe Magmatisch	Herkunft Intrusiv	Korngröße Mittel	Kristallform Xenomorph, idiomorph

Granophyr

Granophyr hat eine saure Zusammensetzung mit mehr als 20 % Quarz und einem Gesamt-Siliziumdioxidgehalt von über 65 %. Es enthält sowohl Kalifeldspat als auch Plagioklas, Glimmer und Amphibole. Wenn Eisen-Magnesium-Minerale im Granophyr enthalten sind, resultiert daraus eine dunklere Farbe.

- Gefüge Dieses mittelkörnige Gestein kann porphyrisch sein, charakterisiert durch ein Ineinanderwachsen von Feldspat und Quarz – granophyrisch genannt –, eine feinere Version des graphischen Gefüges einiger Granite. Das Gefüge läßt sich am besten mit einer Lupe oder unter dem Mikroskop erkennen.
- Herkunft Granophyr kommt an den Rändern großer Plutone und intrusiver Massen vor, aber auch in hypabyssischen Intrusionen.

Klassifikation Sauer	Vorkommen Pluton, Dyke	Farbe Hell, mittel

Gruppe Magmatisch	Herkunft Intrusiv	Korngröße Grob	Kristallform Xenomorph, idiomorph

Rosa Granodiorit

Dieses plutonische Gestein besteht im allgemeinen aus Quarz, Plagioklas und in geringeren Anteilen Alkalifeldspat. Nebengemengteile des rosa Granodiorits können Hornblende, Biotit und Pyroxen sein.

- Gefüge Ein mittel- bis grobkörniges Gestein mit gut gebildeten Kristallen.
- Herkunft Wird in vielen Typen magmatischer Intrusionen gebildet. Es handelt sich vermutlich um das häufigste Gestein der Granit-Familie.

Klassifikation Intermediär	Vorkommen Pluton, Dyke	Farbe Hell, mittel

Gruppe Magmatisch	Herkunft Intrusiv	Korngröße Grob	Kristallform Xenomorph, idiomorph

Weisser Granodiorit

Der Gesamt-Siliziumdioxidgehalt dieses Gesteins ist geringer als im Granit und liegt zwischen 55 und 65 %. Diese helle Form des Granodiorits enthält einen hohen Anteil an grauem Quarz und weißem Feldspat. Dunkler Glimmer und Hornblende geben dem Gestein ein geflecktes Aussehen.

- Gefüge Als grobkörniges Gestein hat der Granodiorit gut ausgebildete Kristalle. Einige Quarze der Matrix sind xenomorph.
- Herkunft in vielen verschiedenen magmatischen Intrusionen.

Klassifikation Intermediär	Vorkommen Pluton	Farbe Hell

Gruppe Magmatisch	Herkunft Magma	Korngröße Grob	Kristallform Xenomorph, idiomorph

Diorit

Als Gestein intermediärer Zusammensetzung liegt der SiO_2-Gehalt des Diorits zwischen 55 und 65 %. Hauptbestandteile sind Plagioklas (Oligoklas oder Andesin) und Hornblende. Auch Biotit und Pyroxen kommen im Diorit vor.

- Gefüge Die Korngröße des Diorits ist mittel bis grob (manchmal pegmatitisch). Er kann gleichkörnig oder porphyrisch mit Einsprenglingen von Feldspat oder Hornblende sein.
- Herkunft Diorit wird in unabhängigen Intrusionen wie Dykes gebildet, ist häufig jedoch auch Bestandteil einer großen granitischen Masse.

Klassifikation Intermediär	Vorkommen Pluton, Dyke	Farbe Mittel, dunkel

Gruppe Magmatisch	Herkunft Intrusiv	Korngröße Grob	Kristallform Idiomorph

Syenit

Dem grobkörnigen, plutonischen Gestein Syenit mangelt es generell an Quarz (bis zu 10 % Quarz im Quarz-Syenit); es ist ein hell gefärbtes Gestein, das oft mit Granit verwechselt wird. Als intermediäres Gestein mit einem Siliziumdioxidgehalt zwischen 55 und 65 % wird Syenit meist aus Alkalifeldspat und/oder Natrium-Plagioklas gebildet, hier assoziiert mit Biotit, Amphibolen oder Pyroxen.

- **Gefüge** Ein grobkörniges, gleichkörniges Gestein, in dem meist alle Minerale mit dem bloßen Auge sichtbar sind. Manchmal ist es porphyrisch – dann sind größere Kristalle in feinkörnigerer Grundmasse eingeschlossen. Die Kristalle sind hypidiomorph bis idiomorph.
- **Herkunft** Meist in kleineren Intrusionen wie Dykes und Lagen gebildet, oft assoziiert mit Graniten.

Klassifikation Intermediär	Vorkommen Pluton, Dyke	Farbe Hell, dunkel

Gruppe Magmatisch	Herkunft Intrusiv	Korngröße Grob	Kristallform Idiomorph

Nephelin-Syenit

Nephelin-Syenit hat die typische Zusammensetzung eines intermediären Gesteins mit einem Gehalt von 55 – 65 % Siliziumdioxid. Es enthält einen großen Anteil von Feldspat, Amphibolen und Glimmer, manchmal auch Pyroxen. Nach dem enthaltenen Feldspatvertreter, dem Nephelin, heißt das Gestein Nephelin-Syenit. Dem Gestein fehlt Quarz.

- **Gefüge** Dieser Syenit ist grobkörnig; die Minerale sind ohne Vergrößerung gut erkennbar. Die Kristalle haben annähernd gleiche Größe. Manchmal ist dieses Gestein auch pegmatitisch.
- **Herkunft** Nephelin-Syenit bildet sich durch die Kristallisation von Magmen, die mit stark alkalinen Gesteinen assoziiert sind. Diese Gesteine enthalten natrium- und kaliumreiche Minerale.

Klassifikation Intermediär	Vorkommen Pluton, Dyke	Farbe Hell, dunkel

Gruppe Magmatisch	Herkunft Intrusiv	Korngröße Grob	Kristallform Idiomorph

GABBRO

Als basisches Gestein ist der Gabbro arm an Quarz. Der Gehalt an Siliziumdioxid ist geringer als in Graniten und liegt bei 50 Gewichtsprozent. Die Hauptbestandteile sind Calcium-Plagioklas, Pyroxen (meist Augit) sowie Olivin und Magnetit.

- GEFÜGE Gabbro ist ein grob- und gleichkörniges Gestein.
- HERKUNFT In großen, oft lagigen Intrusionskomplexen.

Klassifikation Basisch	Vorkommen Pluton	Farbe Mittel

Gruppe Magmatisch	Herkunft Intrusiv	Korngröße Grob	Kristallform Idiomorph

LAGIGER GABBRO

Die Zusammensetzung ist ebenso wie im Gabbro basisch. Hauptminerale sind calciumreicher Plagioklas und Pyroxen, zusätzlich Olivin und Magnetit. Lagig durch abwechselnd helle und dunkle Schichten, im Maßstab von Metern oder wenigen Zentimetern. Der lagige Aufbau ist eine Folge des gravitativen Abseigerns der Minerale.

- GEFÜGE Ein grobkörniges Gestein mit idiomorphen Kristallen.
- HERKUNFT In basischen Intrusionskomplexen, manchmal als Hauptstruktur (Lopolith).

Klassifikation Basisch	Vorkommen Pluton	Farbe Mittel

Gruppe Magmatisch	Herkunft Intrusiv	Korngröße Grob	Kristallform Idiomorph

LARVIKIT

Als Varietät des Augit-Syenits enthält das intermediäre Gestein des Larvikits Feldspat, Pyroxen (meist Titan-Augit), Glimmer und Amphibole. Nebengemengteile sind Nephelin und Olivin. Die Farbe ist meist hell- bis dunkelgrau, die Feldspäte zeigen einen charakteristischen Schiller.

- GEFÜGE Lavikit ist ein grobkörniges Gestein. In diesem Handstück bilden die dunklen Minerale Klumpen.
- HERKUNFT In relativ kleinen Intrusionen wie Lagergängen.

Klassifikation Intermediär	Vorkommen Pluton	Farbe Hell, dunkel

Gruppe Magmatisch	Herkunft Intrusiv	Korngröße Grob	Kristallform Xenomorph, idiomorph

Olivin-Gabbro

Olivin-Gabbro hat eine basische Zusammensetzung und einen SiO_2-Gehalt von weniger als 55 %. Quarz kommt nur selten vor. Durch den hohen Gehalt an Eisen-Magnesium-Mineralen ist es ein dunkles Gestein. Es hat eine höhere Dichte als granitische Gesteine. Olivin-Gabbro enthält Plagioklas (calciumreich), Pyroxen und Olivin. Magnetit ist in kleinen Mengen vorhanden.

- Gefüge In diesem grobkörnigen Gestein sind die Kristalle meist idiomorph und über 5 mm groß, so daß sie gut mit bloßem Auge erkennbar sind. Die Kristalle sind gleichkörnig, obwohl Gabbro auch porphyrisch sein kann – mit Einsprenglingen in einer feinkörnigeren Matrix.
- Herkunft In plutonischen Umgebungen, oft in Stöcken, Lagergängen und anderen schichtigen Intrusionen.

Klassifikation Basisch	Vorkommen Pluton, Dyke, Gang	Farbe Mittel, dunkel

Gruppe Magmatisch	Herkunft Intrusiv	Korngröße Grob	Kristallform Xenomorph, idiomorph

Leukogabbro

Mit basischer Zusammensetzung hat der Leukogabbro einen Gesamt-Siliziumdioxidgehalt von weniger als 55 %. Er ist heller als andere Gabbros, da er einen höheren Prozentsatz an Plagioklas enthält. Dieser ist im allgemeinen mit Klinopyroxen (Augit) assoziiert. Zusätzlich können Olivin und Magnetit vorhanden sein.

- Gefüge Dieses grobkörnige Gestein hat Kristalle mit mehr als 5 mm im Durchmesser, so daß sie mit bloßem Auge leicht erkennbar sind.
- Herkunft Leukogabbro bildet sich in plutonischen Umgebungen, oft in Intrusionskomplexen. Während der Kristallisation trennen sich Kristalle und Magma unter dem Einfluß der Gravitation. Das übrigbleibende Magma kann eine Vielzahl verschiedener Gesteinstypen bilden, ein Prozeß, der als fraktionierte Kristallisation beschrieben wird.

Klassifikation Basisch	Vorkommen Pluton	Farbe Mittel, hell

Gruppe	Herkunft	Korngröße	Kristallform
Magmatisch	Intrusiv	Grob	Xenomorph, idiomorph

Bojit

Ein plutonisches Gestein, das aus Plagioklas (Labradorit), brauner Hornblende, wenig Augit und Biotit besteht. Die braune Hornblende wird in diesem Hornblende-Gabbro als primär angesehen. Ein übliches akzessorisches Mineral ist Eisenoxid (Magnetit). Bojit sieht oft gestreift aus. Die Flecken und Striche bestehen aus lagigen dunklen Mineralen.

- Gefüge Grobkörnig, mit Kristallen über 5 mm im Durchmesser. Im allgemeinen gleichkörnig, dunkle Minerale neigen zur Bildung von Flecken und Lagen.
- Herkunft Bojit entsteht in einigen Tiefen der Erdkruste in plutonischen Umgebungen.

Klassifikation	Vorkommen	Farbe
Basisch	Pluton	Dunkel

Gruppe	Herkunft	Korngröße	Kristallform
Magmatisch	Intrusiv	Grob	Xenomorph, idiomorph

Anorthosit

Ein Gestein von basischer Zusammensetzung mit einem Siliziumdioxidgehalt unter 55 %, in dem Quarz fehlt. Anorthosit enthält mindestens 90 % Plagioklas (Labradorit-Bywtonit). Andere Minerale sind Olivin, Pyroxen und Eisenoxide. Granat entsteht manchmal in Reaktionssäumen rund um die Pyroxene.

- Gefüge Generell grobkörnig und hell gefärbt, kann dieses Gestein parallele Bänderung dunkler Minerale zeigen.
- Herkunft In plutonischen Umgebungen, in Stöcken, Dykes, lagigen Intrusivkomplexen. Es ist häufig assoziiert mit Gabbros in lagigen Reihen und bildet Teile der Mondoberfläche.

Klassifikation	Vorkommen	Farbe
Basisch	Pluton	Hell

Gruppe Magmatisch	Herkunft Intrusiv	Korngröße Mittel	Kristallform Xenomorph, idiomorph

Dolerit

Ein Gestein mit basischer Zusammensetzung und einem Gesamt-Siliziumdioxidgehalt von weniger als 55 %. Der Quarzgehalt ist meist geringer als 10 %. Dolerit besteht aus calciumreichen Plagioklasen und Pyroxen – häufig Augit – mit wenig Quarz und manchmal Magnetit und Olivin. Bei Anwesenheit von Olivin wird es als Olivin-Dolerit, mit Quarz als Quarz-Dolerit bezeichnet.

- Gefüge Ein mittelkörniges Gestein mit Kristallen zwischen 0,5 und 5 mm im Durchmesser. Idiomorphe oder hypidiomorphe Plagioklaskristalle sind von Pyroxenen umgeben.
- Herkunft Dieses Gestein bildet sich meist in Dykes und Lagergängen basaltischer Gebiete. Es kann auch in Gangschwärmen auftreten, die mit einem Intrusionszentrum assoziiert sind.

Klassifikation Basisch	Vorkommen Dyke, Gang	Farbe Dunkel

Gruppe Magmatisch	Herkunft Intrusiv	Korngröße Mittel	Kristallform Xenomorph, idiomorph

Norit

Ähnlich wie der Gabbro hat dieses Gestein eine basische Zusammensetzung mit weniger als 55 % Siliziumdioxid. Norit setzt sich aus Plagioklas und Pyroxen zusammen. Es handelt sich um eine Varietät des Gabbro, in dem der Orthopyroxen gegenüber dem Klinopyroxen überwiegt. In einigen Varietäten des Gesteins kann Olivin vorhanden sein. Biotit, Hornblende und Cordierit können ebenfalls in diesem Gestein vorkommen.

- Gefüge Ein grobkörniges Gestein mit einem körnigen Gefüge, häufig eine lagige Struktur zeigend.
- Herkunft Durch kristallisierendes Magma in plutonischen Umgebungen; Norit ist assoziiert mit größeren basischen Magmenkörpern, oft in lagigen Intrusivkomplexen. In Abhängigkeit von der gravitativen Abseigerung von Mineralen können sich in einer Intrusion viele verschiedene Gesteinstypen bilden.

Klassifikation Basisch	Vorkommen Pluton	Farbe Dunkel

Gruppe Magmatisch	Herkunft Intrusiv	Korngröße Mittel	Kristallform Xenomorph, idiomorph

Troktolith

Als Varietät des Gabbro hat der Troktolith einen Gesamt-Siliziumdioxidgehalt von weniger als 55 %. Seine Hauptbestandteile sind der sehr calciumreiche Plagioklas und Olivin, jedoch ohne Pyroxen. Olivin ist häufig zu Serpentin alteriert. Troktolith ist generell dunkelgrau, oft mit einem fleckigen Aussehen.

• Gefüge Dieses mittel- bis grobkörnige Gestein hat Kristalle von ungefähr 5 mm im Durchmesser. Die Kristalle sind meist gleichkörnig.

• Herkunft Das Gestein bildet sich in plutonischen Umgebungen, in denen das Magma sich langsam abkühlt. Troktolith ist meist mit Gabbros und Anorthositen assoziiert, manchmal in lagigen Komplexen.

Klassifikation Basisch	Vorkommen Pluton	Farbe Dunkel

Gruppe Magmatisch	Herkunft Intrusiv	Korngröße Mittel	Kristallform Idiomorph

Dunit

Als Gestein ultrabasischer Zusammensetzung enthält der Dunit weniger als 45 % Siliziumdioxid und keinen Quarz. Er ist hauptsächlich aus Olivin aufgebaut, der ihm seine grünlich-bräunliche Farbe verleiht. Die andere Bezeichnung – Olivinit – weist auf die Mineralzusammensetzung hin. Chromit liegt in diesem Gestein als akzessorisches Mineral vor.

• Gefüge Dieses mittelkörnige Gestein enthält Kristalle mit 0,5 – 5 mm im Durchmesser. Das Gefüge von Dunit ist körnigzuckrig.

• Herkunft Dunit bildet sich in plutonischen Umgebungen. Während der Differentiation basischer Magmen entstehen als Kumulate kleine Körper ultrabasischer Gesteine. Häufig sind die Minerale in Duniten zerquetscht und infolge der Gravitation möglicherweise in einem fast festen Zustand entstanden. Auf diese Weise können sich Massen ultrabasischer Gesteine aus einem Magma bilden, das keine basische Zusammensetzung hat.

Klassifikation Ultrabasisch	Vorkommen Pluton	Farbe Dunkel, mittel

Gruppe	Herkunft	Korngröße	Kristallform
Magmatisch	Intrusiv	Grob	Xenomorph, idiomorph

Serpentinit

Dieses plutonische Gestein hat eine ultrabasische Zusammensetzung mit weniger als 45 % Gesamtsilizium. Es wird in erster Linie aus Serpentinmineralen aufgebaut, so aus Antigorit und Chrysotil. Relikte von Olivin sind oft zu finden. Andere Eisen-Magnesium-Minerale wie Granat, Pyroxen, Hornblende und Glimmer sind in der Regel vorhanden, auch Chromit und Chrom-Spinell. Es handelt sich um ein dunkles Gestein mit schwarzen, grünen oder roten Bereichen.

• **Gefüge** Serpentinit ist ein grob- bis mittelkörniges Gestein, die meisten Kristalle sind mit bloßem Auge leicht erkennbar. Ein kompaktes, oft gebändertes Gestein, meist von fibrosem Serpentin durchädert.

• **Herkunft** Serpentinit kommt in Dykes, Stöcken und Linsen vor. Serpentine bilden sich durch die Serpentinisierung anderer Gesteine, meist von Peridotiten. Es findet sich oft in gefalteten metamorphen Gesteinen, offensichtlich durch alterierte olivinreiche Intrusionen.

Klassifikation	Vorkommen	Farbe
Ultrabasisch	Orogene Gürtel	Dunkel

Gruppe	Herkunft	Korngröße	Kristallform
Magmatisch	Intrusiv	Grob	Xenomorph, idiomorph

Pyroxenit

Dieses ultramafische plutonische Gestein hat weniger als 45 % Gesamtsilizium. Wie der Name vermuten läßt, wird es von einem oder mehreren Pyroxenen gebildet. Auch Biotit, Hornblende, Olivin und Eisenoxid können vorkommen. Die hellgefärbten Kristalle in Pyroxenit sind Feldspäte in sehr geringen Mengen.

• **Gefüge** Pyroxenit ist ein grob- bis mittelkörniges Gestein. Es hat ein körniges Gefüge mit gut gebildeten Kristallen, die manchmal Lagen bilden. Das Gefüge ist mit bloßem Auge leicht erkennbar.

• **Herkunft** Pyroxenit bildet sich in kleinen, unabhängigen Intrusionen, die meist mit Gabbros oder anderen Typen ultrabasischer Gesteine assoziiert sind.

Klassifikation	Vorkommen	Farbe
Ultrabasisch	Pluton	Dunkel

Gruppe Magmatisch	Herkunft Intrusiv	Korngröße Grob	Kristallform Idiomorph

KIMBERLIT

Ein ultrabasisches Gestein, das hauptsächlich aus serpentinisiertem Olivin besteht. Es ist assoziiert mit Phlogopit, Ortho- und Klinopyroxen, Carbonaten sowie Chromit. Pyrop, Rutil und Perovskit können ebenfalls enthalten sein. Kimberlit hat eine dunkle Farbe.

• GEFÜGE Es handelt sich ein grobkörniges Gestein, oft mit porphyrischem Gefüge. Kimberlit hat häufig ein brekziiertes Aussehen.

• HERKUNFT Gebildet in Schloten und anderen magmatischen Körpern, die steil begrenzt und intrusiv sind. Die Schlote haben in der Regel einen Durchmesser von weniger als 1000 m. Kimberlite sind die primäre Quelle von Diamanten und werden, besonders in Südafrika, wegen ihres hohen Diamantgehalts abgebaut.

Klassifikation Ultrabasisch	Vorkommen Hypabyssisch, Pluton	Farbe Dunkel

Gruppe Magmatisch	Herkunft Intrusiv	Korngröße Grob	Kristallform Xenomorph, idiomorph

GRANAT-PERIDOTIT

Als Gestein mit weniger als 45 % Gesamt-Siliziumdioxidgehalt ist Peridotit nur aus dunklen Mineralen aufgebaut. Feldspat ist nicht vorhanden, Olivin und Granat bilden die Hauptbestandteile. Oft sind auch Pyroxen und/oder Hornblende enthalten.

• GEFÜGE Granat-Peridotit ist ein grob- bis mittelkörniges Gestein mit Granaten in einer körnigen Matrix. Die Granate variieren in der Größe von sehr kleinen Körnern bis zu großen Flecken von über 5 mm im Durchmesser.

• HERKUNFT Granat-Peridotit bildet sich in intrusiven Dykes, Lagergängen und Stöcken und ist manchmal mit großen Massen von Gabbro, Pyroxenit und Anorthosit assoziiert. Es findet sich in Basalten und in hochgradig metamorphen Gesteinen als Xenolith. Granat-Peridotit stammt wahrscheinlich aus dem Erdmantel.

Klassifikation Ultrabasisch	Vorkommen Pluton, Dyke, Gänge	Farbe Dunkel

Gruppe	Herkunft	Korngröße	Kristallform
Magmatisch	Extrusiv	Fein	Xenomorph

RHYOLITH

Rhyolith ist ein vulkanisches Gestein mit der gleichen generellen Zusammensetzung wie Granite. Wie der Granit ist dieses Gestein oft reich an Quarz und Alkali-Feldspat. Im Unterschied zum Granit ist aber Glas oft ein Hauptbestandteil im Rhyolith. Meist ist auch Biotit vorhanden.

- **GEFÜGE** Ein feinkörniges, saures, vulkanisches Gestein mit Einsprenglingen, die ein porphyrisches Gefüge verursachen. Die Matrixkristalle sind so klein, daß sie mit bloßem Auge nicht erkennbar sind. Durch sehr schnelles Abkühlen entstand glasiges Material. Rhyolith kann auch Blasen und Hohlräume enthalten.
- **HERKUNFT** Rhyolith entstand bei explosiven Vulkanausbrüchen und ist das Ergebnis der Abkühlung viskoser Laven.

Klassifikation	Vorkommen	Farbe
Sauer	Vulkan	Hell

Gruppe	Herkunft	Korngröße	Kristallform
Magmatisch	Extrusiv	Fein	Xenomorph

GEBÄNDERTER RHYOLITH

Eine Gruppe von Gesteinen mit ähnlicher Zusammensetzung wie Granit. Quarz, Feldspat und Glimmer bilden zusammen mit Glas die Hauptbestandteile des gebänderten Rhyolith, während auch Hornblende vorhanden sein kann.

- **GEFÜGE** Ein fein- oder sehr feinkörniges Gestein, in welchem die Minerale nicht mehr mit bloßem Auge erkennbar sind. Fließbänderung ist häufig in Rhyolithen und wird von wirbeligen Lagen verschiedener Farben und Gefüge gebildet. Dieses Gestein kann auch spheroidisches Gefüge mit radialstrahligen Aggregaten von Nadeln aus Quarz und Feldspat haben.
- **HERKUNFT** Durch schnelles Abkühlen von Lava, so daß winzige Kristalle oder Glas entstehen. Das Magma ist hochviskos.

Klassifikation	Vorkommen	Farbe
Sauer	Vulkan	Hell, mittel

Gruppe Magmatisch	Herkunft Extrusiv	Korngröße Fein	Kristallform Xenomorph, idiomorph

Dacit

Ein vulkanisches Gestein intermediärer Zusammensetzung. Quarz und Plagioklas sind die Hauptbestandteile in Dacit, Nebengemengteile sind Biotit und/oder Hornblende sowie Pyroxen.

- Gefüge Dacit ist ein feinkörniges Gestein, obwohl es auch porphyrisches Gefüge haben kann. Die gebildeten Kristalle variieren von xenomorph bis idiomorph.
- Herkunft Obwohl es sich um ein vulkanisches Gestein handelt, kann Dacit auch in kleinen Intrusionen auftreten.

Klassifikation Intermediär	Vorkommen Vulkan	Farbe Hell, mittel

Gruppe Magmatisch	Herkunft Extrusiv	Korngröße Sehr fein	Kristallform Xenomorph bis amorph

Obsidian

Obsidian ist ein siliziumreiches vulkanisches Gestein. Da Glas ein Hauptbestandteil von Obsidian ist, wird es manchmal als glasiges vulkanisches Gestein definiert. Es hat in seiner Struktur weniger als 1 % Wasser.

- Gefüge Der glasige Obsidian kann selten Einsprenglinge von Quarz oder Feldspat enthalten. Es bricht mit einem sehr scharfen muscheligen Bruch und wurde bereits in der Frühgeschichte zur Herstellung von Schneidwerkzeugen genutzt.
- Herkunft Vulkanisch, durch sehr schnelles Abkühlen der Lava gebildet.

Klassifikation Sauer	Vorkommen Vulkan	Farbe Dunkel

Gruppe Magmatisch	Herkunft Extrusiv	Korngröße Sehr fein	Kristallform Xenomorph bis amorph

Schneeflocken-Obsidian

Wie Obsidian enthält auch dieses Gestein einen wesentlich höheren Anteil an Glas als an Kristallen. Die charakteristischen blassen Schneeflocken auf der Oberfläche sind Flecken, an denen das Gestein rund um bestimmte Zentren entglast und rekristallisiert.

- Gefüge Ein extrem feinkörniges Gestein. Es zeigt mikrokristalline Flecken von weißer Farbe.
- Herkunft Als vulkanisches Gestein bildet sich Schneeflocken-Obsidian durch sehr schnelles Abkühlen aus Lava.

Klassifikation Sauer	Vorkommen Vulkan	Farbe Dunkel

Gruppe Magmatisch	Herkunft Extrusiv	Korngröße Sehr fein	Kristallform Xenomorph

Pechstein

Pechstein hat eine ähnliche Zusammensetzung wie andere vulkanische Gesteine. Es ist in erster Linie ein vulkanisches Glas und enthält einige Einsprenglinge. Pechstein ist meist von sehr dunkler Farbe und hat einen ähnlichen Glanz wie Teer oder Pech.

- Gefüge Obwohl der glasige Anteil in Pechstein sehr hoch ist, enthält er mehr kristallines Material als Obsidian. Es kann auch gefleckt oder mit Fließbänderung sein. Auch unter dem Mikroskop sind die Kristalle in Pechstein schlecht erkennbar.
- Herkunft Pechstein bildet sich durch sehr schnelles Verfestigen von Lava, besonders in Dykes und Lavaströmen. Der hohe Glasanteil in Pechstein ist ein Ergebnis der schnellen Abkühlung.

Klassifikation Sauer bis basisch	Vorkommen Vulkan, Dyke, Gang	Farbe Dunkel

Gruppe Magmatisch	Herkunft Extrusiv	Korngröße Sehr fein	Kristallform Xenomorph

Porphyrischer Pechstein

Das sehr dunkle und glasige Gestein hat in der Regel eine saure Zusammensetzung. Trotzdem ist beim porphyrischen Pechstein ebenso wie beim Pechstein die Chemie variabel. Einige Pechsteine sind reich an Einsprenglingen, meist Quarz, Feldspat und Pyroxen. Manche Wissenschaftler unterscheiden Pechstein und Obsidian anhand ihrer Wassergehalte: Pechstein hat mehr als 10 % Wasser, während Obsidian in der Regel weniger als 1 % enthält.

- Gefüge Da die Abkühlung zweistufig verläuft, enthält porphyrischer Pechstein Einsprenglinge von Feldspat, die in einer feinkörnigeren Matrix liegen.
- Herkunft Gebildet in Lavaströmen und kleinen Gängen sowie in Dykes. Häufig benachbart zu granitischen Massen. Das glasige Aussehen resultiert aus der Tatsache, daß in beiden Situationen die Lava so schnell kristallisiert, daß den Kristallen keine Zeit zum Wachstum bleibt.

Klassifikation Sauer bis basisch	Vorkommen Vulkan, Dyke, Gang	Farbe Dunkel

Gruppe Magmatisch	Herkunft Extrusiv	Korngröße Mittel	Kristallform Xenomorph, idiomorph

Lamprophyr

Hierzu gehört eine Gruppe von Gesteinen variabler Zusammensetzung. Sie sind durch stark porphyrisches Gefüge mafischer Minerale gekennzeichnet, typischerweise Biotit, Amphibole und Pyroxen, während Feldspäte (Alkali- oder Plagioklase) stets in der Matrix vorkommen. Zu den akzessorischen Mineralen gehören Hornblende, Calcit, Sphen und Magnetit.

- **Gefüge** Mittelkörnig und stets porphyrisch. Sowohl Hornblende- als auch Biotit-Einsprenglinge geben dem Gestein sein typisches Aussehen.
- **Herkunft** In kleineren Intrusionen und in Dykes oder Lagergängen. Das Gestein zeigt oft Zeichen der hydrothermalen Alteration. Es kann mit anderen magmatischen Gesteinen assoziiert sein.

Klassifikation Sauer bis basisch	Vorkommen Dyke, Gang	Farbe Mittel

Gruppe Magmatisch	Herkunft Extrusiv	Korngröße Fein	Kristallform Xenomorph, idiomorph

Andesit

Dieses intermediäre vulkanische Gestein enthält zwischen 55 und 65 % Siliziumdioxid. Plagioklas (Andesin oder Oligoklas) sind die Hauptbestandteile, gemeinsam mit Pyroxen, Amphibolen und Glimmer.

- **Gefüge** Ein feinkörniges, häufig porphyrisches Gestein. Die Einsprenglinge in der Matrix sind meist weiße tafelige Feldspatkristalle oder aber Biotit, Hornblende oder Augit.
- **Herkunft** Dieses Gestein bildet sich in den Lavaströmen andesititscher Vulkane, welche an zweiter Stelle in der Häufigkeit nach Basalten stehen. Andesitische Vulkane sind assoziiert mit Subduktionszonen, wie beispielsweise den Anden in Südamerika.

Klassifikation Intermediär	Vorkommen Vulkan	Farbe Mittel

Gruppe	Herkunft	Korngröße	Kristallform
Magmatisch	Extrusiv	Fein	Xenomorph, idiomorph

Mandelstein-Andesit

Dieses intermediäre vulkanische Gestein ist meist porphyrisch. Mandelstein-Andesit besteht aus Plagioklasen (in der Regel zonierter Labradorit-Oligoklas), Pyroxen und/oder Biotit. Die Gesteinsmatrix ist meist mittelgrau und heller als der schwarze Basalt.

• **Gefüge** Das Gestein hat eine feinkörnige Matrix, kann aber oft porphyrisch sein. An der Gesteinsoberfläche sind viele kleine gerundete Blasen sichtbar. Diese Hohlräume blieben zurück, nachdem Gasblasen das Gestein verlassen haben. Gefüllte Hohlräume werden oft als Mandeln bezeichnet, die Zeolithminerale einnehmen. Sie weiten sich durch das Wachstum der Minerale.

• **Herkunft** Mandelstein-Andesit bildet sich durch schnelles Abkühlen von Lava, die durch eine gasreiche vulkanische Eruption gefördert wurde.

Klassifikation	Vorkommen	Farbe
Intermediär	Vulkan	Mittel

Gruppe	Herkunft	Korngröße	Kristallform
Magmatisch	Extrusiv	Fein	Xenomorph, idiomorph

Porphyrischer Andesit

Porphyrischer Andesit hat die gleiche Zusammensetzung wie Andesit. Es handelt sich um ein intermediäres Gestein mit 55 bis 65 % Gesamtsilizium. Plagioklas ist ein bedeutender Bestandteil, ebenso Pyroxen, Amphibole und Biotit. Andesit ist meist dunkler gefärbt als Rhyolith und heller als Basalt.

• **Gefüge** Die Matrix ist feinkörnig, so daß die Kristalle nur unter dem Mikroskop bestimmt werden können. Größere Einsprenglinge aus Feldspat und Pyroxen sind ebenfalls in der Matrix enthalten. Dieses Gefüge läßt vermuten, daß die Kristalle bereits unter der Erdoberfläche im Magma gewachsen sind und die Lava nach dem Ausstoß schnell verfestigte.

• **Herkunft** Porphyrischer Andesit bildet sich aus Lavaströmen im Zusammenhang mit andesitischen Vulkanen.

Klassifikation	Vorkommen	Farbe
Intermediär	Vulkan	Mittel

Gruppe Magmatisch	Herkunft Extrusiv	Korngröße Fein	Kristallform Xenomorph, idiomorph

Trachyt

Dieses vulkanische Gestein besitzt einen Gesamt-Siliziumdioxidgehalt zwischen 55 und 60 %. Trachyte sind reich an Alkali-Feldspäten und enthalten zusätzlich entweder Nephelin oder geringe Mengen Quarz (weniger als 10 %). Dunkle Minerale wie Pyroxen – Aegirin – sind in geringen Mengen vorhanden, obwohl Trachyte in der Regel eine helle Farbe haben.

- Gefüge Ein feinkörniges Gestein, meist porphyrisch. Feldspat-Mikrokristalle zeigen Fließtextur.
- Herkunft Trachyt bilden sich als Lavaströme sowie Dykes und Gänge.

Klassifikation Intermediär	Vorkommen Vulkan	Farbe Mittel

Gruppe Magmatisch	Herkunft Extrusiv	Korngröße Fein	Kristallform Xenomorph, idiomorph

Porphyrischer Trachyt

Dieses Gestein ähnelt in seiner Zusammensetzung dem Trachyt und hat einen Siliziumdioxidgehalt von 55 – 65 %. Hauptbestandteil ist Alkalifeldspat, zusätzlich Quarz, Oligoklas, Pyroxen, Hornblende und Biotit.

- Gefüge Dieses Gestein hat eine feinkörnige Matrix; idiomorphe Ein sprenglinge geben ihm ein porphyrisches Gefüge.
- Herkunft Durch Abkühlung von Lavaströmen.

Klassifikation Intermediär	Vorkommen Vulkan	Farbe Mittel

Gruppe Magmatisch	Herkunft Extrusiv	Korngröße Mittel	Kristallform Idiomorph

Rhomben-Porphyr

Als Gestein intermediärer Chemie wird der Rhomben-Porphyr oft auch Mikrosyenit genannt. Er hat einen Siliziumdioxidgehalt zwischen 55 und 65 % und weniger als 10 % Quarz. Die Hauptminerale sind Alkalifeldspat mit Hornblende, Pyroxen und Biotit.

- Gefüge Dieses Gestein erhielt seinen Namen nach der typischen Rhombenform der Feldspat-Einsprenglinge im Querschnitt.
- Herkunft Kommt in Lavaströmen und Dykes vor.

Klassifikation Intermediär	Vorkommen Dyke, Gang	Farbe Mittel

Gruppe	Herkunft	Korngröße	Kristallform
Magmatisch	Extrusiv	Fein	Xenomorph, idiomorph

Basalt

Als basisches vulkanisches Gestein besteht Basalt aus Calcium-Feldspat und Pyroxen und ist der häufigste Lavatyp überhaupt. Magnetit und Apatit sind nahezu immer vorhanden, auch Olivin kann vorkommen.

- Gefüge Als feinkörniges Gestein enthält der Basalt xenomorphe und idiomorphe Kristalle. Die Kristalle sind allerdings auch mit der Lupe nur schwer zu sehen.
- Herkunft Gebildet durch die Abkühlung hochmobiler basaltischer Lava. Aufgrund seiner Fluidität kann Basalt dicke Lavaschichten bilden. Basalt bedeckt große kontinentale Gebiete und ist das Gestein des Ozeanbodens. Einer der am besten untersuchten aktiven basaltischen Vulkane, der Mauna Loa, bildet die meisten Hawaii-Inseln.

Klassifikation	Vorkommen	Farbe
Basisch	Vulkan	Dunkel

Gruppe	Herkunft	Korngröße	Kristallform
Magmatisch	Extrusiv	Fein	Xenomorph, idiomorph

Porphyrischer Basalt

Porphyrischer Basalt hat die gleiche basische Zusammensetzung wie Basalt. Es enthält zwischen 45 und 55 % Gesamtsilizium und weniger als 10 % Quarz. Plagioklas, meist calciumreich, und Pyroxen bilden die Hauptbestandteile des Gesteins. Auch Olivin und Magnetit können enthalten sein.

- Gefüge Dieses feinkörnige Gestein enthält Einsprenglinge in der Matrix. Als Einsprenglinge kommen Olivin (grün), Pyroxen (schwarz) oder Plagioklas (weißgrau) vor. Das resultierende porphyrische Gefüge zeigt eine zweistufige Abkühlungsgeschichte an.
- Herkunft Aus Vulkanen ozeanischer Gebiete. Basalt ist eine dünnflüssige Lava und fließt über große Distanzen. Die Laven können große Plateaus bilden, die mehrere tausend Quadratkilometer umfassen.

Klassifikation	Vorkommen	Farbe
Basisch	Vulkan	Dunkel

Gruppe Magmatisch	Herkunft Extrusiv	Korngröße Fein	Kristallform Xenomorph

Mandelstein-Basalt

Ein basisches Gestein mit einem Gesamt-Siliziumdioxidgehalt zwischen 45 und 55 %. Calciumreicher Plagioklas und Pyroxen bilden die Hauptminerale. Olivin und Magnetit sind die Minerale, die häufig in Mandelstein-Basalt vorkommen.

- Gefüge Zahlreiche Mandeln (kleine, gerundete Gasblasen-Hohlräume, die mit Mineralen gefüllt sind) sind charakteristisch für einige Basalte. Zeolith und Quarz – oft als Achat – sind häufige Minerale.
- Herkunft Dieses Gestein bildet sich durch die Abkühlung von Lava.

Klassifikation Basisch	Vorkommen Vulkan	Farbe Dunkel

Gruppe Magmatisch	Herkunft Extrusiv	Korngröße Fein	Kristallform Xenomorph, idiomorph

Blasiger Basalt

Dieses Gestein hat eine ähnliche Zusammensetzung wie Basalt mit Calcium-Plagioklas und Pyroxen als Hauptminerale. Olivin und Magnetit sind ebenfalls häufig in blasigem Basalt vorhanden.

- Gefüge Die Oberfläche kann mit leeren Gas-Hohlräumen (Blasen) bedeckt sein. Die Matrix ist feinkörnig, oft porphyrisch. Wenn die Hohlräume mit Mineralen gefüllt sind, wird der blasige Basalt zu Mandelstein-Basalt.
- Herkunft Entsteht bei Abkühlung basaltischer Laven.

Klassifikation Basisch	Vorkommen Vulkan	Farbe Dunkel

Gruppe Magmatisch	Herkunft Extrusiv	Korngröße Fein	Kristallform Xenomorph, idiomorph

Spilit

Dieses basische Gestein mit einem Siliziumdioxidgehalt um 40 % kommt in Kissenlaven vor. Ein bestimmendes Merkmal von Spilit ist, daß der Plagioklas Albit (natriumreich) ist. Der Pyroxengehalt ist oft zu Chlorit alteriert, obwohl manchmal Augit zurückbleibt.

- Gefüge Ein feinkörniges Gestein mit gefüllten Gashohlräumen. Manchmal sind Mandeln in der Gesteinsmatrix erkennbar.
- Herkunft In Unterwasser-Lavaströmen und Kissenlaven, die am Ozeanboden gebildet werden.

Klassifikation Basisch	Vorkommen Vulkan	Farbe Dunkel

Gruppe	Herkunft	Korngröße	Kristallform
Magmatisch	Pyrokl.	Grob	Bruchstücke

Agglomerat

Verfestigtes oder unverfestigtes grobes pyroklastisches Gesteinsmaterial bezeichnet das Agglomerat, das sowohl vulkanische als auch Nebengesteinsfragmente völlig unsortiert enthalten kann.

- Gefüge Die Größe der Partikel variiert stark: Das Gesteinsgefüge besteht oft aus kantigen bis nahezu gerundeten Fragmenten in einer feinkörnigen Matrix. Die Lavastücke sind blasig, manchmal spindelförmig.
- Herkunft Dieses Gestein akkumuliert sich meist in vulkanischen Kratern oder an den Flanken eines Vulkans. Agglomerat besteht aus Lavabruchstücken und Teilen des Nebengesteins, die durch die vulkanische Aktivität losgerissen und durch den Vulkanschlot ausgeschleudert werden. Meist mit anderen extrusiven Gesteinen wie Tuffen assoziiert.

Klassifikation	Vorkommen	Farbe
Sauer bis basisch	Vulkan	Mittel

Gruppe	Herkunft	Korngröße	Kristallform
Magmatisch	Pyrokl.	Fein	Bruchstücke

Schlackentuff

Dieses pyroklastische Gestein (Tuff), in dem mehr lithische Fragmente als Kristall oder Glasbruchstücke enthalten sind, heißt lithischer oder Schlackentuff.

- Gefüge Als feinkörniges Gestein besteht Tuff aus verfestigten vulkanischen Bruchstücken mit einem Durchmesser von weniger als 2 mm. Lithischer Tuff enthält eine Vielzahl verschiedener kristalliner Gesteinsstücke, die rhyolithisch, trachytisch oder andesitisch sein können.
- Herkunft Dieses Gestein ist eine Ablagerung von vulkanischer Asche, die in die Atmosphäre geblasen wurde und sich manchmal auch unter Wasser ablagert. Diese Gesteine können nach Korngröße sortiert abgelagert werden. Dabei können viele mit der Sedimentation zusammenhängende Strukturen wie Schichtung und Bänderung entstehen. Bei sehr explosiven Ausbrüchen können die Aschen viele Kilometer hoch in die Atmosphäre transportiert werden. Wind bläst das Material dann weit vom Ursprungsvulkan fort.

Klassifikation	Vorkommen	Farbe
Sauer bis basisch	Vulkan	Mittel

Gruppe Magmatisch	Herkunft Extrusiv	Korngröße Fein	Kristallform Xenomorph, idiomorph

Kristalliner Tuff

Eine Vielzahl von Tuffen, in denen die Kristallfragmente die Gesteins- und Glaskomponenten überwiegen. Die meisten Tuffe sind Mischungen der drei Komponenten. Zu den Mineralen des kristallinen Tuffs gehören Feldspäte, Pyroxene und Amphibole.

- Gefüge Es handelt sich um ein fein- bis mittelkörniges Gestein mit Massen von Kristallen in der Matrix aus Asche. Die Kristalle sind oft idiomorph.
- Herkunft Wird gebildet, wenn Aschen von vulkanischen Eruptionen ausgestoßen werden. Zuvor gebildete Kristalle trennen sich von der Lava ab und akkumulieren sich an Land oder unter Wasser. Bei der Ablagerung unter Wasser entstehen Schichtungen und Eigenschaften sedimentärer Gesteine.

Klassifikation Sauer bis basisch	Vorkommen Vulkan	Farbe Mittel

Gruppe Magmatisch	Herkunft Extrusiv	Korngröße Fein	Kristallform Xenomorph

Bims

Dieses helle, poröse Gestein hat eine rhyolithische Zusammensetzung. Es kann winzige Kristalle von Silikatmineralen enthalten, so Feldspat und Eisen-Magnesium-Minerale, und hat einen bedeutenden Anteil glasigen Materials.

- Gefüge Bims wird häufig als Gefüge-Bezeichnung für ein blasiges Lavagestein benützt, das schaumig aussieht. Dieses Gestein hat ein stark schlackiges Gefüge mit vielen Hohlräumen. Die Blasen bilden bevorzugt längliche Durchgänge durch das Gestein. Zeolithe können diese Hohlräume füllen. Die Dichte von Bims ist so gering, daß es auf dem Wasser schwimmen kann.
- Herkunft Wird als schaumige Lava von Vulkanen rhyolithischer Zusammensetzung gebildet. Wenn es ins Meer ausgestoßen wird, kann es über große Distanzen transportiert werden. Bims kann auch bei vulkanischen Eruptionen an Land entstehen.

Klassifikation Sauer bis basisch	Vorkommen Vulkan	Farbe Mittel

Gruppe Magmatisch	Herkunft Extrusiv	Korngröße Fein	Kristallform Xenomorph

IGNIMBRIT

Dieser harte vulkanische Tuff besteht aus Kristall- und Gesteinsfragmenten, die in einer Matrix von zusammengeschweißten Glasscherben eingebettet sind. Das Zusammenschweißen kann das ursprüngliche Gefüge der Glasscherben verlorengehen lassen. Ignimbrit hat eine ähnliche Zusammensetzung wie Rhyolith.

- GEFÜGE Es handelt sich häufig um ein feinkörniges Gestein mit gebänderter Struktur. Im Gelände kann man im Aufschluß manchmal wellige Fließstrukturen sehen. Die Glasscherben sind oft gebogen, wenn sie im schaumigen Lava-, Aschen- oder Tuffstrom rund um Gasblasen entstanden sind.
- HERKUNFT Ablagerung einer sich schnell bewegenden turbulenten Aschewolke. Assoziiert mit gewaltigen Eruptionen, die große Wolken aus Gas und Lavatropfen bilden. Diese fließen mit großer Geschwindigkeit nahe des Bodens.

Klassifikation Sauer	Vorkommen Vulkan	Farbe Hell, mittel

Gruppe Magmatisch	Herkunft Extrusiv	Korngröße Fein	Kristallform Xenomorph

VULKANISCHE BROTKRUSTEN-BOMBE

Vulkanische Bomben haben in der Regel die Zusammensetzung der Lava des entsprechenden Vulkans. Die Lava hat einen hohen Siliziumdioxidgehalt und einen hohen Quarzanteil. Bei intermediärer Zusammensetzung liegt der Siliziumdioxidgehalt zwischen 55 und 65 %. Basische Vulkane sind in der Regel nicht explosiv und bilden daher weniger Bomben.

- GEFÜGE Diese vulkanischen Bomben haben eine feinkörnigere Kruste mit gröberen Kristallen im Inneren. Die Kruste kann durch den Aufprall auf den Untergrund brüchig sein und kleine Bruchstücke von Nebengestein enthalten, die rund um den Vulkanschlot anstehen.
- HERKUNFT Vulkanische Bomben sind kleine bis große geschmolzene Lavaklumpen, die durch eine gewaltige Eruption aus dem Vulkan geschleudert wurden. Die Lavabrocken bestehen meist aus viskoser Lava, die außen abkühlt und deren Haut beim Aufprall bricht, so daß die an eine Brotkruste erinnernde Oberfläche entsteht. Die Bomben können über 1 m im Durchmesser groß sein. Wenn sie in Asche landen, bilden sie häufig einen Krater.

Klassifikation Sauer bis basisch	Vorkommen Vulkan	Farbe Dunkel

Gruppe Magmatisch	Herkunft Extrusiv	Korngröße Fein	Kristallform Xenomorph

Gerundete Spindel-Bombe

Spindel-Bomben haben in der Regel die Zusammensetzung der Lava, aus dessen Vulkan sie stammen, entweder basaltisch oder andesitisch. Sie können aber auch mit sauren oder anderen intermediären Lava-Vulkanen assoziiert sein. Diese Gesteine sind oft siliziumreich und enthalten Minerale wie Quarz, Feldspat, Glimmer und einige Eisen-Magnesium-Minerale, so Hornblende.

- Gefüge Diese Gesteine bestehen aus feinkörnigen Kristallen, die nur mikroskopisch bestimmt werden können. Die Form entsteht durch den gedrehten Flug des geschmolzenen Lavaklumpens.
- Herkunft Gerundete Spindel-Bomben entstehen aus geschmolzenen Lavaklumpen.

Klassifikation Sauer bis basisch	Vorkommen Vulkan	Farbe Mittel

Gruppe Magmatisch	Herkunft Extrusiv	Korngröße Fein	Kristallform Xenomorph

Stricklava

Stricklava bildet sich bei basischen Vulkaneruptionen und hat meist basaltische Zusammensetzung. Sie enthält einen hohen Anteil Plagioklas und Augit sowie kleine Mengen Eisenoxid. Durch diese Zusammensetzung hat Stricklava ein dunkles Aussehen und ein hohes spezifisches Gewicht.

- Gefüge Diese Laven sind oft sehr blasig und enthalten einen hohen Gasanteil. Nach einiger Zeit füllen sich die Hohlräume mit Mineralen wie Quarz, Calcit und Zeolith. Das Gestein wird mandelig, wenn die Blasen gefüllt sind.
- Herkunft Stricklava bildet sich durch fließende Lava basischer Zusammensetzung und bewegt sich unter einer festen, aber plastischen Kruste weiter. Basaltische Laven mit geringem Siliziumdioxidanteil und hohem Gasgehalt sind in der Regel sehr mobil. Die fließende Lava verursacht Streckbewegungen in der Kruste, so daß Fadenstrukturen entstehen. In Hawaii, wo Stricklava häufig ist, wird sie „pahoehoe“ genannt, eine gültige geologische Bezeichnung.

Klassifikation Basisch	Vorkommen Vulkan	Farbe Dunkel

Metamorphe Gesteine

Metamorphe Gesteine bilden sich durch die Alteration ursprünglicher Gesteine. Kontaktmetamorphose entsteht durch direkte Hitzeeinwirkung, das Gestein ist dann meist kristallin. Regionalmetamorphose geschieht unter dem Einfluß von Hitze und Druck und bildet Faltung oder Schieferung in Gesteinen, in denen sich die Minerale senkrecht zum Druck einregeln und rekristallisieren. Dynamische Metamorphose findet an Hauptspannungszonen der Erde statt (Verschiebungsflächen).

Gruppe Metamorph	Herkunft Gebirgskette	Korngröße Fein	Klassifikation Regional

Grünschiefer

Das niedriggradig metamorphe Gestein, der Tonschiefer, entsteht aus tonig-pelitischem Gestein. Grünschiefer besteht aus Quarz, einigen Feldspäten und Glimmer. Die Anwesenheit von Chlorit verleiht diesem Tonschiefer seine grüne Farbe.

- Gefüge Feinkörnig und gleichkörnig. Die Korngröße ist sehr fein.
- Herkunft Gebildet, wenn feinkörnige Sedimente regionalmetamorph überprägt werden. Minerale wie Glimmer und Chlorit werden eingeregelt, so daß eine vollkommene oder schiefrige Spaltbarkeit entsteht.

Druck Niedrig	Temperatur Niedrig	Textur Schiefrig

Gruppe Metamorph	Herkunft Gebirgskette	Korngröße Fein	Klassifikation Regional

Schwarzschiefer

Schwarzschiefer bildet sich aus pelitischen Sedimenten-Tonen, Schlammsteinen, Tonsteinen und feinkörnigen Tuffen. Es enthält Tonminerale, Quarz, Glimmer und Feldspat. Organisches Material wie Graphit und Pyrit verleihen dem Schwarzschiefer seine dunkle Farbe.

- Gefüge Dieses feinkörnige Gestein hat eine charakteristische vollkommene Spaltbarkeit durch Einregelung von schichtigen Mineralen wie Glimmer.
- Herkunft Gebildet aus feinkörnigen pelitischen Sedimenten durch Regionalmetamorphose bei niedrigen Temperaturen und Druck.

Druck Niedrig	Temperatur Niedrig	Textur Schiefrig

Gruppe Metamorph	Herkunft Gebirgskette	Korngröße Fein	Klassifikation Regional

TONSCHIEFER MIT PYRIT

Gebildet aus pelitischen Sedimenten oder Tonsteinen, ist der Tonschiefer aus Quarz, Tonmineralen, Chlorit, Glimmer und Feldspat zusammengesetzt. Wie der Name sagt, ist Pyrit enthalten. Der Pyrit kann entweder in fein verteilten Kristallen auftreten oder als größere Porphyroblasten in einer feinkörnigeren Matrix. Der Pyrit zeigt häufig würfelige Kristalle.

- GEFÜGE Dieser Tonschiefer ist feinkörnig, nur die Pyrit-Porphyroblasten sind mit bloßem Auge erkennbar. Die feinkörnige Matrix ist unter dem Mikroskop sehr gut sichtbar. Wie andere Tonschiefer wird dieses Gestein durch seine schiefrige Spaltbarkeit charakterisiert, die durch das Einregeln blättriger Minerale senkrecht zum Druck entsteht.
- HERKUNFT Dieses Gestein bildet sich unter niedrigen Druck- und Temperaturbedingungen. Die einzelnen Pyritkristalle wachsen während der Regionalmetamorphose.

Druck Niedrig	Temperatur Niedrig	Textur Schiefrig

Gruppe Metamorph	Herkunft Gebirgskette	Korngröße Fein	Klassifikation Regional

TONSCHIEFER MIT VERQUETSCHTEM FOSSIL

Dieser Tonschiefer enthält Minerale, die mit dem ursprünglichen pelitischen Sediment assoziiert sind. Quarz, Tonminerale und Glimmer sowie Feldspat und Chlorit sind die Hauptminerale dieses Tonschiefers. Er kann auch winzige Kristalle von Pyrit enthalten. Fossilien können erhalten sein, wenn er aus fossilführenden Schichten bei niedriggradiger Metamorphose gebildet wurde.

- GEFÜGE Feinkörniges Gestein mit einigen Porphyroblasten von Pyrit.
- HERKUNFT Fossilführender Tonschiefer, der bei niedriggradiger Regionalmetamorphose aus Tonsteinen gebildet wurde. Fossilien, wie diese Brachiopode, können erhalten bleiben, teils verquetscht durch die Scherspannung, die auch die Schieferung bildet.

Druck Niedrig	Temperatur Niedrig	Textur Schiefrig

Gruppe Metamorph	Herkunft Gebirgskette	Korngröße Mittel	Klassifikation Regional

Phyllit

Phyllit entsteht aus niedriggradig metamorphen Sedimenten und ist mit Tonschiefern vergleichbar, außer daß es nicht auf sehr feine Tonstein-Ausgangsmaterialien beschränkt ist. Quarz und Feldspat sind häufiger als in Tonschiefern, Glimmer und Chlorit gehören zu den Hauptbestandteilen. Sie verleihen dem Gestein einen charakteristischen Schimmer.

• Gefüge Phyllit ist ein schiefriges, fein- bis mittelkörniges Gestein. Es kann kleine, einzelne Kristalle von Granat enthalten (Porphyroblasten), die in einer welligen Schieferung liegen. Die Schieferung wird von Glimmer und Chlorit gebildet, die bei niedrigem bis mittlerem Druck eingeregelt sind.

• Herkunft Aus pelitischen Sedimenten unter niedrigen bis mittleren Drücken und bei niedrigen Temperaturen.

Druck Niedrig, mittel	Temperatur Niedrig	Textur Schiefrig

Gruppe Metamorph	Herkunft Gebirgskette	Korngröße Fein	Klassifikation Regional

Granatschiefer

Die Gruppe der Schiefer ist durch die eingeregelten blättrigen oder tafeligen Minerale entlang der Schieferung charakterisiert. Granatschiefer ist reich an Glimmer, Biotit und Muskovit, ebenso an Quarz und Feldspat. Die meist gut ausgebildeten Granate sind 5 mm im Durchmesser groß, sie wuchsen im Gestein unter Druck und Temperatur. Meist ist eine rötliche Varietät des Granats (Almandin) vorhanden.

• Gefüge Ein mittel- bis grobkörniges Gestein mit gut ausgebildeter Schieferung durch eingeregelte Glimmer. Das Gestein zeigt oft kleinmaßstäbliche Faltung.

• Herkunft Unter mittelgradiger Regionalmetamorphose gebildet, in tieferen Regionen als Phyllit. Der Druck ist mittelstark, die Temperatur beeinflußte die Änderung des ursprünglichen Gesteinscharakters.

Druck Niedrig	Temperatur Niedrig bis mittel	Textur Schiefrig

Gruppe Metamorph	Herkunft Gebirgskette	Korngröße Mittel	Klassifikation Regional

Gefalteter Schiefer

Dieses Gestein besteht aus Quarz, Feldspat, Biotit und Muskovit. Gefaltete Schiefer sind charakterisiert durch kleinmaßstäbliche Falten, die durch glitzernde Glimmerkristalle hervorgehoben werden.

- Gefüge Ein mittelkörniges Gestein, in dem die Minerale oft in deutliche Bänder getrennt sind. Die wellige Schieferung entlang von Schwächezonen wird durch Glimmerminerale hervorgerufen.
- Herkunft Gebildet durch mittlere Druck- und niedrige bis mittlere Temperaturbedingungen in der tieferen Erdkruste entlang von Gebirgsgürteln. Gefaltete Schiefer sind typisch für gebirgsbildende Gürtel.

Druck Mittel	Temperatur Niedrig bis mittel	Textur Schiefrig

Gruppe Metamorph	Herkunft Gebirgskette	Korngröße Mittel	Klassifikation Regional

Muskovit-Schiefer

Dieses Gestein ist reich an silbrigem Muskovit. Der Glimmer hat sich auf den Flächen welliger Schieferung eingeregelt. Muskovit-Schiefer enthält außerdem Quarz und Feldspat sowie einigen Biotit. Granat und Chlorit können ebenfalls vorhanden sein.

- Gefüge Ein mittelkörniges Gestein mit Glimmerkristallen von 2–3 mm Größe. Die Schieferung wird durch Bänder, die reicher oder ärmer an Muskovit sind, unterstrichen.
- Herkunft Muskovit-Schiefer bildet sich aus pelitischen Gesteinen unter mittelgradig regionalmetamorphen Bedingungen. Der Druck ist mittelstark, die Temperatur niedrig bis mittelhoch. Unter diesen Bedingungen werden typischerweise Tonsteine alteriert. Auch andere Gesteine verändern sich durch diese Metamorphose, zeigen aber eine geringere Schieferung.

Druck Mittel	Temperatur Niedrig bis mittel	Textur Schiefrig

Gruppe Metamorph	Herkunft Gebirgskette	Korngröße Mittel	Klassifikation Regional

Biotit-Schiefer

Dieses Gestein enthält einen hohen Anteil Glimmer zusammen mit Quarz und Feldspat. Es ist besonders reich an Biotit, der dem Gestein die dunkle Farbe verleiht. Von der Zusammensetzung her ähnelt Biotit-Schiefer sehr dem pelitischen Ausgangsgestein.

• Gefüge Ein mittelkörniges Gestein mit Kristallen, die mit bloßem Auge sichtbar sind. Dennoch läßt sich Biotit-Schiefer am besten mit der Lupe untersuchen. Dieses Handstück zeigt dunkle Biotitflecken entlang der Schieferung.

• Herkunft Gebildet während mittelgradiger Regionalmetamorphose aus pelitischen Sedimenten und anderen Gesteinen, die allerdings nicht so stark geschiefert werden.

Druck Mittel	Temperatur Niedrig bis mittel	Textur Schiefrig

Gruppe Metamorph	Herkunft Gebirgskette	Korngröße Mittel	Klassifikation Regional

Kyanit-Schiefer

Die Hauptmasse dieses Gesteins bilden Quarz, Feldspat und Glimmer, zusätzlich das charakteristische Mineral Kyanit. Kyanit (Disthen) bildet himmelblaue Porphyroblasten mit blättrigem Habitus, die parallel zur Schieferung oder in Büscheln vorkommen. Es ist oft gefaltet. Zusätzlich können Granat und Staurolith auftreten. Die Gesamtfarbe des Disthen-Schiefers ist grau.

• Gefüge Ein mittel- bis grobkörniges Gestein, dessen Kristalle leicht mit bloßem Auge erkennbar sind. Meist ist das Gestein schiefrig, manchmal auch gneisig.

• Herkunft Zu finden in den zentralen Teilen hochgradiger Metamorphosegürtel. Dieses Gestein ist mit Sillimanit- und Staurolith-Schiefern assoziiert. Kyanit wird von Geologen zur Bestimmung des Metamorphosegrades benutzt. Jede Zone wird durch ein Mineral charakterisiert, das unter ganz bestimmten Bedingungen entsteht.

Druck Mittel	Temperatur Mittel bis hoch	Textur Schiefrig

Gruppe Metamorph	Herkunft Gebirgskette	Korngröße Grob	Klassifikation Regional

GNEIS

Typisch für Gneis sind Bänder unterschiedlicher Zusammensetzung, die metamorph entstanden sind. Hauptbestandteile sind Quarz und Feldspat, zusätzlich Muskovit, Biotit und Hornblende. Auch andere Minerale, die charakteristisch für hochgradig regionalmetamorphe Gesteine sind, wie Pyroxen und Granat, können vorkommen.

• GEFÜGE Ein mittel- bis grobkörniges Gestein, charakterisiert durch diskontinuierliche, abwechselnd helle und dunkle Lagen. Quarz und Feldspat bauen die hellen Lagen auf, die körniges Gefüge haben; Eisen-Magnesium-Minerale bilden die dunklen schichtigen Lagen.

• HERKUNFT Dieses Gestein bildet sich bei hochgradiger Regionalmetamorphose aus nahezu jedem Gestein. Die Minerale trennen sich als Folge hoher Drucke und Temperaturen in Bänder. Gneise sind entweder Meta-Magmatite, auch Orthogneis genannt, oder Meta-Sedimente, auch Paragneis genannt. Gneise bilden wahrscheinlich große Teile der unteren Kruste.

Druck Hoch	Temperatur Hoch	Textur Schiefrig, kristallin

Gruppe Metamorph	Herkunft Gebirgskette	Korngröße Grob	Klassifikation Regional

GEFALTETER GNEIS

Wie andere Gneise ist dieses Gestein aus getrennten Bändern aufgebaut: die helleren sind reich an Quarz und Feldspat, die dunklen werden von Eisen-Magnesium-Mineralen, wie Hornblende und Biotit, aufgebaut. Besonders in gefalteten Gneisen sind die Bänder gut sichtbar. Die Zusammensetzung kann der des Granits sehr ähnlich sein.

• GEFÜGE Ein grobkörniges Gestein, in dem die Minerale gut mit bloßem Auge sichtbar sind. Das gefaltete Gefüge wird durch die unterschiedlichen Bänder unterstrichen – sie sehen aus, als sei das Gestein plastisch verformt worden.

• HERKUNFT Gefaltete Gneise werden unter hochgradigen regionalmetamorphen Bedingungen gebildet. Alle Gesteine – so Sedimente, wie Sandstein und Tonstein sowie Magmatite, wie Dolerit und Granit – werden unter diesen Bedingungen zu Gneisen.

Druck Hoch	Temperatur Hoch	Textur Schiefrig, kristallin

Gruppe	Herkunft	Korngröße	Klassifikation
Metamorph	Gebirgskette	Grob	Regional

Augengneis

Diese Gesteine haben granitische Zusammensetzung und enthalten große, linsenförmige Feldspatkristalle (Augen) in einer gebänderten Matrix aus Quarz, Feldspat und Glimmer.

- Gefüge Ein grobkörniges Gestein, das in der Gneisbänderung größere Augen zeigt.
- Herkunft Augengneis bildet sich in den höchsten Druck- und Temperaturzonen der Regionalmetamorphose.

Druck	Temperatur	Textur
Hoch	Hoch	Schiefrig, kristallin

Gruppe	Herkunft	Korngröße	Klassifikation
Metamorph	Gebirgskette	Grob	Regional

Körniger Gneis

Hohe Anteile an hellgrauem Quarz, weißem oder rosa Feldspat und hellen und dunklen Glimmern bauen dieses Gestein auf. Amphibole und Pyroxen können ebenfalls vorhanden sein. Die Zusammensetzung ist oft granitisch.

- Gefüge Die Kristalle sind in typischen gneisigen Bändern angeordnet, abwechselnd hell und dunkel. Das Gefüge ist körnig mit verbindenden Kristallen.
- Herkunft Gebildet in sehr hochgradig metamorphen Umgebungen tief in der Erdkruste.

Druck	Temperatur	Textur
Hoch	Hoch	Schiefrig, kristallin

Gruppe	Herkunft	Korngröße	Klassifikation
Metamorph	Gebirgskette	Grob	Regional

Migmatit

Migmatit zeigt eine gneisig-metamorphe Komponente und eine granitische in verschiedenen Lagen. Migmatite haben granitische Zusammensetzung.

- Gefüge Ein grobkörniges Gestein mit körnigem Gefüge, das meist Bänderung wie beim Gneis zeigt. Die verschiedenen Komponenten können schiefrig sein.
- Herkunft Durch Teilaufschmelzung in hochgradig regionalmetamorphen Gebieten.

Druck	Temperatur	Textur
Hoch	Hoch	Schiefrig, kristallin

Gruppe	Herkunft	Korngröße	Klassifikation
Metamorph	Subduktionszone	Grob	Regional

EKLOGIT

Eklogit wird hauptsächlich von Pyroxen (grüne Varietät Omphacit) und rotem Granat aufgebaut. Zusätzlich kann Kyanit auftreten.

- GEFÜGE Mittel- bis grobkörniges Gestein, manchmal mit Bänderung.
- HERKUNFT Gebildet unter höchsten Druckbedingungen und hohen Temperaturen an Subduktionszonen aus abgetauchter ozeanischer Kruste. Oft gemeinsam mit Peridotiten und Serpentiniten vorkommend.

Druck	Temperatur	Textur
Hoch	Hoch	Schiefrig, kristallin

Gruppe	Herkunft	Korngröße	Klassifikation
Metamorph	Unterkruste	Grob	Regional

GRANULIT

Granulit hat meist einen hohen Gehalt an Pyroxen, entweder Diopsid oder Hypersthen. Granat, Kyanit, Quarz, Biotit und Feldspat sind ebenfalls vorhanden.

- GEFÜGE Es handelt sich um dichte, massige, grobkörnige Gesteine, die gebändert, aber nicht schiefrig sind.
- HERKUNFT Gebildet unter sehr hohen Druck- und Temperaturbedingungen in wasserarmem Bildungsmilieu. Zu finden auf alten Kontinentalschilden.

Druck	Temperatur	Textur
Hoch	Hoch	Kristallin

Gruppe	Herkunft	Korngröße	Klassifikation
Metamorph	Gebirgskette	Grob	Regional

AMPHIBOLIT

Amphibolit besteht in erster Linie aus Amphibolen, meist Hornblende, manchmal auch Aktinolith oder Tremolit. Auch Feldspat, Pyroxen, Chlorit, Epidot und Granat kommen vor.

- GEFÜGE Amphibolit ist grobkörnig. Die Schieferung kann gut ausgebildet sein. Porphyroblasten, besonders von Granat, können vorkommen.
- HERKUNFT Mittel- bis hochgradige Gesteine. Amphibolite entstehen meist aus magmatischen Gesteinen wie beispielsweise Dolerit.

Druck	Temperatur	Textur
Hoch	Hoch	Schiefrig, kristallin

Gruppe Metamorph	Herkunft Kontaktaureole	Korngröße Fein, grob	Klassifikation Kontakt

Grüner Marmor

Grüner Marmor besteht in erster Linie aus Calcit, der aus ursprünglichem Kalkstein entstanden ist, kann aber auch geringere Anteile Dolomit enthalten. Andere Minerale, die sich aus Unreinheiten des Kalksteins bildeten, sind Brucit, Olivin, Tremolit und Serpentin – sie geben dem ansonsten weißen Gestein sein grünliches Aussehen.

- Gefüge Es handelt sich um ein kristallines Gestein, das bei Betrachtung durch die Lupe, oder besser unter dem Mikroskop, ein Mosaik ineinandergewachsener oder -geschmolzener Kristalle zeigt. Die möglicherweise im Kalkstein enthaltenen Fossilien sind durch die metamorphe Rekristallisierung verschwunden.
- Herkunft Marmor entsteht durch die thermische Metamorphose von Kalksteinen rund um granitische Intrusionen.

Druck Niedrig	Temperatur Hoch	Textur Kristallin

Gruppe Metamorph	Herkunft Kontaktaureole	Korngröße Fein, grob	Klassifikation Kontakt

Blauer Marmor

Blauer Marmor ist in erster Linie aus Calcit aufgebaut wie der ehemalige Kalkstein, kann aber auch geringe Mengen Dolomit enthalten. Wenn der Kalkstein unrein ist, können sich durch die metamorphe Rekristallisierung neue Minerale bilden. Hierzu gehören Forsterit, Wollastonit, Serpentin, Brucit, Diopsid und Tremolit. Die blaue Farbe entsteht vorrangig durch den Diopsidgehalt.

- Gefüge Ein kristallines Gestein, dessen zusammengeschmolzene Calcitkristalle nur unter der Lupe erkennbar sind. Die anderen Minerale sind in der Matrix eingebettet.
- Herkunft Marmor bildet sich, wenn Kalkstein von einem Granit intrudiert wird. Die Hitze begünstigt ein Rekristallisieren des Calcits, wobei die ursprünglichen Strukturen zerstört und neue Minerale gebildet werden.

Druck Niedrig	Temperatur Hoch	Textur Kristallin

Gruppe Metamorph	Herkunft Kontaktaureole	Korngröße Fein, grob	Klassifikation Kontakt

Grauer Marmor

Im Unterschied zu anderem Marmor bildet sich Grauer Marmor aus relativ reinem Kalkstein, so daß sich nur wenige Kalksilikatminerale bilden. Grauer Marmor ist ein sehr calcitreiches Gestein, bei der Betrachtung unter dem Mikroskop lassen sich geringe Mengen Wollastonit, Brucit, Tremolit, Serpentin oder Diopsid erkennen.

- Gefüge Dieses kristalline Gestein mit verwachsenen Calcitkristallen ist ein blasses, weiches Gestein. Die zuckrige Oberfläche kann leicht mit einer Messerklinge angekratzt werden. Marmor schäumt mit verdünnter Salzsäure – ein sehr hilfreicher Test.
- Herkunft Marmor wird in metamorphen Aureolen von magmatischen Gesteinen gebildet.

Druck Niedrig	Temperatur Hoch	Textur Kristallin

Gruppe Metamorph	Herkunft Kontaktaureole	Korngröße Fein, grob	Klassifikation Kontakt

Olivin-Marmor

Olivin-Marmor enthält einen hohen Prozentsatz Calcit, der aus dem ursprünglichen Kalkstein rekristallisiert ist. Andere Minerale, die sich unter den metamorphen Bedingungen gebildet haben, sind besonders der Olivin. Dieses Mineral findet sich als grünlichbraune körnige Kristalle in der Matrix.

- Gefüge Ein Gestein mit kristallinem Gefüge und einer verwachsenen Masse von Calcitkristallen. Es unterscheidet sich vom ursprünglichen Kalkstein, in dem zwischen den Calcitkristallen Porenraum lag. Fossilien kommen nur selten im Marmor vor, da der Calcit rekristallisiert ist. Die Olivine sind körnig.
- Herkunft Dieses Gestein bildet sich bei der thermischen Metamorphose durch die Intrusion von magmatischen Gesteinen in Kalkstein.

Druck Niedrig	Temperatur Hoch	Textur Kristallin

Gruppe Metamorph	Herkunft Kontaktaureole	Korngröße Fein	Klassifikation Kontakt

Cordierit-Hornfels

Ein Gestein, das eine Vielzahl von Mineralen enthält und dessen endgültige Paragenese von der Zusammensetzung des Ausgangsgesteins und den Temperaturbedingungen der Metamorphose abhängt. Cordierit-Hornfels ist meist ein dunkel gefärbtes Gestein und enthält Quarz, Glimmer und Cordierit, der bei der Metamorphose gebildet wird.

- Gefüge Ein fein- bis mittelkörniges Gestein, das Porphyroblasten von Cordierit enthält, die oft einige Zentimeter im Durchmesser messen können. Das Gestein hat keine Schieferung, die ursprünglichen Sedimentstrukturen wurden bei der metamorphen Rekristallisierung zerstört. Die gleichkörnige Zusammensetzung des Gesteins bedingt ein hartes und splittriges Gefüge.
- Herkunft Cordierit-Hornfels wird in der Kontaktaureole eines intrudierten Granits gebildet. Die Kontaktaureole schwächt sich nach außen hin ab und bildet Gesteine wie den Gefleckten Tonstein.

Dunkelgraues, feinkörniges Gestein

Druck Niedrig	Temperatur Hoch	Textur Kristallin

Gruppe Metamorph	Herkunft Kontaktaureole	Korngröße Fein	Klassifikation Kontakt

Pyroxen-Hornfels

Dieses harte, feinkörnige, dunkel gefärbte Gestein besteht hauptsächlich aus Quarz, Glimmer und Pyroxen. Der Pyroxen in diesem Hornfels kommt oft als Porphyroblast vor. Einige der anderen Minerale können oft nicht mit bloßem Auge erkannt werden, da alle primären Sedimentstrukturen durch Rekristallisierung zerstört wurden. Hornfels hat keine ebenen Strukturen, und die Färbung kann grau, grünlich oder schwarz sein.

- Gefüge Dieses fein- bis mittelkörnige Gestein hat meist gleiche Korngröße. Häufig bilden sich Porphyroblasten von Pyroxen, Cordierit oder Andalusit. Der hohe Grad der Rekristallisierung zerstört alle ursprünglichen Sedimentstrukturen.
- Herkunft Pyroxen-Hornfels entsteht in der innersten Zone einer Kontaktaureole, wo die Temperatur am höchsten ist. Diese entwickelt sich durch die thermische Metamorphose einer Intrusion von Magmatiten.

Dunkel gefärbte Pyroxenkristalle

Druck Niedrig	Temperatur Hoch	Textur Kristallin

Gruppe	Herkunft	Korngröße	Klassifikation
Metamorph	Kontaktaureole	Fein	Kontakt

GRANAT-HORNFELS

Granat-Hornfels ist im allgemeinen ein dunkel gefärbtes Gestein. Es hat rötliche Flecken und enthält in der Matrix Granatkristalle. Daneben findet sich außerdem Quarz, Glimmer und Feldspat sowie metamorphe Minerale wie Cordierit und Andalusit.

- GEFÜGE Es handelt sich um ein fein- bis mittelkörniges Gestein mit dichtem, splittrigem Gefüge. Die Granatkristalle geben ein porphyrisches Gefüge.
- HERKUNFT Gebildet in der Kontaktaureole großer magmatischer Intrusionen.

Druck	Temperatur	Textur
Niedrig	Hoch	Kristallin

Gruppe	Herkunft	Korngröße	Klassifikation
Metamorph	Kontaktaureole	Fein	Kontakt

FLECKSCHIEFER

Fleckschiefer ist ein schwarzes, grünliches oder graues Gestein mit dunklen Flecken. Die Flecken können metamorphe Minerale sein, so Cordierit oder Andalusit. Das Gestein hat auch einige ursprünglich nicht metamorphe Minerale in seiner Zusammensetzung, beispielsweise Quarz und Glimmer.

- GEFÜGE Die gleichen Strukturen wie Tonschiefer mit guter Spaltbarkeit. Das Gestein wird durch die Flecken charakterisiert, die oft nur undeutlich sind.
- HERKUNFT Gebildet in den Randzonen von Aureolen.

Druck	Temperatur	Textur
Niedrig	Hoch bis mittel	Kristallin

Gruppe	Herkunft	Korngröße	Klassifikation
Metamorph	Kontaktaureole	Fein	Kontakt

CHIASTOLITH-HORNFELS

Als graues oder bräunliches Gestein enthält dieser Hornfels neben Quarz und Glimmer auch Andalusit und Cordierit. Bei den dünnblättrigen Kristallen, die in der Matrix liegen, handelt es sich um Chiastolith, eine Varietät des Andalusit.

- GEFÜGE Dieses Gestein besteht aus feinkörnigen Kristallen gleicher Größe. Manchmal bilden sich Porphyroblasten aus Andalusit, die mit feinen, dunkelkörnigen Einschlüssen als Chiastolith bezeichnet werden und im Schnitt kreuzförmig sind.
- HERKUNFT Nahe magmatischen Intrusionen, die die Hitze zur Metamorphose liefern.

Druck	Temperatur	Textur
Niedrig	Mittel bis hoch	Kristallin

Gruppe Metamorph	Herkunft Kontaktaureole	Korngröße Mittel	Klassifikation Kontakt

Metaquarzit

Metaquarzit enthält über 90 % Quarz, so daß es blaß, meist zuckrig aussieht. Es wurde aus quarzreichen Sandsteinen gebildet. Bei starker Vergrößerung sind auch Minerale wie Glimmer und Feldspat sowie Eisenoxide sichtbar.

• Gefüge Ein fein- bis mittelkörniges Gestein mit einem regelmäßigen Gefüge dichter, zusammengebackener Quarzkristalle. Als kristallines Gestein ist das Gefüge anders als das des sandigen Ausgangsgesteins, in welchem Poren zwischen den Sandkörnern vorhanden waren.

• Herkunft Metaquarzit bildet sich sowohl aus Sandsteinen durch Kontaktmetamorphose neben großen magmatischen Intrusionen als auch durch Regionalmetamorphose.

Druck Niedrig	Temperatur Hoch	Textur Kristallin

Gruppe Metamorph	Herkunft Kontaktaureole	Korngröße Fein, grob	Klassifikation Kontakt

Skarn

Obwohl Skarn eine große Bandbreite an Mineralen enthält, ist er sehr calcitreich. Er kann Olivin, Periklas, Wollastonit, Diopsid, Granat, Serpentin, Tremolit und andere für metamorphe Kalksteine typische Minerale enthalten. Der Granat ist meist Grossular. Die vorkommenden Erzminerale sind Pyrit, Sphalerit, Galenit und Chalkopyrit.

• Gefüge Die Korngröße variiert von fein über mittel bis grob und die Kristalle sind zum Teil idiomorph. Die assoziierten Minerale sind oft in Flecken konzentriert oder bilden Knollen im Gestein.

• Herkunft Die komplexe Mineral-Paragenese in Skarnen ist die Folge des Kontaktes eines Kalksteins mit einer Granit- oder Syenitintrusion. Unreinheiten im Kalkstein sowie aus der Intrusion eindringende Fluide sorgen für vielfältige Mineralbildung. Viele Erzlagerstätten seltener Elemente wie Kupfer, Mangan und Molybdän sind an Skarne gebunden.

Druck Niedrig	Temperatur Hoch	Textur Kristallin

Gruppe Metamorph	Herkunft Kontaktaureole	Korngröße Fein	Klassifikation Kontakt

Hälleflint

Hälleflint enthält eine Vielzahl von Mineralen, die von dem vormetamorphen Gestein – dem vulkanischen Tuffabhängen. Es besteht daher aus Quarz und reicherte während der Metamorphose Silica an. Die Farbe ist meist blaß und kann von Braun zu Rosa, Grün, Grau oder Gelblichbraun schwanken.

• Gefüge Hälleflint ist ein feinkörniges Gestein, zur Identifizierung des Mineralbestands ist ein Mikroskop notwendig. Das Gefüge ist eben und mit einem flintig-kristallinen Aussehen. Das Gestein bricht mit einem scharfen, splittrigen Bruch. Es kann lagige Strukturen zeigen, die von der ursprünglichen Schichtung des vulkanischen Tuffs herrühren. Manchmal sind Porphyroblasten mit großen isolierten Kristallen zu finden.

• Herkunft Gebildet durch die Kontaktmetamorphose von Tuffen, die meist sekundär von Silica imprägniert wurden. Häufig ist es mit Hornfels assoziiert.

Druck Niedrig	Temperatur Hoch	Textur Kristallin

Gruppe Metamorph	Herkunft Übersch.zonen	Korngröße Fein	Klassifikation Dynamisch

Mylonit

Der Mineralgehalt dieses Gesteins variiert in Abhängigkeit vom Ausgangsgestein, das metamorph überprägt wurde. Mylonit enthält zwei verschiedene Materialhauptgruppen: Gesteinsfragmente und Minerale, die bald nach der Metamorphose kristallisiert sind. Das Gestein kann hell oder dunkel gefärbt sein.

• Gefüge Mylonit wurde durch Deformation zerstört und die Partikel in Linsen oder Flecken zusammengeschoben. Es ist in der Regel feinkörnig, doch können auch größere Stücke enthalten sein. Auch schlierige Strukturen sind manchmal sichtbar, und die Oberflächen können Riefen zeigen.

• Herkunft Mylonit wird an großen Überschiebungszonen gebildet. Nahe der Überschiebungsbahn wird große Scherspannung ausgeübt, die das Gestein zerbricht und in Richtung der Überschiebung transportiert. Dies geschieht bei Deckenüberschiebungen in Verbindung mit Gebirgsbildungsprozessen.

Druck Scherspannung	Temperatur Niedrig	Textur Schlierig

Sedimentäre Gesteine

Sedimentäre Gesteine bilden sich an der Erdoberfläche, die meisten jedoch am Meeresgrund. Sie zeigen oft mit bloßem Auge sichtbare Schichten. Detritische Sedimente sind das Ergebnis von Verwitterung, Erosion und Akkumulation von Gesteinspartikeln bestehender Gesteine. Organische Sedimente setzen sich aus Fossilien und Materialien ehemals lebender Organismen zusammen. Chemische Sedimente entstehen durch Ausfällen von Substanzen wie Steinsalz oder Calcit.

Gruppe	Herkunft	Korngröße
Sedimentär	Marin, Süßwasser	Sehr grob

Quarz-Konglomerat

Dieses Gestein enthält viele helle Quarzbruchstücke in einer feinen Matrix. Die Matrix besteht in der Regel aus Sand oder Schluff, kleinen Gesteinsfragmenten und Eisenoxiden, oft durch Silica oder Calcit zementiert.

- **Gefüge** Die großen Körner sind gerundet; die Matrix kann gerundet oder kantig sein. Quarz-Konglomerate enthalten selten Fossilien, da sie sehr grob sind und unter sehr turbulenten Bedingungen gebildet wurden. Schichtungsstrukturen sind nur selten in kleinen Proben zu sehen.
- **Herkunft** Gebildet, wo ausreichend Energie zum Transport großer Bruchstücke vorhanden ist, so am Strand oder in Flußsystemen.

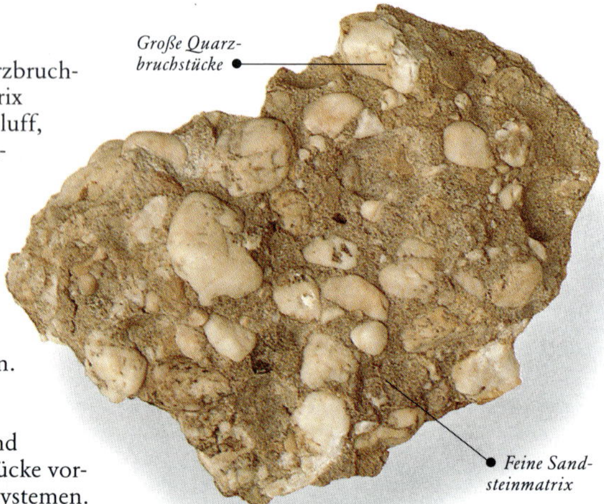

Klassifikation	Fossilien	Kornform
Detritisch	Sehr selten	Gerundet

Gruppe	Herkunft	Korngröße
Sedimentär	Marin, Süßwasser	Sehr grob

Polygenetisches Konglomerat

Da es eine Vielzahl unterschiedlicher Materiale enthält, kommen im polygenetischen Konglomerat Bruchstücke magmatischer, metamorpher und sedimentärer Gesteine vor, ebenso Partikel einzelner Minerale. Die Komponenten werden durch Quarz, Eisenoxid oder Calcit zementiert.

- **Gefüge** Die Körner in polygenetischen Konglomeraten sind durch den Einfluß des Wassers halb bis vollständig gerundet. In der Matrix können einige kleinere kantige Bruchstücke vorkommen.
- **Herkunft** Gebildet in hochenergetischem Bildungsmilieu, so in Wasserströmen, die große Bruchstücke fortbewegen können.

Klassifikation	Fossilien	Kornform
Detritisch	Sehr selten	Gerundet

Gruppe Sedimentär	Herkunft Übergang, Wasser	Korngröße Sehr grob

Kalkstein-Brekzie

Dieses Gestein enthält Kalksteinbruchstücke, meist in feinkörniger Matrix durch Calcit zementiert. Andere Minerale wie Quarz können in der Kalkstein-Brekzie als Bruchstücke weiterer Gesteine vorkommen.

- Gefüge Die Körner sind im Unterschied zu den gerundeten Bruchstücken der Konglomerate groß und kantig. Die einzelnen Fragmente der Brekzie können auch Fossilien enthalten.
- Herkunft Im Übergangsmilieu nahe der Kontinentalränder zu finden. Kalkstein-Brekzien bilden sich als Ablagerungen am Fuße einer Steilküste. Durch die Klippen und den Abtragungsschutt sickerndes Wasser lagert Calcit ab und zementiert die Brekzie.

Klassifikation Detritisch	Fossilien Wirbellose	Kornform Kantig

Gruppe Sedimentär	Herkunft Übergang, Wasser	Korngröße Sehr grob

Brekzie

Die Bruchstücke der Brekzie sind kantig und stammen von allen Gesteinstypen: magmatisch, metamorph und sedimentär. Die Fragmente befinden sich in einer fein- bis mittelkörnigen Matrix aus Salz oder Sand.

- Gefüge Schichtungsstrukturen sind nur in großem Maßstab im Gelände sichtbar. Fossilien sind selten. Sowohl die großen Gesteins- und Mineralbruchstücke als auch das umgebende Matrixmaterial sind kantig.
- Herkunft Am Fuß von Steilküsten als Schutthalde gebildet. Die Entstehung ähnelt der Kalkstein-Brekzie, nur die Bruchstücke sind nicht kalkig. Die Anhäufung großer, kantiger Fragmente findet in vielen Bildungsmilieus statt, besonders bei mechanischer Verwitterung.

Klassifikation Detritisch	Fossilien Selten	Kornform Kantig

Gruppe Sedimentär	Herkunft Gletscher, Eisdecke	Korngröße Fein

Geschiebelehm

Geschiebelehm besteht aus kantigen und gerundeten Kieseln unterschiedlicher Größe in einer feinen, unverfestigten Matrix. Die Gesteinstypen können jegliche Größe haben und befinden sich in einer tonigen oder sandigen Matrix. Die glazialen Bruchstücke in dem Geschiebelehm werden als Findlinge bezeichnet. Diese wurden vom Gletschereis von ihrem Ursprungsort hierher transportiert.

- **Gefüge** Die Bruchstücke im Geschiebelehm sind meist kantig. Das Gestein besteht aus verschiedenen unsortierten Materialien, die vom Ton bis zum Findling reichen.
- **Herkunft** Geschiebelehm bildet sich in der Regel als Ablagerungsprodukt schmelzender Gletscher oder Eisdecken.

Klassifikation Detritisch	Fossilien Selten	Kornform Kantig

Gruppe Sedimentär	Herkunft Kontinental	Korngröße Fein

Löss

Dieser gelbliche oder bräunliche Ton besteht aus sehr feinen, kantigen Partikeln von Quarz, Feldspat, Calcit und anderen Mineralen sowie Gesteinsfragmenten.

- **Gefüge** Löß ist ein feinkörniger äolischer Ton, der porös und erdig ist. Er ist nur schwach zementiert und bröcklig. Die Körner können infolge des Windtransports auch gerundet sein, die Schichtung ist schwer zu bestimmen.
- **Herkunft** Gebildet durch das Ausblasen von Wind in Gletscherregionen. Löß wird vom Wind abgelagert, das Material stammt möglicherweise aus Schieferregionen. In dicken Lagen kommt Löß in China, aber auch in Teilen Westeuropas vor.

Klassifikation Detritisch	Fossilien Selten	Kornform Gerundet, kantig

Gruppe Sedimentär	Herkunft Marin, Süßwasser, kontin.	Korngröße Mittel

Sandstein

Sandstein besteht in erster Linie aus Quarz, oft begleitet von Feldspat, Glimmer oder anderen Mineralen. Die Körner können durch Silica, Calcit oder Eisenoxid zementiert sein.

• GEFÜGE Sandstein ist ein mittelkörniges Gestein. Die Körner sind meist gut sortiert (gleichkörnig) und entweder kantig (Gritstein) oder gerundet (Sandstein).

• HERKUNFT Sandsteine sind extrem häufige Gesteine, die in vielen verschiedenen geologischen Milieus entstehen. Die Mehrzahl der Sandsteine bildet sich im Wasser, meist marin, oder als windverfrachtete Lagerstätten in ariden kontinentalen Gebieten.

Klassifikation Detritisch	Fossilien Wirbellose, Wirbeltiere, Pflanzen	Kornform Kantig, gerundet

Gruppe Sedimentär	Herkunft Marin	Korngröße Mittel

Grünsand

Grünsand ist ein Quarzsandstein, der einige Prozent Glaukonit enthält (ein grün gefärbtes Mineral, das sich nur unter marinen Bedingungen bildet). Kleine Anteile detritischen Glimmers, Feldspat und Gesteinsbruchstücke sind meist durch Calcit zementiert. Der Glaukonit wurde an Ort und Stelle gebildet (authigen) und kommt als blättrige Körner vor.

• GEFÜGE Grünsand ist ein mittelkörniges Gestein, dessen Körner meist kantig sind. Das Sediment ist gut sortiert.

• HERKUNFT Grünsand bildet sich in marinem Milieu. Der Bestandteil Glaukonit, ein Kalium-Eisen-Silikat, kann zur radiometrischen Altersbestimmung dienen.

Klassifikation Detritisch	Fossilien Wirbellose, Wirbeltiere, Pflanzen	Kornform Kantig

Gruppe Sedimentär	Herkunft Kontinental, marin	Korngröße Mittel

Roter Sandstein

Dieses Gestein wird in erster Linie von Quarzkörnern gebildet, zusammen mit Glimmer und Feldspat. Die rote Farbe ist eine Folge der Hämatitüberzüge auf den Sandkörnern. Hämatit ist ein Eisenoxid, das bei der Oxidation eisenreicher Minerale entsteht und eingeschwemmt wurde.

• Gefüge Es handelt sich um ein gut sortiertes Sediment, dessen Körner kantig oder gerundet sind. Roter Sandstein zeigt oft sedimentäre Strukturen wie Kreuzschichtung, Rippelmarken oder Trockenrisse.

• Herkunft Gebildet als kontinentale Ablagerungen, bei denen das Eisen oxidiert wurde. Roter Sandstein bildet sich auch in flachmarinem Milieu.

Klassifikation Detritisch	Fossilien Wirbellose, Wirbeltiere, Pflanzen	Kornform Kantig, gerundet

Gruppe Sedimentär	Herkunft Kontinental	Korngröße Mittel

Windtransportierter Sandstein

Dieser Quarzsandstein zeigt eine auffallende Rundung der Körner, typisch für windtransportierte Sande. Das Gestein kann auch einigen Feldspat oder Gesteinsbruchstücke enthalten, Glimmer fehlt jedoch meistens. Die Körner tragen oft dünne Überzüge aus Eisenoxid.

• Gefüge Dieses Gestein ist ein sehr gut sortiertes Sediment, dessen Quarzkörner gleichkörnig sind. Die Körner sind gerundet und von mittlerer Größe. Fossilien sind selten.

• Herkunft Windtransportierter Sandstein bildet sich in marinem Milieu. Die Quarz-Sandkörner sind durch Windverdriftung gut gerundet. Im Gelände lassen sich Ablagerungsstrukturen von Dünen finden, die auf eine kontinentale Ablagerung hinweisen.

Klassifikation Detritisch	Fossilien Selten	Kornform Gerundet

Gruppe Sedimentär	Herkunft Marin, Süßwasser	Korngröße Mittel

Glimmer-Sandstein

Glimmer-Sandstein enthält neben großen Mengen Quarz auch bedeutende Anteile an Glimmer. Zusätzlich kommen detritischer Feldspat und Gesteinsbruchstücke vor. Auf den Schichtflächen finden sich kleine, glitzernde Blättchen von Glimmer. Das kann Muskovit und/oder Biotit sein.

- **Gefüge** Es handelt sich um ein mittelkörniges und gut sortiertes Gestein. Die Körner sind kantig, der Glimmer tritt in Blättchen auf.
- **Herkunft** Glimmer ist ein seltenes Mineral in windtransportierten kontinentalen Sandsteinen, da der flockige Habitus ein Fortblasen begünstigt. Die Anwesenheit von Glimmer-Sandstein läßt auf eine Ablagerung in Seen, Flüssen oder im Meer schließen.

Klassifikation Detritisch	Fossilien Wirbellose, Wirbeltiere, Pflanzen	Kornform Kantig, abgeflacht

Gruppe Sedimentär	Herkunft Marin, Süßwasser	Korngröße Mittel

Limonit-Sandstein

Limonit-Sandstein ist reich an Quarz, kann aber auch Gesteinsfragmente und Minerale wie Feldspat und Glimmer enthalten. Das Eisenmineral Limonit – nach dem das Gestein benannt ist – verleiht ihm eine gelbliche oder dunkel bräunliche Farbe.

- **Gefüge** Es handelt sich um ein gut sortiertes Sediment, dessen Körner gleiche Größe haben. Die Bruchstücke sind kantig und mit Limonit überzogen, der auch als Zement fungiert. Wie in anderen Sandsteinen können Schichtflächen sichtbar sein, obwohl sie im Handstück oft nicht auffallen.
- **Herkunft** Limonit-Sandstein entsteht unter verschiedenen Bildungsbedingungen, einschließlich in Salz- oder Süßwasser.

Klassifikation Detritisch	Fossilien Wirbellose, Wirbeltiere, Pflanzen	Kornform Kantig

Gruppe Sedimentär	Herkunft Marin, Süßwasser	Korngröße Mittel

Rosa Orthoquarzit

Wie alle Orthoquarzite besteht dieses Gestein aus mehr als 95 % Quarz. Die Quarzkörner sind mit Silica-Zement verfestigt. Mit einer Lupe lassen sich zusätzlich Minerale wie Feldspat oder Gesteinsbruchstücke erkennen. Fossilien sind in Orthoquarziten selten.

- Gefüge Dieses mittelkörnige Gestein ist gut sortiert und hat ein kristallines Aussehen.
- Herkunft Da Orthoquarzite sehr wenig Feldspat enthalten, werden sie auch als reife Gesteine bezeichnet. Infolge langer Verwitterungs- und Erosionsprozesse sind in dem abgelagerten Gestein kaum mehr weniger widerstandfähige Minerale enthalten, Quarz wird zum Hauptmineral.

Klassifikation Detritisch	Fossilien Selten, Wirbellose	Kornform Kantig

Gruppe Sedimentär	Herkunft Marin, Süßwasser	Korngröße Mittel

Grauer Orthoquarzit

Zusammengesetzt wie der Rosa Orthoquarzit, entsteht die graue Farbe dieses Gesteins durch den Quarz. Über 95 % werden von Quarzkörnern gebildet. Der Zement besteht ebenfalls aus Quarz, so daß das Gestein sehr fest ist. Orthoquarzit läßt sich nur schwer von Metaquarzit unterscheiden (metamorpher Quarzsandstein), obwohl das gelegentliche Vorkommen von Fossilien bei der Bestimmung hilfreich ist. Ebenso sind Schichtung und andere Sedimentstrukturen zu beobachten, so Kreuz- oder gradierte Schichtung im Orthoquarzit. Meist sind sie im Metaquarzit nicht zu finden.

- Gefüge Dieses Gestein ist mittelkörnig und meist gut sortiert.
- Herkunft Grauer Orthoquarzit bildet sich im marinen oder Süßwassermilieu und entsteht durch intensive Verwitterung und Erosion. Da der Quarzgehalt so hoch ist wie in anderen Orthoquarziten, kann er als reifes Sediment bezeichnet werden.

Klassifikation Detritisch	Fossilien Selten, Wirbellose	Kornform Kantig

Gruppe Sedimentär	Herkunft Marin	Korngröße Mittel, fein

GRAUWACKE

Grauwacke enthält Quarz, Feldspat und Gesteinsbruchstücke. Die Matrix wird von Ton, Chlorit, Quarz und Pyrit gebildet, diese Minerale lassen sich aber nicht mit bloßem Auge erkennen.

• GEFÜGE Einzelne Einheiten der Grauwacke sind schlecht sortiert, beinhalten also viele unterschiedlich große Körner. Größere Bruchstücke zeigen typisch scharfkantige Körner in feinkörniger Matrix.

• HERKUNFT Es handelt sich um ein marines Sediment, das sich durch Schlammströme, die am Kontinentalhang ins tiefe Meer strömen, bildet. Dadurch enthält dieses Gestein eine Vielzahl von Sedimentstrukturen.

Klassifikation Detritisch	Fossilien Selten	Kornform Kantig

Gruppe Sedimentär	Herkunft Marin, Süßwasser	Korngröße Mittel

ARKOSE

Dieses mittel- bis grobkörnige Gestein hat eine rosa bis graue Farbe. Obwohl es in erster Linie aus Quarz aufgebaut ist, kann Feldspat ein Drittel des Gesteins ausmachen. Die Bestandteile sind meist gut sortiert und teilweise gerundet. Zusammen mit Glimmerblättchen sind sie mit einer calcitischen oder eisenreichen Matrix zementiert.

• GEFÜGE Die Körner sind meist kantig und gut sortiert.

• HERKUNFT Dieses Gestein bildet sich in marinem, Süßwasser- und kontinentalem Milieu. Aufgrund des hohen Feldspatgehalts wird die Arkose als unreifes Gestein bezeichnet. Das Sediment wurde vermutlich schnell und unter ariden Bedingungen abgelagert und der Feldspat vor Zersetzung geschützt. Ein langer Prozeß der chemischen Verwitterung, der Erosion und des Zersetzens würde auch den Feldspat angreifen. Die meisten Arkosen bilden sich terrestrisch beim Zersetzen eines Granits.

Klassifikation Detritisch	Fossilien Selten	Kornform Kantig

Gruppe Sedimentär	Herkunft Marin, Süßwasser, kontinent.	Korngröße Grob, mittel

Quarz-Gritstein

Quarz-Gritstein enthält über 75 % Quarz sowie einigen Feldspat und Glimmer. Es können auch geringe Mengen Gesteinsfragmente verschiedener Typen vorkommen, je nach Herkunft des Sediments. Das zementierende Mineral kann Quarz sein, die gelblichen Überzüge auf den Körnern werden von Limonit gebildet.

- Gefüge Dieses Gestein ist grob- bis mittelkörnig. Die Körner sind gut sortiert und haben eine kantige Form. Gritsteine sind oft schlecht zementiert, so daß einzelne Körner mit den Fingern abgerieben werden können.
- Herkunft Gebildet in vielen verschiedenen Milieus, von marin über Süßwasser bis kontinental. Die meisten Gritsteine bilden sich in Wasser, oft in Flußsystemen oder Deltas. In allen Ablagerungsräumen muß ausreichend Energie zum Transport größerer Partikel gegeben sein.

Klassifikation Detritisch	Fossilien Wirbellose, Wirbeltiere, Pflanzen	Kornform Kantig

Gruppe Sedimentär	Herkunft Marin, kontinental	Korngröße Grob, mittel

Feldspat-Gritstein

Dieses Gestein enthält einen hohen Anteil Quarz, zusätzlich aber auch 25 % Feldspat. Glimmer ist neben Gesteinsfragmenten des Ursprungsgebiets ebenso zu finden. Feldspat-Gritstein hat eine ähnliche Zusammensetzung wie Arkose, welche das feinkörnige Äquivalent darstellt. Das Gestein hat eine bräunliche Farbe und kann eine rosa Tönung bekommen, wenn der Feldspatanteil rosa gefärbt ist. Die Körner sind mit Quarz oder Eisenoxid zementiert.

- Gefüge Es handelt sich um ein grob- bis mittelkörniges Gestein. Die Körner sind kantig, obwohl der Feldspat auch abgeflachte Flächen haben kann, an denen er entlang der Spaltbarkeit gebrochen ist. Es ist gut sortiert und meist gleichkörnig.
- Herkunft Feldspat entsteht bei schneller Ablagerung im Übergangsmilieu und zersetzt sich bei fortschreitender Verwitterung

Klassifikation Detritisch	Fossilien Wirbellose, Wirbeltiere, Pflanzen	Kornform Kantig

Gruppe Sedimentär	Herkunft Marin	Korngröße Fein

Schwarzer Tonstein

Dieser und andere Tonsteine bestehen aus einer Mischung von Tonmineralen mit detritischem Quarz, Feldspat und Glimmer. Schwarze Tonsteine sind reich an kohlenstoffhaltigem Material sowie Pyrit und Gips. Der Pyritgehalt resultiert aus reduzierenden Bedingungen in tiefen, stehenden Gewässern während der Gesteinsbildung. Dieses Mineral bildet würfelige Kristalle auf den Schichtflächen, auch die Fossilien in schwarzem Tonstein sind häufig durch Pyrit ersetzt.

• Gefüge Es handelt sich um ein sehr feinkörniges Gestein mit nur mikroskopisch sichtbaren Mineralkörnern. Es ist fein laminiert und spaltet sich oft leicht entlang der Schichtflächen, wobei häufig abgeflachte Fossilien zum Vorschein kommen.

• Herkunft Bildung aus Tonablagerung im Tiefseemilieu. Bei den Fossilien in schwarzem Tonstein handelt es sich um marine Lebewesen.

Klassifikation Detritisch	Fossilien Wirbellose, Wirbeltiere, Pflanzen	Kornform Kantig

Gruppe Sedimentär	Herkunft Marin, Süßwasser	Korngröße Fein

Fossilführender Tonstein

Der Zusammensetzung anderen Tonsteinen etsprechend enthält der fossilführende Tonstein einen hohen Calcitanteil aus den Fossilien. Neben ganzen Fossilien sind auch detritische Fossilfragmente zu finden.

• Gefüge Aufgrund der geringen Korngröße können Tonsteine Fossilien unversehrt konservieren. Oft sind Brachiopoden enthalten. Zu den üblichen Fossilien gehören Muscheln, Ammoniten, Zweischaler und Gastropoden. Auch Arthropoden wie Trilobiten und Graptolithen sind zu finden, die in gröberem Material nicht erhalten bleiben. Seltener kommen auch Wirbeltiere und Pflanzen vor.

• Herkunft Meist wird fossilführender Tonstein unter flachmarinen Bedingungen gebildet, kann aber auch in Süßwasser entstehen. Die eingeschlossenen Fossilien geben genaue Auskunft über das Bildungsmilieu des Gesteins.

Klassifikation Detritisch	Fossilien Wirbellose, Wirbeltiere, Pflanzen	Kornform Kantig

Gruppe Sedimentär	Herkunft Marin, Süßwasser	Korngröße Fein

Schluffstein

Schluffstein enthält mehr Quarzanteile als Silt- und Tonsteine, und ist infolge variierender Korngröße, des Gehalts an organischen Stoffen oder der Menge an Calciumcarbonat meist laminiert.

- Gefüge Schluffstein ist ein feinkörniges Sediment. Die Gesteinsfragmente und Mineralkörner sind in Schluffstein so klein, daß sie mit dem bloßem Auge nicht erkennbar sind.
- Herkunft Schluffsteine bilden sich durch die Kompaktion von Sedimenten der Schluffgröße, die sich unter verschiedenen Bedingungen abgelagert haben, sowohl marin als auch in Süßwasser. Die Fossilien können Aussagen über die genauen Ablagerungsbedingungen machen. Da neben Quarz auch Feldspat im Schluffstein enthalten ist, wird es als unreifes Sediment bezeichnet. Eine langandauernde Verwitterung hätte den Feldspat und anderes Material zersetzt und nur den Quarz zurückgelassen.

Klassifikation Detritisch	Fossilien Wirbellose, Wirbeltiere, Pflanzen	Kornform Kantig

Gruppe Sedimentär	Herkunft Marin, Süßwasser	Korngröße Fein

Schlammstein

Schlammstein besteht aus einer Mischung von Tonmineralen mit detritischem Quarz, Feldspat und Glimmer. Oft sind Eisenoxide zu finden.

- Gefüge Schlammstein ist ein feinkörniges Gestein, dessen Körner mit bloßem Auge nicht erkennbar sind. Es teilt viele Merkmale mit den Tonsteinen und kann auch Fossilien enthalten. Im Vergleich zum Tonstein hat es jedoch keine so gut ausgeprägte Laminierung.
- Herkunft Schlammsteine bilden sich unter verschiedenen Bedingungen aus der Ablagerung von Schlamm sowohl in Ozeanen als auch in Süßwasserseen. Bei der Untersuchung von Fossilien, die in Schlammstein enthalten sind, und dem Vergleich mit den Lebensbedingungen rezenter Organismen lassen sich Rückschlüsse auf die exakten Bildungsbedingungen ziehen.

Klassifikation Detritisch	Fossilien Wirbellose, Pflanzen	Kornform Kantig

Gruppe Sedimentär	Herkunft Marin, Süßwasser	Korngröße Fein

Kalkiger Schlammstein

Wie der Name vermuten läßt, gleicht dieses Gestein dem Schlammstein, es hat nur einen höheren Calcitgehalt. Ebenso sind detritischer Quarz und Feldspat enthalten, Fossilien sind nicht selten. Kalkiger Schlammstein ist oft hell gefärbt.

• Gefüge Es handelt sich um ein sehr feinkörniges Gestein, in welchem die einzelnen Partikel nicht mit bloßem Auge sichtbar sind. Die Körner haben meist die gleiche Größe, doch Rekristallisation kann die ursprüngliche Form verändern. Das Gestein bricht in typischer Weise, die als halbmuschelig bezeichnet werden kann. Aufgrund des hohen Calcitgehalts schäumt das Gestein mit kalter verdünnter Salzsäure.

• Herkunft Bildung unter marinen und Süßwasserbedingungen. Der feinkörnige, kalkhaltige Schlammstein entsteht durch den Wassertransport in Seen und im Meer, wo er mit Sand, Schluff und anderen kalkigen Organismen akkumuliert wird.

Klassifikation Detritisch	Fossilien Wirbellose, Pflanzen	Kornform Kantig

Gruppe Sedimentär	Herkunft Marin, Süßwasser, kontin.	Korngröße Fein

Ton

Ton ist reich an Tonmineralen (wie sein Name sagt), enthält aber auch Quarz, Feldspat und Glimmer.

• Gefüge Die Korngröße ist so klein, daß einzelne Körner nicht betrachtet werden können, es sei denn mit dem Mikroskop. Tone haben oft einen charakteristischen Geruch; die Körner absorbieren Wasser und werden plastisch.

• Herkunft Tone bilden sich unter verschiedenen Bedingungen. Sie können in tief- und flachmarinem Milieu entstehen (fossile Austern beweisen marine Bildungsbedingungen), aber auch in Seen und als kontinentales Sediment. Glaziale Tone bilden sich durch das Zermahlen von Gestein durch die Eismassen. Tonminerale bilden sich durch das Zersetzen und Alterieren von Silikaten wie Feldspat unter chemischer Verwitterung. Fossilien sind in Tonen aufgrund der feinen Körnung gut erhalten.

Klassifikation Detritisch	Fossilien Wirbellose, Wirbeltiere, Pflanzen	Kornform Kantig

Gruppe Sedimentär	Herkunft Marin, Süßwasser	Korngröße Fein

Roter Mergel

Roter Mergel ist ein intermediäres Gestein zwischen Ton und Kalkstein und beinhaltet die Abstufung von kalkigem Ton bis lehmigem Kalkstein. Der Kalkanteil reicht von 40 – 60 %, zusätzliche Bestandteile sind detritischer Quarz, Ton und Schluffpartikel. Die rote Farbe weist auf Eisenoxid hin.

- **Gefüge** Da Mergel ein so feinkörniges Gestein ist, kann es nur unter dem Mikroskop genauer betrachtet werden. Die Körner sind gut geformt und durch Calcit zementiert.
- **Herkunft** Mergel bilden sich oft in flachen Seen mit üppiger Vegetation. Sie sind auch mit Evaporitlagerstätten in salinaren Becken assoziiert. In diesem Fall können sie sich zwischen Gips und Steinsalz Schichten bilden.

Klassifikation Detritisch	Fossilien Wirbellose, Wirbeltiere, Pflanzen	Kornform Kantig

Gruppe Sedimentär	Herkunft Marin, Süßwasser	Korngröße Fein

Grüner Mergel

Wie sein rotes Gegenstück ist der grüne Mergel ein intermediäres Produkt aus Ton und Kalkstein. Er unterscheidet sich nur in der Farbe, die durch die Minerale Chlorit und Glaukonit bedingt ist. Grüner Mergel hat auch einen hohen Calcitanteil.

- **Gefüge** Grüner Mergel ist ein feinkörniges Gestein. Die einzelnen Partikel lassen sich nur unter dem Mikroskop erkennen. Calcit sorgt dafür, daß das Gestein mit kalter verdünnter Salzsäure schäumt.
- **Herkunft** Grüner Mergel bildet sich unter marinen und Süßwasserbedingungen. Wenn Glaukonit im Grünen Mergel vorhanden ist, deutet dies auf ein marines Bildungsmilieu hin.

Klassifikation Detritisch	Fossilien Wirbellose, Wirbeltiere, Pflanzen	Kornform Kantig

Gruppe	Herkunft	Korngröße
Sedimentär	Marin, Salzsee	Kristallin

Steinsalz

Steinsalz wird in erster Linie aus Halit aufgebaut, einschließlich der Unreinheiten von Tonmineralen und Eisenoxiden. Die oft rötlichbraune Farbe weist auf die vorhandenen Eisenoxide hin.

• Gefüge Steinsalz ist meist massig und grob kristallin, manchmal bildet es deutlich würfelige Kristalle. Unter Druck kann Steinsalz zu fließen beginnen und dann unter Salzdombildung in höhere Schichten intrudieren.

• Herkunft Entsteht aus stark salzhaltigem Wasser, so in Salzseen, in Abfolgen mit anderen Evaporitmineralen, wie Dolomit und Gips.

Klassifikation	Fossilien	Kornform
Chemisch	Keine	Kristallin

Gruppe	Herkunft	Korngröße
Sedimentär	Marin, Salzsee	Kristallin

Massiger Gips

Massiger Gips besteht in erster Linie aus hydratisiertem Calciumsulfat.

• Gefüge Mit grobem bis feinem Gefüge zeigt dieses Gestein häufig einen fibrosen Habitus. Es kann auch eine Schichtung aufweisen, die jedoch oft verbogen ist. Massiger Gips liegt oft eingebettet zwischen Sandsteinen, Mergeln und Kalksteinen. Als weiches Gestein kann es leicht mit dem Fingernagel geritzt werden.

• Herkunft Gips bildet Evaporitabfolgen in Vergesellschaftung mit Dolomit und Mergel sowie den Mineralen Anhydrit, Halit und Calcit.

Klassifikation	Fossilien	Kornform
Chemisch	Keine	Kristallin

Gruppe	Herkunft	Korngröße
Sedimentär	Marin, Salzsee	Kristallin

Kalisalz

Kalisalz besteht aus einer Mischung von Sylvin und Halit. Reiner kristalliner Sylvin hat eine blaßgraue Farbe, während der orangerote Sylvin seine Farbe durch Eisenoxid-Unreinheiten erhält.

• Gefüge Es handelt sich um ein kristallines Gestein. Kalisalz findet sich in Schichten gemeinsam mit Steinsalz, Gips und Dolomit.

• Herkunft Kalisalz wird in salinaren Gewässern in Abfolge mit Evaporiten, wie Dolomit, Mergel und Schlammstein, abgelagert.

Klassifikation	Fossilien	Kornform
Chemisch	Keine	Kristallin

Gruppe Sedimentär	Herkunft Marin	Korngröße Grob

Erbsenförmiger Kalkstein

Dieses Gestein ähnelt dem oolithischen Kalkstein, aber enthält größere und unregelmäßigere Formen bis zu Bohnengröße, auch als Pisolith bezeichnet. Diese Pisolithen bilden sich durch die Ablagerung von Calcit rund um einen Kern, beispielsweise ein Sandkorn oder ein Schalenbruchstück. Das zementierende Material ist Calcit.

- Gefüge Es handelt sich um ein grobkörniges Gestein mit Pisolithen gleicher Größe. Die Pisolithen können auch abgeflacht sein – im Unterschied zu den spherischen Oolithen. Fossilien sind häufig.
- Herkunft Pisolithischer Kalkstein bildet sich in relativ flachem marinem Milieu, ähnlich wie bei der Oolithbildung. In solcher Umgebunge wird bevorzugt Calcit abgelagert. Diese Bedingungen waren in früheren Zeiten häufig gegeben, besonders während des Mesozoikums.

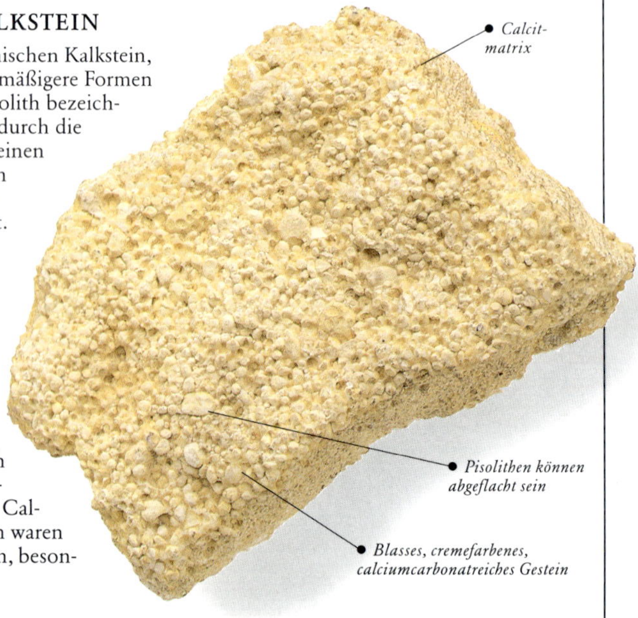

Klassifikation Chemisch	Fossilien Wirbellose	Kornform Gerundet

Gruppe Sedimentär	Herkunft Marin	Korngröße Mittel

Oolithischer Kalkstein

Oolithischer Kalkstein enthält einen hohen Anteil an Calciumcarbonat, zusätzlich kleine Mengen von Quarz und anderen detritischen Materialien. Fossilienfragmente sind häufig.

- Gefüge Dieses Gestein besteht aus enggepackten Ooiden. Ooide sind spherische oder elliptische Strukturen, die sich konzentrisch um einen Kern herum ansiedeln und aus Calcit bestehen. Die gerundeten Ooide sind in der typisch hell gefärbten Matrix leicht mit bloßem Auge zu erkennen.
- Herkunft Gebildet in warmem, niedrigem und stark bewegtem marinem Milieu. Die konstante Bewegung der Gezeiten und Wellen unterstützt die gleichmäßige Ablagerung von Calciumcarbonat rund um die Quarzkörner.

Klassifikation Chemisch	Fossilien Wirbellose	Kornform Gerundet

Gruppe Sedimentär	Herkunft Marin	Korngröße Fein

Schreibkreide

Dieser sehr reine Kalkstein besteht aus Calcit mit geringen Mengen an Schluff oder Schlamm. Er enthält in erster Linie Reste von Mikroorganismen wie Coccolithen und Foraminiferen, die nur unter dem Mikroskop sichtbar werden. Auch Makrofossilien, die mit bloßem Auge erkennbar sind, finden sich, so Muscheln: Ammoniten und Zweischaler, Brachiopoden und Echinodermen. Schreibkreide kann neben anderen Mineralbruchstücken auch detritisches Material enthalten, hauptsächlich Quarz.

- Gefüge Es handelt sich um ein feinkörniges, pulveriges und weiches Gestein, das bei der Behandlung mit kalter verdünnter Salzsäure stark schäumt.
- Herkunft Unter marinen Bedingungen während der Kreidezeit gebildet. Während dieser Zeit lagen die Kontinentalschelfe unter einem größeren und tieferen Meer. Der geringe Anteil detritischen Materials läßt vermuten, daß die kontinentalen Gebiete niedrig und arid waren.

Klassifikation Chemisch	Fossilien Wirbellose, Wirbeltiere	Kornform Gerundet, kantig

Gruppe Sedimentär	Herkunft Marin	Korngröße Fein

Rote Schreibkreide

Dieses feinkörnige, kalkige Gestein erhält seine rote Farbe durch detritische Bestandteile von Eisenoxid (Hämatit). Es kann auch verstreute Quarzkiesel enthalten. Viele der winzigen Körner in Roter Schreibkreide sind Mikrofossilien wie Coccolithen. Auch Makrofossilien wie Belemniten, Ammoniten, Zweischaler und Echinodermen sind in diesem Gestein häufig zu finden.

- Gefüge Die Körnung ist sehr fein, so daß die einzelnen Partikel nur unter dem Mikroskop untersucht werden können.
- Herkunft Es wird vermutet, daß sich Rote Schreibkreide in langsam bewegtem marinem Milieu ablagert, während die Hämatit-Komponente von nahegelegener lateritischer Landoberfläche stammen kann. Durch die Untersuchung der Fossilien des Gesteins erhält man detaillierte Informationen über die Bildungsbedingungen.

Klassifikation Chemisch	Fossilien Wirbellose	Kornform Gerundet

Gruppe Sedimentär	Herkunft Marin	Korngröße Grob

Crinoidenkalk

Crinoidenkalk wird hauptsächlich von größeren und kleineren Calcitkristallen aufgebaut. Diese stammen von Tierskeletten wie Seelilienplatten. Crinoidenstielglieder sind besondere Komponenten dieses Gesteins.

- **Gefüge** Die großen Bruchstücke dieses Gesteins sind Crinoidenstielglieder. Es können sowohl lange zylindrische als auch einzelne gerundete Stücke sein, die mit calcitischem Zement in eine Matrix aus massigem Calcit eingebunden sind.
- **Herkunft** Dieser Kalkstein bildet sich unter marinen Bedingungen und wird nach den Crinoiden benannt – einer Gruppe von Meeresbewohnern, zu denen Seeigel und Seesterne zählen. Die Anwesenheit von Crinoiden in Korallenkalksteinen weist auf flachmarine Bedingungen hin. Neben Crinoiden finden sich in diesem Kalkstein auch Brachiopoden, Muscheln und Korallen.

Klassifikation Chemisch	Fossilien Wirbellose	Kornform Kantig, gerundet

Gruppe Sedimentär	Herkunft Marin	Korngröße Fein

Korallen-Kalkstein

Dieser Kalkstein wird fast vollständig von den kalkigen Überresten fossiler Korallen aufgebaut. Die einzelnen Strukturen, die Korallen, werden in einer kalkreichen Schlamm-Matrix zusammengehalten. Neben einem hohen Calcitanteil enthält der Kalkstein auch detritisches Material wie Ton und Quarz.

- **Gefüge** Das Gefüge wird von dem enthaltenen Korallentyp bestimmt. Die Matrix des Kalksteins ist feinkörnig.
- **Herkunft** Dieses Gestein bildet sich unter marinen Bedingungen, die genaue Untersuchung der Korallen läßt detaillierte Rückschlüsse auf die genauen Ablagerungsbedingungen zu. Die meisten Korallenriffe bilden sich am Kontinentalschelf. Neben den Korallen können diese Kalksteine andere Flachwasser-Wirbellose wie Brachiopoden enthalten, aber auch Cephalopoden, Gastropoden und Bryozoen.

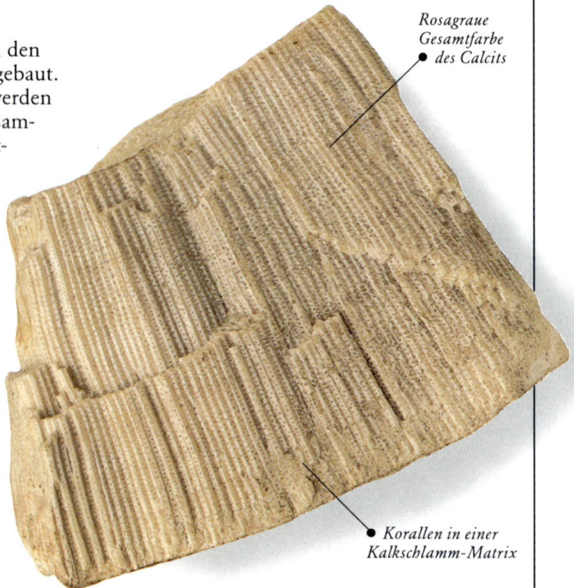

Klassifikation Chemisch	Fossilien Wirbellose	Kornform Kantig

Gruppe Sedimentär	Herkunft Marin, Süßwasser	Korngröße Mittel, fein

Muschelkalk

Muschelkalk ist die generelle Bezeichnung für kalkige Gesteine mit einem hohen Anteil an fossilen Muschelschalen. Kalkstein kann viele unterschiedliche Brachiopoden und Muscheln enthalten. Die Gesteinsmatrix ist meist durch Calcit zementiert. Die bräunliche Farbe weist auf detritische Minerale und Eisenoxid hin.

• Gefüge Die Matrix dieses Gesteins ist mittel- bis feinkörnig und hat kantige Fragmente.

• Herkunft Dieser Kalkstein entsteht in erster Linie unter marinen Bedingungen, kann aber auch im Süßwassermilieu gebildet werden. Wie in vielen anderen fossilführenden Gesteinen liefert auch hier das genaue Studium der Fossilien exaktere Hinweise auf die Bildungsbedingungen. Besonders aufschlußreich sind die Muschelschalen.

Klassifikation Chemisch	Fossilien Wirbellose	Kornform Kantig

Gruppe Sedimentär	Herkunft Marin	Korngröße Fein

Bryozoenkalk

Der Prozentsatz an Calcit im Bryozoenkalk ist sehr hoch. Das Gestein enthält auch einen kleinen Anteil detritischen Materials wie Quarz und Ton. Daher entsteht auch die im Vergleich zum blaßgrauen reinen Kalkstein dunklere Farbe. Bryozoenkalk ist ein kalkiger Schlamm mit einer netzartigen Struktur, der durch Bryozoen verursacht wird.

• Gefüge Der kalkige Schlamm der Matrix ist feinkörnig und hat ein gleichmäßiges Gefüge.

• Herkunft Bryozoenkalk bildet sich in marinem Milieu. Es entsteht in erster Linie an Kalkriffen, wo Bryozoen wie Fenestella helfen, die Sedimenthügel zu binden. Neben den Bryozoen enthalten die Riffe viele andere Organismen, so daß dieser Kalkstein meist reich an Muscheln, Brachiopoden und anderen marinen Wirbellosen ist.

Klassifikation Chemisch	Fossilien Wirbellose	Kornform Kantig

Gruppe Sedimentär	Herkunft Süßwasser	Korngröße Mittel, fein

SÜSSWASSERKALK

Süßwasserkalk ist seltener als mariner Kalkstein und unterscheidet sich hauptsächlich durch Fossilien, die an Süßwasserbedingungen gebunden sind. Wie andere Kalksteine hat dieses Gestein einen hohen Anteil an Calciumcarbonat und kann auch detritischen Quarz und Ton enthalten.

• GEFÜGE Die kalkige Matrix ist kristallin und bindet das Gestein. Süßwasserkalk besteht in erster Linie aus Kalkschlamm mit vielen spiraligen Gastropodenschalen. Der Hauptweg zur Bestimmung, ob ein Kalkstein unter marinen oder Süßwasserbedingungen entstanden ist, führt über die Identifizierung der Fossilien. Der hohe Calcitgehalt des Gesteins bedingt, daß es bei Kontakt mit kalter verdünnter Salzsäure schäumt.

• HERKUNFT Dieser Kalkstein bildet sich in Süßwasserseen mit hohem Kalkgehalt und ist ungewöhnlich in der stratigraphischen Abfolge.

Klassifikation Chemisch	Fossilien Wirbellose, Pflanzen	Kornform Kantig

Gruppe Sedimentär	Herkunft Marin	Korngröße Fein

NUMMULITENKALK

Nummulitenkalk enthält einen hohen Prozentsatz an Calciumcarbonat, hauptsächlich aus ganzen und fragmentierten kreisförmigen Foraminiferen, die Nummuliten genannt werden. Diese sind durch Calcit zementiert. Häufig mit anderen biogenen Kalksteinen zu finden, die nur einen Fossiltyp enthalten, kommen in Nummulitenkalk auch andere Fossilien vor. Er kann auch detritisches Material, besonders Quarz, enthalten.

• GEFÜGE Die Matrix dieses Kalksteins ist feinkörnig, das ganze Fossil kann 2 cm im Durchmesser groß sein und variiert in der Größe stark.

• HERKUNFT Dieses Gestein bildet sich unter marinen Bedingungen und findet sich oft in begrenzten Gebieten. Die ägyptischen Pyramiden sind aus diesem Kalkstein gebaut.

Klassifikation Chemisch	Fossilien Wirbellose	Kornform Kristallin

Gruppe Sedimentär	Herkunft Marin	Korngröße Mittel, fein

Dolomit

Wie der Name schon sagt, besteht dieses Gestein zu einem hohen Prozentsatz aus dem Mineral Dolomit. Detritische Minerale und sekundäres Silica (Hornstein) sind ebenfalls zu finden. Da es sich bei Dolomit um ein Magnesium-Calciumcarbonat handelt, ist dieses Gestein meist dunkler als andere Kalksteine gefärbt (oft cremebraun). Dolomite tendieren im Vergleich zu anderen Kalksteinen meist zu einem geringeren Fossiliengehalt, möglicherweise durch die Rekristallisierung, die bei ihrer Entstehung stattgefunden hat.

- Gefüge Dolomitkalk hat ein gleichmäßig kristallines Gefüge. Dolomite sind häufig kompakt und erdig.
- Herkunft Dieses Gestein bildet sich in marinem Milieu. Wahrscheinlich sind Dolomite sekundär bei der Zersetzung des ehemaligen Kalksteins entstanden.

Klassifikation Chemisch	Fossilien Wirbellose	Kornform Kristallin

Gruppe Sedimentär	Herkunft Kontinental	Korngröße Fein

Kalktuff

Kalktuff ist prinzipiell aus Calcit (Calciumcarbonat) aufgebaut, Unreinheiten von Eisenoxiden sind verantwortlich für die gelbe und rote Färbung. Die Kiesel aus Tuff werden auch Kalkkiesel genannt. Es handelt sich um eine poröse, meist nicht verfestigte Ablagerung. Travertin ist die verdichtete und gebänderte Form des Tuffs.

- Gefüge Das kristalline Material kann Kiesel und Sedimentkörner enthalten.
- Herkunft Dieses Gestein bildet sich, indem Calciumcarbonat von kalkreichem Wasser ausgeschieden wird. Dies kann an Küsten, in Höhlen und an Steinbruchflächen der Fall sein, besonders in Kalksteinregionen. Pflanzen und Moose werden häufig von Kalktuff überdeckt und so als krustige, kalkreiche Fossilien erhalten. Dieser Vorgang geht schnell vonstatten, und selbst rezente Organismen können innerhalb weniger Monate überkrustet werden.

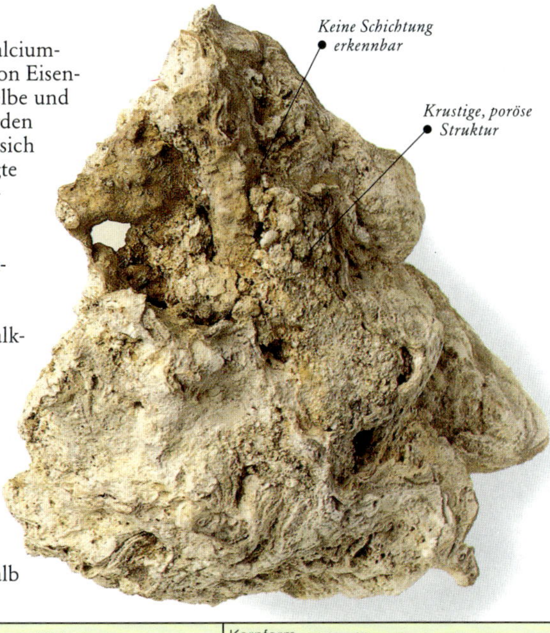

Klassifikation Chemisch	Fossilien Pflanzen, Wirbellose	Kornform Kristallin

Gruppe Sedimentär	Herkunft Kontinental	Korngröße Kristallin

Travertin

Travertin besteht fast ausschließlich aus reinem Calciumcarbonat und enthält zusätzlich detritischen Quarz und Ton. Fossiles Material ist meist nicht enthalten. Travertin ist ein sehr hell gefärbtes Mineral, es sei denn, es ist durch Eisenverbindungen verunreinigt, die eine Färbung ergeben. Travertin lagert sich als gerundete, traubenförmige und oft gebänderte Strukturen ab.

• Gefüge Dieses Gestein bildet kleine Calcitkristalle, die andere Sedimentpartikel zusammenkitten. Travertin zeigt oftmals Schichten, die in andere Gesteine eingebettet sind.

• Herkunft Travertin ist an tiefreichende Quellen gebunden. Heiße Quellen stehen in Zusammenhang mit vulkanischen Regionen und scheiden an der Oberfläche Calciumcarbonat als Travertin ab.

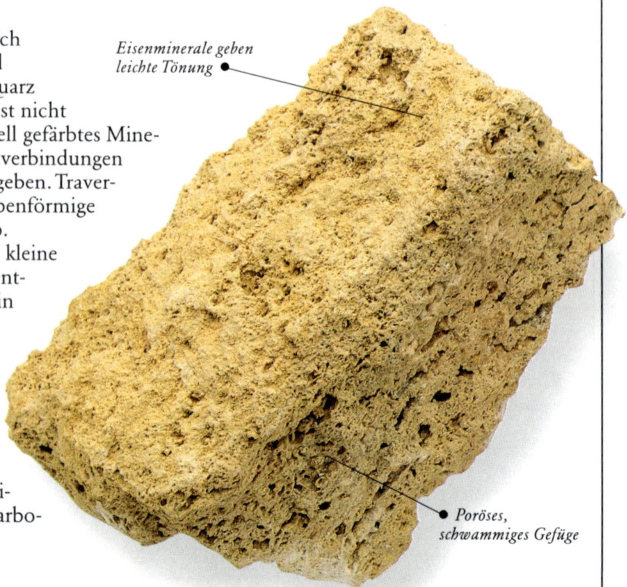

Klassifikation Chemisch	Fossilien Kontinental	Kornform Kristallin

Gruppe Sedimentär	Herkunft Kontinental	Korngröße Kristallin

Stalaktit

Die sedimentäre Struktur des Stalaktits wird aus Calciumcarbonat gebildet und durch Unreinheiten wie Eisenoxide gefärbt.

• Gefüge Stalaktiten entstehen bevorzugt in Höhlen von Kalksteinregionen, von deren Decken sie herabwachsen. Während Stalaktiten meist lange, dünne Formen bilden, wachsen die Stalagmiten als kurze und gedrungene Formen auf dem Höhlenboden. Manchmal verwachsen beide und bilden Calcitsäulen.

• Herkunft Diese Strukturen entstehen durch die anorganische Ausscheidung von Calciumcarbonat aus Wasser, das aus Ritzen der Höhle hervordringt. Wenn das Wasser die Höhle erreicht, entweicht bei Kontakt mit der Luft Kohlendioxid, und es scheidet sich Kalk ab. Die Verdunstung von Wasser unterstützt den Prozeß. Kalkreiches Wasser, das vom Ende des Stalaktits abtropft, bildet den Stalagmit.

Klassifikation Chemisch	Fossilien Keine	Kornform Kristallin

Gruppe Sedimentär	Herkunft Kontinental	Korngröße Mittel, fein

Eisenjaspilit

Eisenjaspilit, eisenhaltige Kiesel, zeigen eine deutlich gebänderte Struktur. Die Bänderung besteht in erster Linie aus abwechselnden Lagen von Kiesel und Siderit oder Hämatit, in der eine deutliche Rekristallisation stattgefunden hat. Auch Magnetit und Pyrit können in den eisenreichen Bändern auftreten.

- Gefüge Eisenjaspilit ist ein fein- bis mittelkörniges Gestein.
- Herkunft Im Präkambrium vor 2000 bis 3000 Millionen Jahren gebildet. Es ist noch nicht geklärt, ob Eisenjaspilit durch Ausfällung in eingeschlossenen Seen oder Becken entstanden ist. Eisenstein kommt aber bevorzugt in sedimentärer Umgebung vor, von flachem, intertidalem bis zu tiefem Wasser. Einige Gebiete beweisen, daß die Gesteine in Sümpfen entstanden sind, und viele Geologen vermuten, daß organische Aktivität an der Ausfällung von Carbonaten und Sulfiden in Vergesellschaftung beteiligt gewesen sind. Die Möglichkeit des organischen Einflusses ist deshalb so interessant, da zur Entstehungszeit der Eisensteine nur sehr primitive Organismen auf der Erde existierten.

Klassifikation Chemisch	Fossilien Keine	Kornform Kristallin

Gruppe Sedimentär	Herkunft Marin	Korngröße Mittel

Oolithischer Eisenstein

Oolithischer Eisenstein besteht aus enggepackten Ooiden, die durch Minerale wie Siderit oder andere Eisenminerale ersetzt sind. Auch Quarz, Feldspat und andere detritische Minerale können vorkommen. Das Gestein kann ursprünglich kalkreich gewesen sein, die Substitution hat den Kalk in Eisenminerale umgewandelt. Die Ooide, die dem Gestein seinen Namen geben, sind klein und gerundet wie im oolithischen Kalkstein.

- Gefüge Detritische Körner im Gestein sind kantig. Calcit ist das übliche Zementmaterial zwischen den Körnern.
- Herkunft Gebildet unter marinen Bedingungen; entweder wurde das Gestein bald nach Ablagerung substituiert oder bereits eisenreich ausgeschieden.

Klassifikation Chemisch	Fossilien Wirbellose	Kornform Gerundet, kantig

Gruppe Sedimentär	Herkunft Kontinental	Korngröße Mittel, fein

Steinkohle

Unter hohem Druck bildet sich aus Braunkohle Steinkohle. Sie ist hart, brüchig und hat einen hohen Kohlenstoffgehalt. Dieses Gestein hat abwechselnd leuchtende und stumpfe Lagen und kann erkennbare fossile Pflanzen enthalten. Es färbt die Hände grauschwarz.

- Gefüge Steinkohle hat ein gleichmäßiges Gefüge und sieht nach geschmolzenem Material aus. Sie bricht infolge ihrer Struktur in würfelige Bruchstücke.
- Herkunft Steinkohle bildet sich durch die Anreicherung von Torf; unter dem Einfluß von Druck und Hitze wird fossiles Wasser abgegeben.

Klassifikation Chemisch	Fossilien Pflanzen	Kornform Keine

Gruppe Sedimentär	Herkunft Kontinental	Korngröße Mittel, fein

Anthrazitkohle

Anthrazitkohle unterscheidet sich von den anderen Kohlen durch einen sehr hohen Kohlenstoffgehalt und gleichzeitig niedrigen Gehalt an Volatilen (flüchtige Stoffe). Normalerweise ist Anthrazitkohle nicht gebändert.

- Gefüge In der Handhabung ist Anthrazitkohle sauberer und glasiger als Steinkohle.
- Herkunft Gebildet durch die Anreicherung von Torf. Der Anstieg von Druck und Temperatur führt zur Abgabe flüchtiger Komponenten, so daß eine höhergradige Kohle entsteht.

Klassifikation Chemisch	Fossilien Pflanzen	Kornform Keine

Gruppe Sedimentär	Herkunft Kontinental	Korngröße Mittel, fein

Braunkohle

Diese braunfarbene Kohle hat einen Kohlenstoffgehalt, der zwischen dem von Torf und Steinkohle liegt. Braunkohle enthält einen relativ großen Anteil sichtbarer Pflanzenreste und ist krümelig.

- Gefüge Weniger kompakt als andere Kohlen, hat Braunkohle einen hohen Feuchtigkeitsgehalt und ist krümelig. Sie enthält auch mehr Unreinheiten und Volatile.
- Herkunft Dieser Typ einer schwach inkohlten Kohle kommt in tertiären und mesozoischen Schichten vor. Braunkohle findet sich auch lokal als flacher fossiler Torf.

Klassifikation Organisch	Fossilien Pflanzen	Kornform Keine

Gruppe Sedimentär	Herkunft Kontinental	Korngröße Mittel, fein

TORF

Dieses Gestein repräsentiert die erste Stufe bei der Umwandlung von Pflanzenmaterial in Braun- oder Steinkohle. Torf hat eine braune bis schwarze Farbe und enthält ungefähr 50 % Kohlenstoff und ebenso viele flüchtige Bestandteile. Er ist krümelig und leicht in der Hand zu brechen.

- GEFÜGE In Torf sind viele Pflanzenreste sichtbar, einschließlich großer Wurzeln. Er hat einen hohen Wassergehalt und bricht nach dem Trocknen. Torf ist ein weiches Gestein.
- HERKUNFT Gebildet aus der Ablagerung pflanzlichen Materials auf Waldböden, in Brüchen und Mooren. Die großen Kohlelagerstätten waren ursprünglich Feuchtwälder. Pflanzen, die heute Torflager bilden, sind Moose, Binsen und Seggen. Die Lagerstätten können einige Meter mächtig sein. Der Untergrund der Torflager wird verdichtet und dadurch dunkler, härter und reicher an Kohlenstoff.

Klassifikation Organisch	Fossilien Pflanzen, Wirbellose	Kornform Keine

Gruppe Sedimentär	Herkunft Marin	Korngröße Mittel, fein

JETT

Aufgrund seines hohen Kohlenstoffgehalts wird dieses Gestein als Kohle eingestuft. Es ist eine kompakte Substanz in bituminösen Tonsteinen, die einen braunen Strich hat. Jett hat einen muscheligen Bruch und kann gut poliert werden. Es wird selten in geographisch ausgedehnten Schichten gebildet.

- GEFÜGE Bei detaillierter Untersuchung zeigt Jett Strukturen von Holzgewebe. Es hat Glasglanz und wird zur Herstellung von Ornamenten und Schmucksteinen genutzt.
- HERKUNFT Die Entstehung von Jett ist ungeklärt. Im allgemeinen wird angenommen, daß dieses schwarze, kohleähnliche Gestein in marinen Schichten durch Holzstämme und andere eingeschwemmte Pflanzenstücke, die wassergetränkt in den Meeresschlamm sinken, entsteht. Jett findet sich in Gesteinen mariner Herkunft – im Unterschied zu anderen Kohlen, die sich im kontinentalen Bereich bilden.

Klassifikation Organisch	Fossilien Pflanzen	Kornform Keine

Gruppe Sedimentär	Herkunft Marin	Korngröße Fein

Kieselsäuregestein

Kieselsäuregestein kommt als silikatische Knollen oder Schichten besonders in sedimentärem Gestein wie Kalksteinen und Laven vor. Es hat meist eine graue Farbe.

- Gefüge Kieselsäuregestein setzt sich aus kryptokristallinem Silica zusammen, die einzelnen Komponenten können nur unter dem Mikroskop erkannt werden. Kieselsäuregestein bricht mit einem unebenen bis halbmuscheligen Bruch. Es handelt sich um ein hartes Gestein, das nicht mit dem Messer geritzt werden kann.
- Herkunft Durch die Anreicherung von Silica am Meeresgrund.

Klassifikation Chemisch	Fossilien Wirbellose, Pflanzen	Kornform Kristallin

Gruppe Sedimentär	Herkunft Marin	Korngröße Fein

Flint

Die Bezeichnung Flint wird in der Regel für Silicaknollen in der Schreibkreide Westeuropas benutzt. Es handelt sich um eine harte, kompakte Substanz mit homogenem Aussehen und einem muscheligen Bruch.

- Gefüge Flint besteht hauptsächlich aus Silica. Das kryptokristalline Silica scheint vom organischem Opal eines Schwammes zu stammen.
- Herkunft Als Bänder oder Knollen in feinkörnigem Kalkstein, besonders in Schreibkreide. Flint enthält oft Fossilien.

Klassifikation Chemisch	Fossilien Wirbellose	Kornform Kristallin

Gruppe Sedimentär	Herkunft Kontinental	Korngröße Amorph

Bernstein

Bernstein ist ein fossiles Harz von Nadelbäumen, er ist weich und hat Harz- oder Glasglanz. Er variiert von durchsichtig bis durchscheinend. Insekten und kleine Wirbeltiere, die im Harz eingeschlossen wurden, sind heute im Bernstein als Fossilien erhalten. Bernstein wird zur Schmuckherstellung verwendet.

- Gefüge Bernstein hat einen muscheligen Bruch.
- Herkunft Gebildet aus dem Harz von Nadelbäumen; wird in sedimentären Lagerstätten gefunden.

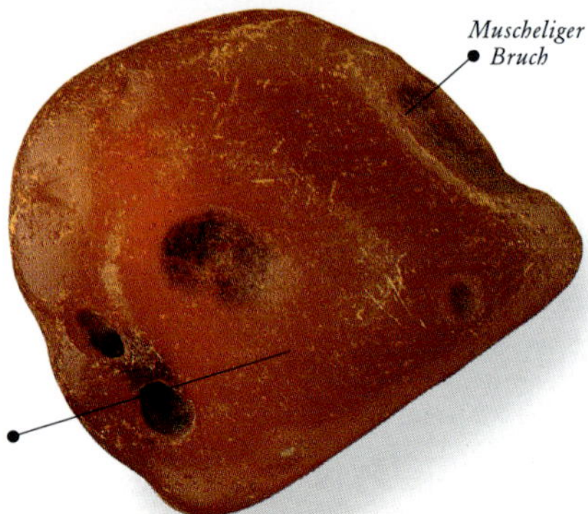

Klassifikation Biogen	Fossilien Wirbeltiere, Wirbellose	Kornform Keine

Gruppe	Herkunft	Korngröße
Sedimentär	Nach Ablagerung	Kristallin

Septarien-Konkretion

Konkretionen bilden sich oft aus dem gleichen Material wie das Gestein, in dem sie vorkommen, sind jedoch durch Silica, Carbonatminerale oder Eisenoxide zementiert. Septarien-Konkretionen haben ein strahliges oder polygonales internes Muster von Adern.

- Gefüge Das Gefüge besteht aus strahligen oder konzentrischen Rissen und ist von einer härteren Schale umgeben. Die interne Struktur wird erst beim Öffnen der Konkretion sichtbar.
- Herkunft Bildung durch Absonderung von Mineralen während der Diagenese (dem Prozeß, der Material zu einem Gestein verfestigt) und deren Konzentration um einen Kern, beispielsweise einem Sedimentkorn oder einem Fossil. Die Brüche, auch als Septa bezeichnet, entstehen infolge Schrumpfung nach Bildung der Konkretion.

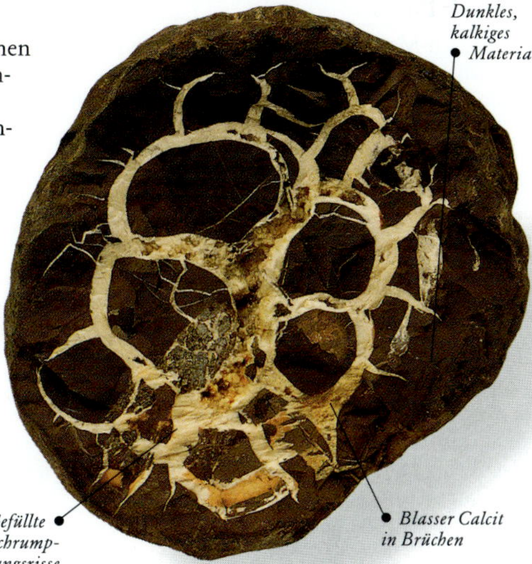

Klassifikation	Fossilien	Kornform
Chemisch	Wirbellose	Kristallin

Gruppe	Herkunft	Korngröße
Sedimentär	Nach Ablagerung	Kristallin

Pyritknolle

Dieses Gestein kommt als spheroidische, traubenförmige oder zylindrische Knollen vor, die vom bronzegelben Mineral Pyrit gebildet werden. Auf den verwitterten Oberflächen erscheint eine gelb-schwarze Färbung. Es wird dann schwarz oder bräunlichschwarz. Pyritknollen finden sich meist in Ton- oder Schlammsteinen.

- Gefüge Das interne Gefüge der gerundeten Knollen zeigt nadelige Kristalle, die strahlenförmig vom Kern ausgehen. Die Knollen können röhren- oder eiförmig sein. Bisweilen haben sie aber auch ein organisches Erscheinungsbild.
- Herkunft Pyritknollen bilden sich in Tonsteinen, Tonen und anderen pelitischen Gesteinen, die reich an Pyrit sind, häufig auch in Schreibkreide. Die Entstehung von Pyritknollen ist bis heute ungeklärt, aber eine Ablagerung um einen Kern scheint die plausibelste Erklärung.

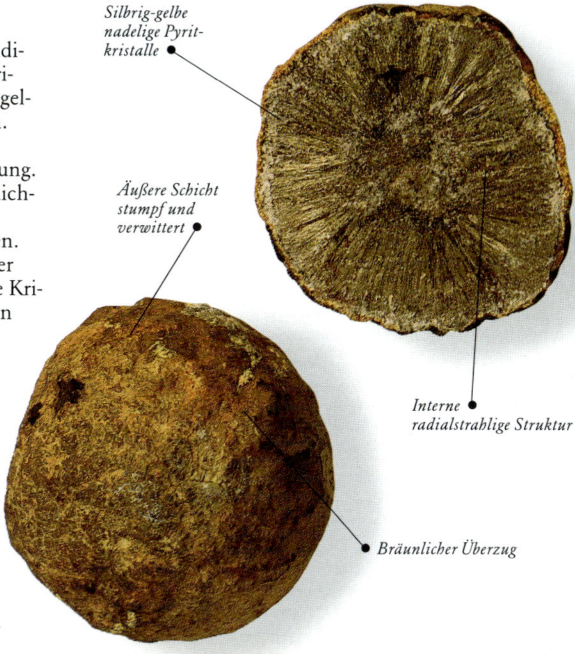

Klassifikation	Fossilien	Kornform
Chemisch	Selten	Kristallin

Gruppe Meteorit	Herkunft Extraterrestrisch	Korngröße Kristallin

STEIN-EISEN-METEORIT

Stein-Eisen-Meteoriten bestehen aus etwa 50% Metall und 50% silikatischem Material. Beim metallischen Anteil handelt es sich um eine Nickel-Eisen-Legierung. Die silikatischen Komponenten sind Minerale, die ebenso in Gesteinen der Erde vorkommen, wie Olivin, Pyroxen und Plagioklas.

- GEFÜGE Diese steinähnlichen Objekte haben eine rauhe Oberfläche, auf der Kristalle erkennbar sind. Die Silikatminerale wie Olivin sind durch Verwitterung angegriffen und können von löchrigem Aussehen sein.
- HERKUNFT Stein-Eisen-Meteorite sind selten, nur etwa 4% fallen in diese Gruppe. Sie geben Auskunft über das Verhalten von Elementen in Kombination mit Eisen und Silikat während Schmelz- und Gangbildungsprozessen und lassen Rückschlüsse auf Planeten mit eisenreichem Kern und silikatischer Kruste zu.

Klassifikation Stein-Eisen	Form Kantig, gerundet	Zusammensetzung Silikat, Metall

Gruppe Meteorit	Herkunft Terrestrisch	Korngröße Glas

TEKTIT

Diese silikatreichen Glasobjekte wurden früher als Meteoriten betrachtet. Ihre Verteilung auf der Erde und ihre Chemie lassen Geologen heute aber vermuten, daß es sich nicht um extraterrestrisches Material handelt. Tektite ähneln in ihrer Zusammensetzung vielmehr vulkanischen Gesteinen. Sie haben einen hohen Siliziumdioxidgehalt und sind reich an Oxiden von Kalium, Calcium und Aluminium.

- GEFÜGE Diese Gesteine sind klein und wiegen meist zwischen 200 und 300 g. Sie zeigen Scheiben- oder Eiform. Die Oberfläche kann rauh oder glatt sein.
- HERKUNFT Heute wird diskutiert, ob Tektite nach einem Meteoriteneinschlag aufgeschmolzene terrestrische Gesteine sind. Es scheint unwahrscheinlich, daß sie durch einen großen Mondvulkan zur Erde gelangt sind, wie früher vermutet wurde.

Klassifikation Tektit	Form Gerundet	Zusammensetzung Silikate

Gruppe Meteorite	Herkunft Extraterrestrisch	Korngröße Kristallin

Chondrit

Chondrit bildet die größte Gruppe der Steinmeteoriten. Chondrite enthalten Silikatminerale, in erster Linie Pyroxene und Olivine, in kleinen Mengen auch Plagioklas. Auch ein geringer Anteil Nickel-Eisen kann vorhanden sein.

• Gefüge Diese Meteoriten haben ein Gefüge, das aus Chondren, kleinen kugeligen Körnern, besteht. Die Gesamtform der Chondrite variiert, sie sind meist gerundet oder gewölbt. Beim Aufprall wurden kantige Stücke als Bruchstücke gebildet.

• Herkunft Die Bildung von Chondriten ist noch nicht geklärt. Sie scheinen aber Mantelmaterial planetenähnlicher Körper zu sein. Dieser Meteoritentyp liefert das höchste radiometrische Alter, das bisher an Gesteinsmaterial gemessen wurde: 4600 Millionen Jahre. Damit sind diese Steine so alt wie das Sonnensystem selber.

Klassifikation Chondrit	Form Gerundet	Zusammensetzung Silikat, Metall

Gruppe Meteorit	Herkunft Extraterrestrisch	Korngröße Kristallin

Achondrit

Diese Gesteine unterscheiden sich von den Chondriten sowohl im Gefüge als auch in der Zusammensetzung. Achondrite haben einen hohen Silikatmineralanteil, ähnlich wie die Gesteine der Erde. Hierher gehören Pyroxen, Olivin und Plagioklas. Dennoch variiert die Zusammensetzung der Achondrite stärker als die der Chondrite. Generell enthalten sie sehr wenig metallisches Eisen.

• Gefüge Das Gefüge ist grobkörniger als bei den Chondriten, und Chondren sind nicht vorhanden.

• Herkunft Da Achondrite den Gesteinen vom Erdmantel und der basischen Kruste ähneln, könnte ihre Herkunft vulkanisch sein. Es ist aber auch möglich, daß sie von planetenbildenden Körpern, den Planetesimalen, stammen.

Klassifikation Achondrit	Form Kantig, gerundet	Zusammensetzung Silikat

Glossar

So weit wie möglich wurden Fachbegriffe vermieden, dennoch lassen sie sich in einem Handbuch wie diesem nicht völlig umgehen. Die folgenden Begriffe, wesentlich zur Mineral- und Gesteinsbeschreibung, sind mit möglichst einfachen Worten beschrieben. Einige Definitionen wurden vereinfacht und generalisiert, um eine zu schwierige Sprache zu vermeiden, ebenso wurden Beispiele ausgelassen. Einige Schlüsselbegriffe wurden bereits ausführlich anhand von Fotografien in der Einleitung erklärt.

• **Akzessorisches Mineral**
Bestandteil eines Gesteins, das nur in geringen Mengen vorkommt; daher keinen Einfluß auf Bezeichnung und Gesamtchemie hat.

• **Amphibol-Gruppe**
Gruppe häufiger gesteinsbildender Minerale mit komplexer Zusammensetzung, hauptsächlich Eisen-Magnesium-Silikate.

• **Äolisch**
Bezeichnung für Ablagerungen durch den Wind. Einige Strukturen sedimentärer Gesteine wie Dünenschichtung weisen auf äolische Ablagerung hin.

• **Aureole**
Zonen rund um magmatische Intrusionen, in denen das Nebengestein kontaktmetamorph überprägt wird.

• **Batholith**
Großer, aus mehreren Teilintrusionen zusammengesetzter, unregelmäßig geformter Körper magmatischer Gesteine, der durch die mehrfache Intrusion von Magma entstand.

• **Blase**
Ehemals gasgefüllter Hohlraum im Gestein.

• **Basale Spaltbarkeit**
Spaltbarkeit, die parallel zur Basis des Kristalls liegt.

• **Basisches Gestein**
Magmatisches Gestein, das zwischen 45 und 55 % Siliziumdioxid enthält. Es enthält weniger als 10 % Quarz und ist reich an Eisen-Magnesium-Mineralen.

• **Crinoidenstielglied**
Bruchstück eines Stiels der Crinoide, einer Gruppe, die der Klasse Echinodermata (Stachelhäuter) angehört.

• **Dendritisch**
Ein baumähnlicher Habitus.

• **Detritisch**
Gruppe sedimentärer Gesteine, die aus Bruchstücken und Körnern verwitterter Gesteine bestehen.

• **Diskordant**
Bestehende Gesteinsstrukturen durchschneidend.

• **Dyke**
Schichtartige magmatische Intrusion, die bestehende Gesteinsstrukturen durchschneidet.

• **Einschluss**
Kristall oder Volatile, in Kristall oder Gestein eingeschlossen.

• **Einsprengling**
Relativ große Kristalle in der Grundmasse eines magmatischen Gesteins, das dadurch ein porphyrisches Gefüge hat.

• **Eisen-Magnesium-Minerale**
Minerale, die reich an Eisen und Magnesium sind. Es handelt sich um dunkle, dichte Silikate, wie Olivin, Pyroxen und Amphibole.

• **Erdig**
Nicht reflektierender Mineralglanz.

• **Evaporit**
Mineral oder Gestein, das durch Verdunstung salinaren Wassers entsteht.

• **Feldspatvertreter**
Gruppe von Mineralen, die in Chemie und Struktur den Feldspaten ähneln, aber weniger Siliziumdioxid enthalten.

• **Fossil**
Beleg früherer Lebewesen in Gesteinen. Knochen und Muschelschalen, ebenso wie Fußabdrücke, Exkremente oder Bohrlöcher von z. B. Muscheln.

• **Gang**
Schichtförmige Masse von Mineralen, oft das Gestein durchschneidend.

• **Gefüge**
Größe, Form und Beziehung von Körnern und Kristallen in einem Gestein.

• **Gesteinsbildend**
Minerale, die Hauptbestandteile eines Gesteins sind und über Name und Klassifikation entscheiden.

• **Gesteinsmehl**
Sehr feinkörniger Gesteinsstaub, oft durch glaziale Einflüsse entstanden.

• **Glanz**
Scheinen von Mineralflächen durch reflektiertes Licht.

• **Glasglanz**
Reflektivität von gebrochenem Glas.

• **Glasiges Gefüge**
Magmatisches Gestein, in dem sich Glas durch schnelle Abkühlung bildete.

• **Gradierte Schichtung**
Sedimentstruktur, in der gröbere Körner in der Schicht nach oben in feinere übergehen.

• **Granular**
Enthält Körner, körnig.

• **Graphisches Gefüge**
Gesteinsgefüge aus regelmäßigem Ineinanderwachsen von Quarz und Feldspat.

• **Grundmasse**
Auch Matrix genannt. Gesteinsmasse, in die größere Kristalle eingesprengt sind.

• **Gut sortiert**
Gleichkörniges Sedimentgestein.

• **Hakig**
Mineralbruch mit rauher Oberfläche und kleinen Vorsprüngen.

• **Hemimorph**
Kristalle, die an jedem Ende verschiedene Flächen gebildet haben.

• **Hydrothermaler Gang**
Brüche im Gestein, in denen sich Minerale aus heißen, magmatischen Lösungen abscheiden.

• **Hypabyssisch**
Kleine Intrusion in relativ flacher Tiefe der Erdkruste.
• **Idiomorph**
Kristalle mit vollständig ausgebildeten Formen.
• **Intermediäres Gestein**
Magmatisches Gestein mit Siliziumdioxid-Gehalt zwischen 65 und 55 %.
• **Intrusion**
Körper aus magmatischem Gestein, der in ältere Gesteine eingedrungen ist.
• **Konkordant**
Bestehenden Gesteinsstrukturen folgend.
• **Konkretion**
Häufig lose, gerundete Gesteinsknolle, die in Schichten von Tonstein gebildet werden.
• **Kryptokristallin**
Kristallin, aber sehr feinkörnig. Einzelne Komponenten sind nur unter dem Mikroskop zu erkennen.
• **Labradorisieren**
Leuchtendes Farbenspiel, durch Einschlüsse im Mineral hervorgerufen.
• **Lagergang**
Konkordante, schichtförmige Intrusion.
• **Lakkolith**
Platten- oder linsenförmige Intrusion mit gewölbter Ober- und flacher Unterseite.
• **Lamellenförmig**
Dünne Schichten oder Schuppen.
• **Magma**
Geschmolzenes Gestein, das in der Tiefe kristallisiert oder als Lava zur Erdoberfläche kommt.
• **Mandeln**
Sekundär gefüllte Blasen in magmatischen Gesteinen. Minerale in Mandeln sind Quarz, Calcit und Zeolithe.
• **Massig**
Mineralhabitus ohne definierte Form.
• **Matrix**
Siehe Grundmasse.
• **Metasomatisch**
Prozeß der Veränderung der Gesteinszusammensetzung durch Fluide, die Elemente zuführen.
• **Meteorisches Wasser**
Wasser aus der Atmosphäre.
• **Mikrokristallin**
Kleine Kristalle, die nur unter dem Mikroskop erkennbar sind.
• **Muschelig**
Gekrümmter, den Muscheln ähnlicher Bruch. Bei vielen Mineralen und einigen Gesteinen.
• **Nebengestein**
Gestein, in das ein Magma intrudiert, oder das unter einem Lavastrom liegt.
• **Ooid**
Einzelnes, kugeliges Sedimentkorn, einen Oolith aufbauend. Meist aus calcitischen Schichten konzentrisch um einen Kern.
• **Orogener Gürtel**
Region der Erdkruste, an dem sich aktiv durch Krustenüberschiebungen Faltengebirge bilden.
• **Pelitisch**
Sediment aus Ton.
• **Pillow-Lava**
Kissenlaven, die sich untermeerisch bilden.
• **Pisolith**
Bohnengroße Sedimentkörner mit einer konzentrischen Struktur.
• **Plattiger Habitus**
Mineralhabitus mit flachen, dünnen Kristallen.
• **Pluton**
Masse magmatischen Gesteins, die sich aus der Kristallisation eines Magmenkörpers unter der Erdoberfläche bildet.
• **Porphyrisch**
Gefüge eines magmatischen Gesteins mit Einsprenglingen in einer feinkörnigeren Grundmasse.
• **Porphyroblastisch**
Metamorphes Gefüge mit großen Kristallen in feiner Grundmasse, z. B. Granat in Schiefer.
• **Pseudomorph**
Kristall mit der äußeren Form eines anderen Mineraltyps.
• **Pyroklast**
Detritisches vulkanisches Material, das vom Vulkanschlot ausgeschleudert wurde.
• **Radiometrische Datierung**
Verschiedene Methoden zur Ermittlung von Mineral- oder Gesteinsaltern mit Hilfe des Verhältnisses an stabilen oder radioaktiven Tochterelementen zu den Mutterelementen.
• **Rekristallisation**
Bildung neuer Minerale in einem festen Gestein.
• **Retikulär**
Netzförmig.
• **Salzdom**
Große Intrusion von Salzmassen.
• **Saures Gestein**
Magmatisches Gestein mit über 65 % Siliziumdioxid und über 20 % Quarz.
• **Schichtung**
Lagerung sedimentärer Gesteine. Schichten oder Lagen werden durch Schichtflächen getrennt.
• **Schiefrig**
Blättrige, parallele Orientierung oder Absonderung von Mineralen.
• **Schieferung**
Parallele Absonderung in mittelgradig metamorphen Gesteinen, Folge der Ausrichtung plattiger Minerale.
• **Schlackenartig**
Lava oder anderes vulkanisches Material, das glasig und porös mit vielen Hohlräumen gebildet ist.
• **Seifenlagerstätten**
Minerallagerstätte unter alluvialen Bedingungen oder am Strand, in der sich Minerale mit hohem spezifischen Gewicht und hoher Resistenz gegenüber Verwitterung anreichern.
• **Sekundäres Mineral**
Mineral, das in einem Gestein infolge eines sekundären Prozesses entstanden ist.
• **Spaltbarkeit**
Brechen bestimmter Minerale entlang von glatten, ebenen Flächen, die durch die atomare Struktur vorgegeben sind.
• **Stumpfer Glanz**
Glanz mit wenigen Reflexionen.
• **Tonminerale**
Gruppe sehr kleiner Alumo-Silikat-Minerale, häufig in sedimentären Gesteinen.
• **Überschiebung**
Typ einer Verwerfung in der Erdkruste, bei der in flachem Winkel älteres Gestein über jüngeres geschoben wird.
• **Ultrabasisches Gestein**
Magmatisches Gestein mit weniger als 45 % Siliziumdioxid.
• **Xenomorph**
Schwach ausgebildete Kristalle.
• **Zeolith**
Gruppe wasserhaltiger Alumo-Silikat-Minerale, charakterisiert durch ihre leichte Wasserabgabe.
• **Zwillingskristall**
Kristalle, die nach bestimmten Regel zusammenwachsen.

Register

Danksagung

Der Autor möchte den folgenden Personen für ihre Hilfe bei der Entstehung des Buches danken:
Meine Frau, Helen, arbeitete unermüdlich an diesem Buchprojekt. Sie kontrollierte alle Fakten und las die Manuskripte mit akribischer Sorgfalt. Ohne ihre Hilfe und ihren Ansporn hätte die Fertigstellung viele Monate länger gedauert. Mein älterer Sohn, Daniel, half mir vorzüglich bei Problemen mit der Datenverarbeitung, und meine Tochter Emily lieferte das Foto für die hintere Umschlagseite. Mein zweiter Sohn, Adam, versuchte, mich dann und wann durch Spiele wie Indoor cricket und Golf abzulenken. Außerdem danke ich Stella Vayn, Gillian Roberts, Mary-Clare Jerram und James Harrison für ihre redaktionelle Arbeit; Dr. George Rowbotham von der Keele University für die Beantwortung mineralogischer Fragen und Dr. Robert Symes vom Natural History Museum für seine sachkundige Hilfe.

Dorling Kindersley möchte danken: David Preston, Marcus Hardy, Susie Behar, Irene Lyford, Gillian Roberts und Sophy Roberts für ihre unschätzbare redaktionelle Arbeit; Arthur Brown, Peter Howlett von Lemon Graphics und Alstair Wardle für ihre ergänzenden Zeichnungen; Michael Allaby für die Zusammenstellung des Registers; The Right Type für den Filmsatz.

Autor und Herausgeber danken dem Natural History Museum für die Bereitstellung der Fotografien der Gesteine und Minerale und Alan Hart vom Mineralogy Department für die Sammlung der Handstücke.

Bildnachweis

Alle Fotos von Harry Taylor, außer:
Chris Pellant (oben rechts), 16 (unten links), 17 (unten), 18 (unten links und rechts), 19 (oben rechts und unten links), 30 (unten links und rechts), 31 (unten links), 32 (unten links), 33 (oben rechts (3) und Mitte), 34 (oben rechts), 35 (oben rechts und unten links), 37 (Mitte links), 38 (unten links), 39 (Mitte links und rechts);
Colin Keates (Natural History Museum) 17 (oben, rechts und Mitte), 24 (unten rechts), 25 (untere Mitte, unten links und rechts);
C. M. Dixon/Photosources 26 (unten).
Strichzeichnungen von Chris Lyon;
Airbrushing von Janos Maffry;
Farbzeichnungen 7, 30 und 31 von Andy Farmer;
Vorsatzblatt von Caroline Church.